대인군자
수신의 길

原題:修身

趙
敏 편 ● 오광익 역해

明文堂

역자 서문

대인군자의 활달한 삶

사람이 시 · 비 · 이 · 해(是非利害)로 건설된 세상을 살아가는 데는 괴로움과 즐거움이 함께 따른다. 일과 이치 사이에서 헤매기도 하고, 사람과 사물에 대하여 어려움을 겪기도 한다. 밝은 지혜로 온전한 취사를 하면서 자신의 본의를 잘 가꾸어가는 것이 어찌 쉬운 일이겠는가?

예로부터 그래서 대인군자(大人君子) 가운데 존경하는 스승과 외우(畏友)를 두지 않은 사람이 없었다. 그것도 모자라 좌우명(座右銘)을 두어 스스로를 경책(警策)해 왔다. 전해오는 말에 「알아야 면장을 한다」고 했다. 여기서 면장이란 읍 · 면장(邑面長)이 아니라 면면장(免面墻)이다. 독서를 하고 의견을 교환하여 스스로를 살피지 않으면 담벼락을 대하는 것 같은 답답함을 면하기 어렵다는 말이다.

몇 달 전 명문당을 방문하여 김동구(金東求) 사장님께서 주신 『수신(修身)』이라 이름한 석판본 책 한 권을 받아 읽으면서 두 가지 점에서 감동이 일었다. 하나는 대인군자 되는 심신 닦는 길에 유용하고, 다른 하나는 현대인의 글 읽기에 필요한 내용을 담고 있어 답답함을 면하기에 안성맞춤이라는 점이었다. 그래서 이를 해역 하는 작업을 시작하게 되었다.

안타까운 것은 원문의 「서문(序)」을 쓴 일제강점기에 활동했던 명륜회

(明倫會)의 김달수(金達洙) 회장과 편찬자인 조민(趙敏) 선생의 인적사항을 찾을 수 없었던 점이다. 혹시 이 책이 출간되어 독자들 사이에서라도 소식을 접할 수 있다면 다행이겠다. 그러나 근래에 이루어진 이 책이 고전을 폭넓게 섭렵하고 있는 점은 오늘날에 있어서도 여전히 지도력을 간직하고 있는 것으로 생각된다.

이 책의 원문은 단권(單卷)으로, 편장(篇章)을 구분하지 않았는데, 읽기에 편리하도록 편을 나누어 제목을 부여하였다. 본문뿐 아니라 원주(原註)까지 번역하고, 그 밖에도 필요한 사항을 주석으로 밝혀 읽는데 도움이 되도록 하였다.

아무쪼록 이 책이 현대사회를 살아가는 필요한 대인군자의 신(身)·언(言)·서(書)·판(判)을 갖추는 데 도움이 되었으면 다행이겠다. 우리가 대인군자로 심신이 건강하여 활달한 삶을 살아가는 길을 개척할 수 있다면 이 또한 멋진 일이 아니겠는가?

2017년 2월 1일

익산 이우실(涅藕室)에서 오광익 근서

차례

일러두기

1. 본서는 조민(趙敏)편 『修身』(석판본, 1957)의 번역본이다.
2. 원문은 서문 외에 전권이 장(章)을 나누지 않은 불분권(不分卷)이지만 독자들의 편의를 위하여 각 편에 임의로 제목을 붙였다.
3. 전권의 문단에 연번(連番)을 붙여 나누었다.
4. 각 문단은 원문과 원주(原註)를 해역하고 주석을 달았다.
5. 주석에는 고사(故事)에 등장하는 인물들의 연대를 밝히고 부분적으로 출전(出典)을 밝혔다.
6. 원문의 토씨는 미진한 바가 없지 않으나 원전에 따랐고 해역도 거기에 맞추었다.

서문

마음 다스리는 길
〔修身 序〕

| 원문 |

余與趙友敏公^①으로 曾無一會之雅矣러니 訪余
여 여 조 우 민 공   증 무 일 회 지 아 의   방 여

於蔀屋^②之下하야 始與之共話하니 色溫而貌恭하고
어 부 옥 지 하   시 여 지 공 화   색 온 이 모 공

語到計活에 木工而自許^③라 余心識之러니 及其再見
어 도 계 활   목 공 이 자 허   여 심 식 지   급 기 재 견

에 沈重安詳^④하야 無齷齪^⑤洪涊^⑥之態라 余甚喜하야
    침 중 안 상   무 악 착 전 년 지 태   여 심 희

遂與之交하니 情益深而契亦厚矣라 夫士-生於鄙
수 여 지 교   정 익 심 이 계 역 후 의   부 사 생 어 비

野^⑦하야 修明綱紀^⑧하고 闡明道義垂訓於當世하고
야   수 명 강 기   천 명 도 의 수 훈 어 당 세

有補於風敎^⑨者-何限而若趙友者-卽其人也라 日
유 보 어 풍 교 자   하 한 이 약 조 우 자   즉 기 인 야   일

에 袖示一卷書하니 修身以題篇이라 余-拜受便閱하
    수 시 일 권 서   수 신 이 제 편   여 배 수 변 열

니 句句節節^⑩에 誠與敬中出來라 右之經傳^⑪이 未嘗
    구 구 절 절   성 여 경 중 출 래   우 지 경 전   미 상

不^⑫爲曲暢旁通^⑬而文煩義深하니 若非聖智之士면
불   위 곡 창 방 통   이 문 번 의 심   약 비 성 지 지 사

難以易曉而此篇則簡而明密而詳하야 雖初學之士
난 이 이 효 이 차 편 즉 간 이 명 밀 이 상   수 초 학 지 사

라도 可以小補於風化⑭之萬一爾라
　　　가 이 소 보 어 풍 화　 지 만 일 이

丁酉⑮季春에 明倫會長 小石 金達洙⑯는 序하노라
정 유　 계 춘 　명 륜 회 장 소 석　김 달 수　　　 서

| 해역 |

　나의 조씨 벗 민공을 일찍이 한 번도 만난 경우는 없었지만 나를 오막살이집 아래까지 찾아왔기에 비로소 말을 하게 되었는데 얼굴빛이 온화하고 모습이 공손하였으며 살아가는 방도에 이르러 목공일을 하면서 자기 힘으로 살아간다는 말을 하였다.

　내가 마음에 그런 사실을 알고 다시 봄에 미쳐서는 성정이 가라앉고 편안하며 자세하여 도량이 좁다거나 때가 묻혀있지 않은 자태였다. 내가 매우 기뻐하며 드디어 사귀게 되었으니 정의가 더욱 깊어지고 계합됨이 또한 두터워져 갔다.

　무릇 선비가 시골에서 태어나 강기를 닦아 밝히고 틈틈이 도의를 당세에 교훈으로 밝혀서 풍교에 도움이 있게 하는 사람이 어찌 한정되어 있다 할 것인가만은 조씨 같은 벗이야말로 바로 그런 사람이다.

　어느 날 소매 속에서 한 권의 서적을 보여주는데 「수신」을 제목으로 해서 엮은 것이라 내가 절을 하고 받아서 열람하니 구절구절마다 진실로 조심스러운 가운데 나온 것이었다. 오른편의 경전은 아닌 게 아니라 글의 조리가 분명한 것이지만 그러나 글에 고심하여 뜻이 깊으니 만일에 훌륭한 지혜를 가진 선비가 아니라면 쉽게 밝혀내기가 어렵다. 이 책의 엮임은 간단하면서도 밝고, 세밀하면서도 자상하여 비록 처음 배우는 선비라도 가히 써 풍화를 이루는데 만에 하나 작은 보탬이 될 것

이니라.

정유년 늦은 봄에 명륜회의 회장인 소석 김달수는 서문을 쓰노라.

| 주석 |

① 趙敏 : 생몰년대 미상.

② 蔀屋 : 풀로 지붕을 인 가난한 집. 보잘것없는 오막살이집.

③ 自許 : 자기 힘으로 넉넉히 할 만한 일이라고 여김. 자기의 장점을 스
스로 인정함.

④ 安詳 : 찬찬하고 자세(仔細)함.

⑤ 齷齪 : 사소(些少)한 일에 매우 끈기 있고 모진 것. 도량(度量)이 몹시
좁은 것. 잔인(殘忍)하고 깜찍스러운 것. 큰말 억척.

⑥ 涴涊 : 때. 때가 묻어 더러워짐.

⑦ 鄙野 : 문화적(文化的)인 수준(水準)이 낮고 메떨어진 시골구석. 야비
(野鄙).

⑧ 綱紀 : 법강(法綱)과 풍기(風氣). 삼강오상(三綱五常)과 기율(紀律).

⑨ 風敎 : 교육이나 정치(政治)의 힘으로 백성을 착하게 가르침.

⑩ 句句節節 : 한 구절(句節) 한 구절마다.

⑪ 經傳 : 경전(經典)과 그것의 해석서(解釋書). 성경현전(聖經賢傳)의 준
말.

⑫ 未嘗不 : 아닌 게 아니라. 아마도, 과연.

⑬ 曲暢旁通 : 말이나 글의 조리(條理)가 분명하고 널리 통(通)함을 이르
는 말.

⑭ 風化 : 교육(敎育)과 정치(政治)의 힘으로 풍습(風習)을 잘 교화(敎化)시
킴.

⑮ 丁酉 : 1957년을 말함.

⑯ 小石 金達洙 : 생몰연대 미상.

제1편

수신의
이치

修身之理

수신지리修身之理

001

원문

修者는 品節^①之也요 身者는 天命^②之也라. 天은
수자 품절 지야 신자 천명 지야 천

以陰陽^③五行^④으로 化生萬物하나니 人受稟氣^⑤於父
이음양 오행 화생만물 인수품기 어부

母이나 實則天命之也니라.
모 실즉천명지야

해역

닦는다는 것은 품절이요 몸이라는 것은 천명이라. 하늘은 음양과 오행으로써 만물을 화생하나니 사람은 품기를 부모에게 받은 것이지만 사실은 하늘이 명한이니라.

주석

① 品節 : 인품의 절조.

② 天命 : 타고난 수명(壽命). 하늘의 명령.

③ 陰陽 : 천지(天地) 만물을 만들어 내는 상반하는 성질의 두 가지 기운.

곧 음과 양. 전기(電氣) 또는 자기(磁氣)의 음극(陰極)과 양극(陽極).

④ 五行 : 우주(宇宙) 간에 쉬지 않고 운행하는 다섯 가지 원소(元素). 금(金) · 목(木) · 수(水) · 화(火) · 토(土)를 말한다.

⑤ 稟氣 : 품부(稟賦) 받은 기운.

002

| 원문 |

修身은 在於學이요 修學은 在於敎니라.
수 신   재 어 학   수 학   재 어 교

凡人生 有敎而學 有學而修也. 故孔夫子① 學於老聃②
범 인 생 유 교 이 학 유 학 이 수 야 고 공 부 자   학 어 노 담

孟子③學於子思.④
맹 자 학 어 자 사

| 해역 |

몸을 닦는 것은 학문에 있는 것이요 학문을 닦는 것은 가르침에 있나니라.

무릇 사람은 가르침이 있어야 배우고 배움이 있으면 닦게 된다. 그러므로 공자께서 노담에게 배우고 맹자는 자사에게서 배웠다.

| 주석 |

① 孔夫子(B.C. 551-479) : 중국 춘추시대(春秋時代)의 큰 철학자(哲學者) · 사상가(思想家). 유교(儒敎)의 비조(鼻祖). 노(魯)나라의 곡부에서 태어

났음. 성은 공(孔), 이름은 구(丘), 자는 중니(仲尼). 노나라 사람. 여러 나라를 두루 돌아다니며, 치국(治國)의 도(道)를 설하기 30년, 육경(六經) 곧 예(禮)·악(樂)·시(詩)·서(書)·역(易)·춘추(春秋)를 산술(刪述)하고 요(堯)·순(舜)·문왕(文王)·무왕(武王)·주공(周公) 등을 존숭하여 고래의 사상을 대성(大成)했음. 그의 학파(學派)는 유가라 불리며, 그의 사상은 맹자(孟子)와 순자(荀子)에 의해 계승되었음. 인(仁)을 이상(理想)의 도덕(道德)이라 하여 효제(孝悌)와 충서(忠恕)로써 이상을 이루는 근거로 했음. 뒤에 그의 제자들이 그의 언행(言行)을 기록해 놓은 『논어(論語)』 7권이 있음.

② 老聃=老子 : 노자(B.C. ?-?)는 성은 이(李), 이름은 이(耳), 자는 백양(伯陽), 또는 담(聃). 초(楚)나라 고현(苦縣) 여향(厲鄕) 곡인리(曲仁里) 사람. 노군(老君) 또는 태상노군(太上老君)으로 신성화되었다. 도교 경전인 〈도덕경(道德經)〉의 저자로 알려져 있다. 현대 학자들은 〈도덕경〉이 한 사람의 손에 의해 저술되었을 가능성은 받아들이지 않으나, 도교가 불교의 발전에 큰 영향을 미쳤다는 사실은 통설로 받아들이고 있다. 노자는 유가에서는 철학자로, 일부 평민들 사이에서는 성인 또는 신으로, 당(唐 : 618-907)에서는 황실의 조상으로 숭배되었다.

③ 孟子 : 맹자(B.C. 372?-289?)는 공자의 사상을 이어 발전시킨 유학자이다. 전국 시대 추(鄒)나라 사람으로 이름은 가(軻)이고, 자는 자여(子輿) 또는 자거(子車)이다. 어릴 때부터 공자를 숭배하고, 공자의 사상을 발전시켜 유교를 후세에 전하는 데 큰 영향을 끼쳤다. 〈맹자〉는 그의 언행을 기록한 것으로서 인간의 성선설(性善說)을 주장하고 있다. 성선설은 현대에 와서도 유교 학자들 사이에서 열띠게 논의되고 있는 주제이다.

④ 子思 : 자사(B.C. 483?-402?)는 중국 춘추시대(春秋時代) 말기의 유학자(儒學者). 노(魯)나라 출신의 유가(儒家). 이름은 급(伋). 공자(孔子)의 손

자(孫子), 리(鯉)의 아들. 자사는 자. 공자의 제자 증자(曾子)에게 배웠다는 것은 확실하지 않으며, 공자 사상(思想)의 실천적인 면이 계승되어 맹자에게로 이어짐. 위(衛)나라와 노나라에서 벼슬을 지냈으며, 송(宋)나라에서 재난을 맞았을 때 『중용(中庸)』을 지었다고 함. 그러나 일설에 의하면, 전국시대(戰國時代)까지 유력한 학파(學派)를 이루어 온 자사 학파의 편집이라고도 함. 중국 공자의 손자(孫子).

003

| 원문 |

教者는 覺後之本而有布道①之別하고 學者는 修
교자   각후지본이유포도 지별   학자 수

身之理而有修虛之性하나니라.
신 지 리 이 유 수 허 지 성

覺後者 教後生②也 布道者 揚己德也 修身者 廣智③也
각후자 교후생 야 포도자 양기덕야 수신자 광재 지

修虛者 守信仰④也.
수 허 자 수 신 앙 야

| 해역 |

가르치는 사람은 깨달은 뒤를 근본하여 도를 펴는데 분별이 있고, 배우는 자는 몸을 닦는 이치로 비움의 성품을 닦는데 있나니라.

깨달음의 뒤라는 것은 후생을 가르치는 것이요, 도를 편다는 것은 자기의 덕을 드러내는 것이며, 몸을 닦는다는 것은 지혜를 넓히는 것이요, 텅 빔을 닦는다는 것은 신앙을 지키는 것이다.

| 주석 |

① 布道 : 도를 펼쳐가는 것.

② 後生 : 뒤에 낳은 사람. 또는, 후대에 태어난 사람.

③ 才智 : 재주와 지혜(智慧).

④ 信仰 : 종교를 믿는 것. 비(非)종교적인 확신·신념·신뢰 등과 명확히 구별하기 위해, 특히 '종교적 신앙' 이라고 하는 경우도 있다. 종교를 믿는다는 것은 신(神)의 존재를 확신할 뿐 아니라, 외경(畏敬) 등의 감정을 갖고 나아가 그들에 수반되는 의식, 행사에 참가하는 것을 의미한다. 신앙이라는 것은 현실적으로는 단순한 의식의 문제만이 아니라, 교단(教團)에 소속하는 것이기도 하다. 교단의 일원으로서 의식적으로, 또 현실적으로 유대를 갖고 규율에 복종하고 책임을 수행하며 상호 간에 신뢰하고 원조하는 가운데에서 신앙이 유지된다. 이런 측면에서 보면, 신앙의 중핵(中核)인 신은 교단의 연대성의 상징이기도 하다.

004

| 원문 |

性者는 本然①之善而有氣質②之分하고 道者는 施
성자　　본연　지선이유기질　지분　　　　　도자　　시

諸己不願을 不施於人而有資道爲己也니라.
저기불원　　불시어인이유자도위기야

本然者 天稟③之性 氣質者 激發④之性 施己者以己之心
본연자 천품 지성 기질자 격발 지성 시기자이기지심

度人之心 爲己者 資其道而布己德也.
도인지심 위기자 자기도이포기덕야

성품이란 본연의 선으로 기질의 나눔이 있고, 도란 자기에게 베풀기를 원하지 않음을 남에게 베풀지 아니하며, 도를 바탕하여 자기가 하는 것이 있음이니라.

본연이란 천품의 성이요 기질이란 격발의 성이며, 자기에게 베풂이란 자기의 마음으로써 남의 마음을 건너는 것이며, 자기가 하는 것이란 그 도를 바탕해서 자기의 덕을 펼치는 것이다.

| 주석 |

① 本然 : 사물이나 현상이 본디부터 가지고 있음. 본디부터 그러하다.

② 氣質 : 바탕을 이루는 성질(性質). 개인의 정서적(情緒的) 반응의 특징. 주로 체질적(體質的), 선천적(先天的)으로 규정됨.

③ 天稟 : 타고난 기품(氣稟).

④ 激發 : 심하게 일어남.

※ 본연지성(本然之性)과 기질지성(氣質之性)

① 본연지성 : [개요] 인간이 선천적으로 타고난 본래의 성품으로 보편적인 본성을 가리키는 말. 유가 성리학에서는 우주 자연과 만물의 존재와 현상을 이(理)와 기(氣)로 설명한다. 인간의 본성에 대한 논의에 있어서도 기본적으로 성이원론(性二元論)의 입장을 취한다. 이기(理氣)를 혼합해서 말할 때 기질지성(氣質之性)이라 하고 기(氣)의 섞임이 없이 이(理)만을 가리켜서 본연지성이라고 하는 것으로 천지지성(天地之性) · 천명지성(天命之性)이라고도 한다.

[용어의 의미변화] 인간 본성의 선악(善惡)에 대한 문제는 맹자(孟子)에서부터 본격적으로 논의되었다. 맹자의 성선설(性善說), 순자(荀子)

의 성악설(性惡說), 한대(漢代) 동중서(董仲舒)의 성삼품설(性三品說)·성인정탐설(性仁情貪說) 등이 대표적인 인간 본성에 대한 대표적인 학설들이라 할 수 있다. 성(性)에 대한 이러한 논의들은 송대(宋代) 성리학에 이르러 본연지성과 기질지성의 양면으로 나누어 보는 데까지 이르렀다. 장재(張載)는 《정몽(正蒙)》 '성명(誠明)'에서 "형체가 생긴 뒤에 기질지성이 생기는데 그것을 잘 회복하면 천지지성이 보존된다."라고 하여 처음으로 성을 양분하여 보고 있다. 무극이태극(無極而太極)의 보편적 본성을 '천지지성'이라고 하였다. 여기에서 말하는 천지지성은 곧 본연지성을 의미한다. 그 후 정이(程頤)는 장재의 입장을 수용하면서 성즉리(性卽理)를 주장하였다. 그는 《이정전서(二程全書)》(권18)에서 "성은 불선(不善)이 없다. 불선이 있는 것은 재(才)이다. …성은 하늘에서 온 것이고 재는 기에서 온 것이다."라고 하여 하늘에 근거한 무불선(無不善)의 성과, 기품(氣稟)에 근거한 유선유악(有善有惡)의 성을 상정하였다. 정이의 성에 대한 이러한 구별은 종래부터 논의되어 오던 성에 대한 다양한 학설들이 제기해 온 문제들을 해소하는 계기를 만들어 주었다. 즉, 성선·성악·성유선유악·성무선무불선 등의 설들에서 해결되지 못했던 과제를 본성과 기질성의 구별을 통해 해결할 수 있었다. 즉 맹자의 이목구비(耳目口鼻)의 욕(欲)에 해당하는 것을 기질지성으로 이해함으로써 해소하였다. 이것은 주희(朱熹)에 이르러 보다 체계적으로 논의되었다. 그는 《정몽》 '성명'을 주(注)하면서 "음양(陰陽)의 기가 교운(交運)할 때 기로 인하여 생기는 일본만수(一本萬殊)를 기질지성이라고 하고, 태극(太極)의 본연지묘(本然之妙)이며 이일분수(理一分殊)에 있어서는 만수(萬殊)의 근본이 본연지성이다."라고 하였다. 기질지성은 기에 의해 이루어진 각자의 개별적 성을 말하며, 본연지성은 존재에 내재한 보편적이며 근원적인 태극, 즉 리이다. 《주역(周易)》 계사전(繫辭傳)에서 '일음일양지위도(一陰一陽之謂道), 즉 일음일양하는 것을 도'라 하고, '계지자선(繼之者善), 즉 그것을 계승한 것을 선, 성지자성(成之者性), 즉 그것을 이룬 것을 성(性)'이라고 하였는데, 주희는 천도(天道) 즉 태극의 생생지리(生生之理)를 인간이나 만물이 받아가지고 있는 것을 본연지성이라고 하였다(《주자대전(朱子大全)》정자서(程子書)). 즉 일음일양하는 생생 과정을 통해 인간과 만물이 발생하듯이 천지나 만물이 이 생생(生生)을 계속하거나 잇는 것은 천도의 측면에서 보면 명(命)이고 인간 자신으로서는 불가역(不可易)한 본연지성이다. 이것이 인간이 도덕적 주체가 될 수 있는 근거가 된다.

[한국에서의 해석] 우리나라의 경우 이황(李滉)은 기질지성을 칠정(七情)에 배속시킴에 대하여 본연지성을 사단(四端)에 배속시켜 설명하였다. 그는 《퇴계전서(退溪全書)》'답기명언논사단칠정제이서(答奇明諺論四端七情第二書)'에서 성을 본연과 기품의 두 가지로 나누는 것처럼 정(情)도 사단과 칠정 두 가지로 나눌 수 있다고 하였다. 또 이기(理氣)가 발할 때 이(理)가 주가 되면 본연지성, 기(氣)가 주가 되면 기질지성이라고 하였다. 그는 이러한 주장이 이기불상리(理氣不相離)의 원칙에 어긋나지 않는다고 하였다. 그러나 이것은 사단 대 칠정, 본연지성 대 기질지성으로 확연히 구분한 것으로 후에 이이(李珥)는 이를 비판하였다. 이이는 기발이승일도설(氣發理乘一途說)을 주장하였다. 그는 이기지묘(理氣之妙)의 원칙에 입각하여 사단은 칠정에 포함되고 본연지성은 기질지성에 포함된다고 하였다. 선악의 가치문제에 있어서 그는 칠정 가운데 선일변(善一邊)이 사단이고 본연지성이 될 뿐이라고 하였다. 따라서 이이는 사단이나 본연지성을 초월적이거나 독립적인 것이라고 생각하지 않고 그것을 인간의 보편적 정(情)이나 현상적인 기질지성 속에서 찾으려고 하였다.

② 기질지성 : [개요] 성이원론(性二元論)에서 기질 속에 있는 성을 가리키는 말. 선천적으로 타고난 본성인 본연지성(本然之性)에 대하여 후천적으로 형성된 성질을 말한다.

[용어의 성립과 전개] 성리학에서는 인간의 본성을 본연지성(또는 天地之性)과 기질지성으로 나누고, 전자는 순선무악(純善無惡)한 반면, 후자는 유선유악(有善有惡)하다고 규정한다. 장재(張載)는 《정몽(正夢)》'성명(誠明)'에서 "형체가 있은 후에 기질지성을 갖게 된다(形而后有氣質之性)"라고 하였다. 주희는 《주자어류(朱子語類)》권4에서 본연지성은 이(理)만을 가리키고, 기질지성은 이와 기(氣)를 겸칭한 것이라고 하고, 기질지성이란 성이 기 가운데 내재한 상태를 가리킨다고 설명하였다. 모든 인간의 본연지성은 동일하지만 기질지성은 각 개인마다 서로 다르다. 악할 수도 있고 선할 수도 있게 되는 것은 기질에 기인한다. 장재는 기질변화를 통하여 악은 선으로 돌이킬 수 있다고 하여 '기질변화'를 수양의 주요 명제로 제시하였다.

[한국 성리학에 나타난 기질지성] 조선의 성리학을 대표하는 이황(李滉)과 이이(李珥)를 통해 우리나라에서 논의된 기질지성에 대한 견해를 살펴볼 수 있다. 이황은 정주(程朱)의 이론을 계승하여 성(性)을 본연지성과 기질지성으로 구분하고 각각 사단과 칠정에 분속시켜 설명하였다. 《퇴계전서(退溪全書)》'심통성정도설(心統性情圖說)'에서 사단은 순선(純善)인 본연지성의 발(發)이며, 칠정은 이와 기의 합으로 기질지성의 발이라고 설명하였다. 이이는 성을 두 가지로 나누어 보는 이황의 견해에 반대하고 칠정은 사단을 포함한다[七情包四端]는 논리에 따라 이만을 일컫는 것을 본연지성이라 하고 이와 기를 합해서 기질지성이라고 하였다. 《율곡전서(栗谷全書)》'답성호원(答成浩原)'권9에서는 "본연지성은 기질을 겸하지 아니하고 말한 것이지만 기질지성은 도리어 본연지성을 겸한다."고 하여 기질지성 속에서 순수한 이만을 말할 때 이를 본연지성이라고 하며 구체적인 존재의 개별성을 말할 때 이를 기질지성이라고 한다고 했다. 이황의 기질지성이 이분수(理分殊)의 이만을 가리키는 것이라면 이이의 기질지성은 이일(理一)과 이분수가 모두 포함된 것이라고 할 수 있다. 이이는 기

질 변화(矯氣質)를 통해 기를 맑힘으로써 본연지성이 발현케 하는 수
양 방법을 제시하였다.

005

| 원문 |

性有動靜①하고 道有善惡②하니 靜者는 善自在하
성유동정   도유선악   정자   선자재
고 動者는 惡自隨니라.
동자   악자수

靜者 安貧修身 惡無用故 善自在 動者 營利求祿 善不
정자 안빈수신 악무용고 선자재 동자 영리구록 선부
制故 惡自隨也. 姜太公③曰 "聖人 務靜之 賢人 務正之 愚
제고 악자수야 강태공 왈 성인 무정지 현인 무정지 우
人 不能正故 與人爭也.④"
인 불능정고 여인쟁야

| 해역 |

성품은 동과 정이 있고 도는 선과 악이 있으니 고요한 자는 선이 저
절로 있는 것이고 움직이는 자는 악이 저절로 따르는 것이니라.

정이란 가난해도 편안하여 몸을 닦음으로 악을 쓸 필요가 없기 때
문에 선이 저절로 있는 것이요, 동이란 이익을 경영하고 녹을 구하여
선을 제재하지 못하기 때문에 악이 저절로 따르게 된다. 강태공이 말
하기를 '성인은 조용한데 힘쓰고 어진 사람은 바른데 힘쓰며 어리석
은 사람은 능히 바르지 못하기 때문에 사람으로 더불어 다툰다.' 고 하

였다.

① 動靜 : (1) 운동과 정지에 관한 모든 관계. 육근을 동작할 때를 동(動),
육근 동작을 쉴 때를 정(靜). 어떤 일을 이루기 위하여 활동할 때를
동, 심신을 움직이지 않고 쉴 때를 정이라 한다. 곧 심신이 활동할 때
가 동, 쉴 때가 정. 경계를 당해서 마음이 움직이면 동, 경계 앞에서
도 마음이 움직이지 않으면 정. (2) 행동, 사태, 병세 같은 것이 벌어
져 나가는 낌새, 형편, 또는 모양. (3) 세계의 근원적 실체를 운동과
정지라는 측면에서 규정한 말. 변동 · 이동 · 운동을 동이라 하고, 정
지(停止) · 불변 · 정지(靜止)를 정이라 한다. 동과 정은 본래 별개의
것이 아니라 하나의 진리에 대한 양면관이다. 일원의 진리 즉, 자성
그 자체를 동이라 할 수도 정이라 할 수도 없는 것이나 다만 그 진리
를 체용으로 구별하여 볼 때 그 체를 정이라 하고 그 용을 동이라 한
다. 이 체용, 동정 등은 하나의 진리를 양면으로 말한 것이다.

② 善惡 : 도덕 실천상의 가치 개념으로 보통 '좋은 것' '나쁜 것' 이라
는 의미, 또는 두 가지로 평가할 수 있는 대상은 사물이나 인간, 나아
가 그 같은 의지(意), 행위(行), 제도(政) 등에까지 범위가 확대된다. 종
교나 철학에서 대체로 선악을 판별할 수 있는 주체인 양심에 관해 선
천적으로 주어진 신비로운 능력으로 생각했다. 소크라테스가 말한
양심의 소리라는 다이모니온(Daimonion)은 가치 판단을 주관하는 어
떤 영적 능력이 인간을 초월하여 실재한다는 생각을 나타내고 있다.
도덕성이 고양된 사람은 이 다이모니온의 음성과 가르침을 직접 받
을 수 있다고 한다. 맹자를 위시한 성선설을 주장하는 사람들도 그
근저에는 양심이 선천적 존재임을 긍정하고 있다.

[서양철학에서의 선악] 칸트는 "그것을 자주 생각하면 할수록, 오래

생각하면 할수록 더욱 새로워지며 중대하는 감격과 경외심으로 마음을 채워주는 것이 두 가지가 있다. 그것은 내 위에 있는 별이 빛나는 하늘과 내 속에 있는 도덕적 법칙이다."라고 했다. 이때의 도덕적 법칙을 양심의 작용으로 미루어 생각한다면 칸트에게 있어서 양심 능력은 선천성을 지니는 것으로 보아도 될 것이다. 다른 한편 양심에 관해 경험에서 얻어진 것이라는 관점도 있다. 양심이 작용되는 실례인 구체적 선악의 판단 기준이 시대와 지역에 따라 다르다는 것이다. 칼 구스타프 융(C.G.Jung)은 선악의 가치관이란 대부분 사회집단의 가치관을 대변하는 것으로 시간과 공간의 제약을 받는 경우가 많다고 보았다. 이렇게 시대와 문화에 따라 서로 다를 수 있는 가치관을 도덕으로 보고 인간의 무의식 속에 잠재해있는 근원적인 양심인 에토스와 구분한다. 유교에서의 선악이란《중용(中庸)》에서는 인성(人性)에 관해 천명(天命)으로 주어진 것이다〔天命之謂性〕라고 보았다.《주역(周易)》에서는 음양의 조화에 따라 만물이 생성변화하는 것이 도〔一陰一陽之謂道〕, 도가 작용하여 화육의 공을 나타내는 것이 선〔繼之者善〕, 이 가운데 만물이 품부 받아 갖추고 있는 것이 성〔成之者性〕이라고 보았다(《주역》 繫辭上). 즉 선의 근원을 우주자연의 무궁한 생성작용에서 찾고 이를 계승하여 발현시키는 것이 선한 행위라고 생각하였다. 유가에서 선악에 대한 논의를 본격적으로 시작한 학자로 맹자를 들 수 있다. 맹자는 "하고자 할 만한 것이 선이다(可欲之謂善)"라고 하였다. 바람직한 의미에서 '할 만한 것'이 선이라고 하겠다. 즉 '순수 의욕'을 뜻하는 것이다. 예를 들면, 살기를 좋아하고 죽기를 싫어하는 것은 사람의 상정이다. 여기에는 마땅히 그러함[應當]의 의미를 함축하고 있다. 성리학적 관점에 의하면 인간의 마음에서 성(性)은 이(理)로서 체(體)가 되고 심(心)으로부터 유출된 정(情)은 기(氣)로서 용(用)이 된다. 정은 악으로도 선으로도 표출될 수 있다. 사람의 본연의 성은 선하나 다만 기질의 청탁이 다르다는 것이다. 기질에 따라 성이 온전히 발현되면 선정이 되고 기질에 끌리면 악정이 된다. 이이(李珥)는 인성의 자연스러운 발현이 선이며 심중에서 비교 계산하여 사사로움에 기울어진 것이 악이라 하였다. 즉 심이 본성대로 곧게 작용된 것이 선이며, 심이 정에 끌리어 성이 곧게 작용되지 못한 것이 악이다. 이러한 선악은 현실로 드러날 때 중(中)과 과불급(過不及)으로 나타난다. 그는 "선과 악의 구별은 다만 중과 과불급에 있을 뿐이다. 조금이라도 중에서 벗어나면 모두 불선한 정이라고 한다."(《율곡전서》 권31). 희로애구애오욕(喜怒哀懼愛惡欲)의 칠정이 발할 때 선은 중도에 맞는 것이며 악은 과불급한 것이다. "마땅히 기뻐할 것은 기뻐하고 마땅히 화낼 것은 화내는 것은 정의 선한 것이요, 마땅히 기뻐하지 않을 것을 기뻐하거나 마땅히 화내지 않을 것을 화내는 것은 정의 불선한 것이다."고 하였다.

③ 姜太公 : 강상(姜尙)은 기원전 1211년〔은나라 경정(庚丁) 8년〕에 출생하여 기원전 1072년(주강왕 6년)에 사망할 때까지 나이가 139세에 달했다. 또 다른 중국 기록에서 강상은 기원전 1140년 9월 12일〔음력 8월 3일(-5) -?〕에 태어났다고 한다. 기원전 11세기 중국의 은나라를 멸망시킨 인물로 염제 신농의 후손이라고 전해오며, 동해가 고향이다. 동해는 동해상으로도 불린다. 성은 강(姜), 이름은 상(尙), 자는 자아(子牙)이며, 호는 비웅(飛熊)이다. 주왕이 항시 꿈에서라도 바라던 인물이 비로소 나타났다 하여 흔히들 태공망이라고도 불렸다. 강태공의 본관은 천수 강씨(天水姜氏)이며 염제 신농씨의 후손이다. 강태공은 주나라 문왕을 도와 주나라를 건국한 일등공신이며, 전국 칠웅인 제(齊)나라의 공작이 되었다.

④ 육도삼략(六韜三略) 제2편 무도(武韜)에 나온 말이다.

| 원문 |

善主寬客하고 惡主制壓하니 徒善①이 不仁이요
선 주 관 객　　　　악 주 제 압　　　　도 선　　　　불 인

徒惡이 不智니라.
도 악　　부 지

仁 所以體此者也 智 所以如此者也. 孔子曰 "有文事②
인 소 이 체 차 자 야　지 소 이 여 차 자 야　공 자 왈　유 문 사

者 必有武備.③"④
자 필 유 무 비

| 해역 |

선은 너그러운 객관을 주체로 하고 악은 제재하고 억누름을 주체로
하는 것이니 한갓 선만은 어질지 못한 것이요, 한갓 악만은 지혜롭지
아니한 것이니라.

인은 이것을 체득한 자이요 지혜는 이와 같은 자이다. 공자께서 말
씀하기를 '문사가 있는 사람은 반드시 무비가 있다.' 고 하였다.

| 주석 |

① 徒善 : 한갓 착하기만 하고 주변성이 없음.
② 文事 : 학문(學問), 예술(藝術) 등에 관한 일.
③ 武備 : 모든 군사(軍事) 시설(施設)이나 장비(裝備).
④ 《공자가어(孔子家語)》에 있는 말이다.

| 원문 |

智能剛柔^①요, 仁能博愛^②니 智仁者는 天下之達
지능강유　　　인능박애　　　지인자　　천하지달

德^③也니라.
덕　야

智者 不言而信 不怒而威 仁者 無爲而治 無爲而化. 故
지자 불언이신 불노이위 인자 무위이치 무위이화 고

曰 "達德" 也.
왈 달덕 야

| 해역 |

　지혜는 굳셈과 부드러움에 능한 것이요, 인은 널리 사랑함에 능한
것이니 지와 인은 천하의 달덕이니라.

　지혜란 말하지 않아도 믿고 성내지 않아도 위엄한 것이며, 어짊이
란 함이 없어도 다스려지고 함이 없어도 교화가 되는 것이라. 그러므
로 말하기를 '달덕이라 한다.' 고 하였다.

| 주석 |

　① 剛柔 : 강함과 유연(柔軟)함. 굳세고 부드러움.
　② 博愛 : 모든 것을 널리 평등하게 사랑함.
　③ 達德 : (1) 사람이 마땅히 행해야 할 덕. 동서(東西) 고금(古今)을 통하
　　　여 변함이 없는 도덕(道德). (2)《중용(中庸)》20장에서 천하의 달도(達
　　　道)를 오륜(五倫)으로 표현하고, 달덕(達德)을 지·인·용으로 표현한
　　　데서 유래한다.《중용》에 의하면 이 세 가지 도덕규범의 발현 양태는

각각 다르지만 그 소이(所以)는 하나이다. 지는 오륜을 아는 것이고, 인은 그것을 체득하고 용은 그것을 강하게 하는 역할을 하는데 이것들은 성(誠)으로 통일된다. 또한 공자도 《논어(論語)》 「헌문」에서 호학(好學)은 지, 역행(力行)은 인, 부끄러움을 아는 것은 용에 가깝다고 하여 이 세 가지를 병칭하고 있다.

008

| 원문 |

德者는 必得其才하며 必得其學하며 必得其位하
덕 자   필 득 기 재   필 득 기 학   필 득 기 위
며 必得其壽니라.
  필 득 기 수

有德①之人 萬事②自然.③
유 덕 지 인 만 사 자 연

| 해역 |

덕은 반드시 그 재주를 얻으며, 반드시 그 배움을 얻으며, 반드시 그 지위를 얻으며, 반드시 그 수명을 얻느니라.

덕이 있는 사람은 모든 일이 저절로 그렇게 되어진다.

| 주석 |

① 有德 : 덕이 있음. 덕을 갖추고 있음.

② 萬事 : 온갖 일. 여러 가지 일.

③ 自然 : (1) 저절로 그렇게 되는 모양. 사람의 힘을 더하지 않는 천연(天然) 그대로의 상태. (2) 조화(調和)의 힘에 의하여 이루어진 일체의 것.

009

| 원문 |

愚居鬧中無相尋이요, 智住深山有遠朋이니 小事①
우 거 료 중 무 상 심　　　　 지 주 심 산 유 원 붕　　　　 소 사

는 作成功이요, 賢子도 敎後知니라.
　　作 성 공　　　　 현 자　　 교 후 지

人有一藝則遠朋自來 黃金千鎰② 不如薄藝③隨身. 事雖
인 유 일 예 즉 원 붕 자 래　 황 금 천 일　 불 여 박 예 수 신　 사 수

小 不作不成 子雖賢 不敎不知也.
소　 부 작 불 성 자 수 현 불 교 부 지 야

| 해역 |

어리석은 사람은 시끄러운 가운데 살지라도 서로 찾음이 없는 것이요, 지혜로운 사람은 깊은 산에 머물지라도 멀리서 벗이 있는 것이니 작은 일도 성공을 하는 것이요, 어진 자식이라도 가르친 뒤에 지혜롭나니라.

사람이 한 가지라도 기예가 있으면 먼데 벗이 스스로 온다. 황금 일천 꿰미가 있음이 작은 재주가 몸에 따르는 것만 같지 못하다. 일이 비록 작을지라도 하지 않으면 이루지 못하고 자식이 비록 어질지라도 가르치지 않으면 지혜롭지 못하게 된다.

| 주석 |

① 小事 : 잔일. 작은 일.

② 鎰 : 무게 이름 일. 무게 이름. 중량. 중량 단위(스물넉 냥).

③ 薄藝 : 변변치 못한 재주.

010

| 원문 |

教有其時하고 學有其齒①하니 子生八歲거든 卽教
교 유 기 시   학 유 기 치   자 생 팔 세   즉 교
修身②하야 不失其時也니라.
수 신   불 실 기 시 야

修身者 卷名 讀至萬遍以上則文義自通 他書不讀而自
수 신 자 권 명 독 지 만 편 이 상 즉 문 의 자 통   타 서 부 독 이 자
知也. 人未有習行政③而仕 仕者知其行. 未有學養子④而嫁
지 야 인 미 유 습 행 정 이 사 사 자 지 기 행   미 유 학 양 자   이 가
嫁自知其養.
가 자 지 기 양

| 해역 |

가르치는 데 그때가 있고 배우는 데도 그 연령이 있나니 자식을 낳
은 여덟 살이 되거든 곧 몸 닦음을 가르쳐서 그때를 잃지 않게 할지니
라.

수신이란 책의 이름이니 읽어서 만 번 이상에 이르면 글의 뜻이 저
절로 통해지며 다른 글을 읽지 않았어도 저절로 알아진다. 사람이 행

제1편 수신의 이치 *29*

정을 익히지 않고 벼슬을 할 수 있는 것이니 벼슬을 하면 그 행정이 알아지게 된다. 자식 기르기를 배우지 않고 시집을 감이 있으니 시집을 가면 저절로 그 기름을 알게 된다.

| 주석 |

① 齒 : 이 치. 이. 나이. 연령(年齡).

② 修身 : 악을 물리치고 선을 북돋아서 마음과 행실을 바르게 닦아 수양함. 마음을 착하게 하며 행실을 바르게 함.

③ 行政 : 근대국가는 국가작용을 입법 · 사법 · 행정의 3부문으로 구별하여 각기 국회(國會) · 법원(法院) · 행정부(行政府)에 분배하고, 상호 견제 · 균형에 의하여 권력남용을 방지하는 권력분립제를 취하고 있다. 행정은 이와 같이 입법 · 사법에 대응하는 개념이지만, 행정이 무엇인가를 일반적 · 추상적으로 정의하기는 어렵다. 특히 행정 · 입법 · 사법의 구별이 명확하지 못하고, 현실적으로는 행정부에 속하는 작용 중에 실질적 의미의 입법 작용 및 사법작용이 포함된 경우가 있다. 따라서 그 작용의 실질과는 관계없이 행정부가 행하는 일체의 작용을 행정이라 하는 일이 있다(형식적 의미의 행정). 이에 대하여 실질적 의미의 행정에 대하여는 학설이 대립되어 일정하지 않다.
첫째로는, 실질적 차이를 인정하되 행정은 국회가 제정한 집행법작용이라는 설(긍정설), 행정은 법의 아래에서 법의 제한을 받으며 국가목적을 실현하는 작용이라는 설(적극설), 국가작용 중에서 입법 · 사법을 제외한 모든 활동이라는 설(소극설 : 控除說)이 있다. 둘째로는, 실질적 구별이 불가능하다는 설(부정설)이 있다. 최근에는 법 아래에서 법의 기속(羈束)을 받으면서 사법 이외의 일체의 국가목적을 현실적 · 구체적으로 실현하기 위하여 통일적으로 수행하는 계속적 형성활동이라는 설이 유력하다.

④ 養子 : 자식을 기름.

011

| 원문 |

農失其時饑一年이로대 學失其時誤平生이니 智
농 실 기 시 기 일 년　　　　학 실 기 시 오 평 생　　　　　지
者는 以文恒産①하야 心不弛修虛之學하고 口不道非
자　　 이 문 항 산　　 심 불 이 수 허 지 학　　　　 구 부 도 비
禮之言이니라.
례 지 언

人生十五歲 內則心能專一 而若至二十則心馳生活無讀
인 생 십 오 세　내 즉 심 능 전 일　이 약 지 이 십 즉 심 치 생 활 무 독
書之暇也. 人無恒産 易致妄想②妄動③ 妄想徒傷神④ 妄心⑤
서 지 가 야　　인 무 항 산　이 치 망 상　망 동　　망 상 도 상 신　　망 심
反致禍.
반 치 화

| 해역 |

농사에 그때를 잃으면 배고픔이 일 년이로되 배움에 그때를 잃으면
평생을 그르치게 되는 것이니, 지혜로운 사람은 글로써 항산을 삼아서
마음이 허황된 학문을 닦는데 늦추지 아니하고 입으로 예의가 아닌 말
을 이르지 않나니라.

사람이 15살이 되면 안으로 마음이 능히 전일해야 하고 만일에 20
살이 되면 마음이 생활에 달려감으로 글을 읽을 겨를이 없다. 사람이

항산이 없으면 망상이나 망동에 이르기 쉽나니 망상을 하면 한갓 정신을 상하고 망심을 하면 도리어 재앙이 이른다.

| 주석 |

① 恒産 : 생활을 유지할 수 있는 일정한 재산과 생업(生業). 《맹자(孟子)》등문공장(滕文公章)에 나오는 '항산이 있는 자가 항심이 있다.〔有恒産者有恒心.〕' 에서 유래한 말. 사람이 살아가기 위해서는 최소한의 항산이 있어야 한다. 그래야만 마음이 흔들리지 않아서 항심(恒心)이 될 수 있다고 보아 '항산이 없으면 항심도 없다.' 고 함.

② 妄想 : 이치(理致)에 어긋나는 헛된 생각. 이것이 지나치면 병적인 것으로 되어 피해망상(被害妄想), 과대망상(誇大妄想) 따위의 정신(精神) 이상이 일어남.

③ 妄動 : 분수(分數)없이 망령되이 행동함. 망령되이 하는 행동.

④ 傷神 : 정신(精神)을 상함.

⑤ 妄心 : 허망(虛妄)하게 분별(分別)하는 마음.

012

| 원문 |

有勇이 不如智이요, 有智-不如學이니 學而後能
유용 불여지 유지 불여학 학이후능

知하고 知而後能安하고 安而後能慮하고 慮而後能
지 지이후능안 안이후능려 려이후능

得이니라.
득

勇者 剛也 智者 敏也. 學者 先王之法[1] 德義之府.[2] 惟有
용자 강야 지자 민야 학자 선왕지법 덕 의지부 유유

德義者 能恤民[3] 恤民者 能治政.[4]
덕 의 자 능 휼 민 휼 민 자 능 치 정

| 해역 |

용맹 있음이 지혜로움만 같지 못한 것이요, 지혜 있음이 배우는 것
만 같지 못하나니, 배운 뒤에 능히 알고 안 뒤에 능히 편안하고, 편안한
뒤에 능히 생각하고 생각한 뒤에 능히 얻나니라.

용맹이란 굳센 것이요 지혜란 민첩한 것이다. 배움이란 선왕의 법
도와 은덕과 의리의 곳집이다. 오직 은덕과 의리가 있는 사람이라야
능히 백성을 구휼하고 백성을 구휼하는 사람이라야 능히 정사로 다스
리게 된다.

| 주석 |

① 先王之法 : 선대의 임금의 예법(禮法)과 제도(制度). 또는 법률(法律)과
제도.
② 德義之府 : 사람으로서 마땅히 지켜야 할 도덕(道德) 상의 의리(義理).
덕성(德性)과 신의(信義)가 곳집과 같다는 말이다.
③ 恤民 : 이재민(罹災民)을 구휼(救恤)함.
④ 治政=政治 : 역사시대로 접어들면서부터 시작하여 그 시기에 미치는
전통시대의 정치는 주로 왕조체제(王朝體制)를 중심으로 하는 것이
다. 이에 대하여, 대원군 시대부터 오늘날에 이르기까지의 근대정치
는 문호개방에 수반하는 외세의 개입과 그에 대한 대응 속에서 서구
(西歐)의 새로운 사조에 힘입어 민족주의·민주주의를 지향하면서
전개되어 온 것이다. 전통시대의 정치를 역사적으로 살피면서 유의

하여야 할 바는, 첫째로 시대구분에 있어서 왕조를 중요한 단위로 삼지 않을 수 없다는 점이다. 이는 한국사를 통하여 일반적인 시대구분이 정립되어 있지 않다는 점에도 기인하지만, 그보다도 왕조를 중심으로 하는 정치체제 자체가 지니는 의미를 가벼이 할 수 없다는 점에 보다 큰 이유가 있다. 둘째로 정치의 역사적 전개란 정치권력의 흐름을 뜻하는 만큼 정치권력을 정형화(定型化)시키는 통치체제에 가장 큰 관심을 쏟았다는 점이다. 이와 같은 통치체제는 그것을 성립시키고 주도해 간 지배세력의 성향과 밀접한 관련을 지닌다는 점에서 통치체제는 지배세력과의 상호관계라는 안목에서 살피려고 하였다. 셋째로 정치적 추이(推移) 속에서 왕조의 교체라든가 그 밖의 중요한 정치적 변란을 결코 소홀히 할 수 없다는 점에서, 이와 같은 변혁들까지도 포괄시키는 견해를 취하였다. 그러나 정치의 역사적 전개와 긴밀한 관계를 지니는 정치사상(政治思想)의 문제는 여기에서 논외로 하였다. 또한, 정치의 발전에 중요한 영향을 미치는 대외관계에 대해서도 서술의 대상에서 제외시켰다.

013

| 원문 |

聰明①이 莫如鈍筆②이요, 十聞이 莫如一習이니 一
총명   막여둔필   십문   막여일습   일
習之事는 雖倉卒③而不滯④하고 鈍筆之記는 亘萬古⑤
습지사   수창졸 이불체   둔필지기   긍만고
而不朽⑥니라.
이 불 후

孔子 作春秋⑦而名傳萬古 讀周易⑧韋絶三遍⑨而學至聖
공자 작춘추 이명전만고 독주역 위절삼편 이학지성
人.⑩
인

| 해역 |

　총명이 무딘 붓만 같을 수 없는 것이요, 열 번 들음이 한 번 익히는
것만 같을 수 없는 것이니, 한번 익힌 일은 비록 창졸간이라도 막히지
아니하고 무딘 붓의 기록은 만고에 뻗혀 썩어지지 않나니라.

　공자는 《춘추》를 지어서 이름이 만고에 전하게 되고,《주역》을 맨
가죽이 세 번 끊어지도록 읽고 배워서 성인에 이르렀다.

| 주석 |

　① 聰明 : 슬기롭고 도리(道理)에 밝음. 눈과 귀가 예민(銳敏)함.

　② 鈍筆 : 굼뜬 글씨. 서투른 글씨. 필적(筆跡)이 서투른 사람.

　③ 倉卒 : 미처 어찌할 사이 없이 급작스러움.

　④ 不滯 : 막히지 않음. 머물지 않음.

　⑤ 萬古 : 매우 먼 옛날. 아주 오랜 세월 동안. 세상에 비길 데가 없음.

　⑥ 不朽 : 썩어 없어지지 않음. 또는 어떤 것의 가치(價値)나 의의(意義)가
　　언제까지나 길이 전(傳)하여 없어지지 않음.

　⑦ 春秋 : 오경(五經)의 하나. 최초의 편년체(編年體) 역사서로서, 춘추시
　　대(春秋時代) 노(魯)나라 은공(隱公)부터 애공(哀公)에 이르는 12공 242
　　년간의 기록을 담고 있다. '춘추'의 의미는 춘하추동(春夏秋冬)에서,
　　하는 춘에, 동은 추에 포함시켜 1년간이란 뜻으로서 연대기(年代記)
　　를 의미한다.《춘추》는 본래 노나라의 사관(史官)이 기록한 궁정연대
　　기(宮廷年代記)였는데, 여기에 공자가 독자적인 역사의식과 가치관을

가지고 필삭(筆削)하였다. 《춘추》에는 공자의 미언대의(微言大義)가 담겨져 있다 하여 춘추학(春秋學)이 성립되었는데, 그 단서(端緒)를 제기한 것은 맹자(孟子)였다. 맹자는 당시 주왕조(周王朝)의 권위가 쇠미하여 도의(道義)가 행해지지 않고 군부(君父)를 시해하는 난신적자(亂臣賊子)가 나타나는 혼란기에 공자가 명분을 바로잡고 인륜을 밝혀 세태를 바로잡고자 《춘추》를 지었다고 하였다. 단순한 역사적 사실만을 담고 있는 책이 아니라 사건에 의탁하여 대의명분(大義名分)을 피력한 책이라는 의미이다. 그러나 《춘추》를 경(經)으로 권위를 높인 것은 순자(荀子)다. 《순자》'권학(勸學)' 편에서는 《시경(詩經)》·《서경(書經)》·《예기(禮記)》·《악경(樂經)》과 함께 오경(五經)의 하나로서 《춘추》를 들고 있다. 《춘추》는 경문이 지극히 간절(簡切)하여 원뜻을 파악하기가 쉽지 않았으므로, 전국시대(戰國時代)의 공양고(公羊高)·곡량적(穀梁赤)·좌구명(左丘明) 삼인(三人)이 전(傳)을 지어 해석을 시도하였다. 이들이 지은 《공양전(公羊傳)》·《곡량전(穀梁傳)》·《좌씨전(左氏傳)》을 흔히 '춘추삼전(春秋三傳)'이라고 한다. 이 책은 주자학파(朱子學派)에서 사용되면서 학자들이 상당히 신봉하였다. 우리나라에도 삼국시대 이래로 《좌씨전》을 유교의 중요한 경전으로 삼고 애독하였다.

⑧ 周易 : 동양 고전의 하나. 《역경(易經)》 또는 역(易)이라고도 한다. 고대 중국의 농경사회에서 농사를 지배하는 신은 천(天)이었으며, 땅의 생산력과 곡식의 신 및 천문지리와 역법(曆法)에 관한 지식 등은 농경사회의 풍요를 도모하는 자원이었다. 이처럼 하늘의 이법과 땅의 이치를 밝게 알려준 경이 《주역》이다. 《주역》의 연원과 유래를 살펴보면 다음과 같다. 우선 하도(河圖)의 출현을 보면 복희가 인정(仁政)을 하였는데, 그때 황하에서 용마(龍馬)가 나왔다고 한다. 그리고 낙서(洛書)의 출현 역시 우임금이 치수 사업을 할 때 낙수(洛水)에서 거북이 나온 것이다. 따라서 《주역》의 유래는 곧 하도낙서를 시원으로 하

고 있다. 따라서 《주역》은 중국 상고시대에 비롯된 것으로 어느 한 사람에 의해 저술된 것이 아니라 오랜 세월을 지내오면서 완성된 것으로 볼 수 있다. 흔히 《주역》에서 말하는 역(易)은 천지자연의 역, 복희의 역, 문왕·주공의 역, 공자의 역(十翼) 등 여러 명칭의 역으로 거론될 수 있다. 복희가 팔괘를 만들었고, 또 64괘는 복희·문왕·신농에게서 비롯된다는 설도 있다. 공자가 10익을 만들었다고 하는데, '단전상', '단전하', '상전상', '상전하', '문언전', '계사상전', '계사하전', '설괘전', '서괘전', '잡괘전'이 그것이다. 공자는 50세 이후 만년에 시간과 정력을 《주역》 연구에 투자하기도 하였다. 《주역》에서 역의 의미에 대해서는 다음 세 가지 설이 있다. 첫째, 석역설(蜥易說)로서 역이란 도마뱀(蜥)을 나타내는 상형문자로 보는 것이다. 중국 고대인들은 도마뱀이 매일 12번 색깔을 바꾼다고 믿었으니 역은 바로 그 변화의 의미를 지시하는 것이라고 보았다. 둘째, 일월설로서 역을 일(日)과 월(月)의 복합자로 본다. 셋째, 자의설로서 역을 그 자체에 내포된 의미로 보는 것이다. 이처럼 다의적 의미를 지니고 있는 《주역》은 현대인들에게 점서로 알려져 있으며, 실제로도 은나라의 복귀(卜龜)·복갑(卜甲)을 대신하여 주대(周代)의 점복서로 발전한 것이었다. 고대로부터 점서로 통하던 것이 유교의 경전이 되면서 《주역》 혹은 《역경》으로 불리고 있다. 점서로서 이용되는 톱풀(蓍)의 중요성뿐만 아니라 이 톱풀의 조합이 유명한 《주역》에서 판단자의 역할을 하였으니, 《주역》은 불안한 미래를 달래주는 점술서로서 역할을 충실히 하였다. 하지만 《주역》은 단지 점서로서 역할한 것만은 아니었다. 《주역》 '계사전' 상 11장에서 "공자가 말하기를, 대저 주역은 무엇을 하는 것인가? 무릇 주역은 만물을 개발하여 임무를 완성하는(開物成務) 천하의 도를 간추린 것이니 이와 같을 따름인지라. 그런 까닭으로 성인이 천하의 뜻(志)을 통달하여 천하의 사업을 결정하며, 천하의 의심을 판단하느니라"라고 말하고 있다. 여기에서 말하는《주역》의 의미로서 '개물성무(開物成務)'란 우주 만물을 개발하며 그 임무를 완성하는 것으로 천하사를 결정하며, 인간사의 길흉화복을 미리 알게 해주는 것이다. 따라서 중국 고대철학의 우주론은《주역》이 중심이 된다고 할 수 있다. 그리하여 우주의 변화와 천지의 운행질서를 통해 인도를 따르는 것으로 천지인(天地人) 삼재(三才)를 하나로 보는 주역 철학이 탄생하였다. 《주역》에서는 천도와 인사를 일치하며, 이에 인간은 천인합덕의 정신으로 우주와 인간이 하나로 어우러져 천인조화를 지향하는 자연철학의 성격을 지니기도 한 것이다.

⑨ 韋絶三遍=韋編三絶 : 가죽으로 맨 책 끈이 여러 차례 끊어졌다는 뜻이다. 독서에 힘쓰는 것을 비유하는 말이다. 공자(孔子)는 나이 들어《역(易)》을 좋아하여 〈단(彖)〉, 〈계사(繫辭)〉, 〈상(象)〉, 〈설괘(說卦)〉, 〈문언(文言)〉을 지었다. 오직《역》만은 가죽으로 엮은 끈이 여러 번 끊어졌는데, 공자는 이렇게 말했다. "나에게 수년의 틈을 준다면, 내가《역》에 정통할 것이다.〔孔子晚而喜易, 序彖繫象說卦文言. 獨易韋編三絶. 曰, 假我數年, 若是, 我於易則彬彬矣.〕"고대의 책(冊)은 대나무를 직사각형으로 잘라 여러 장을 가죽끈으로 엮어 만들었다. 그래서 책을 많이 읽다 보면 가죽끈이 끊어지기도 했다.

⑩ 聖人 : 덕과 지혜가 뛰어나고 사리에 정통하여 모든 사람이 길이 우러러 받들고 모든 사람의 스승이 될 만한 사람.

| 원문 |

雖有良工^①이라도 不以規矩^②면 不可以成其器이
수유양공   불이규구   불가이성기기

요, 雖有聰明이라도 不以學問이면 不可以廣其智니
수유총명   불이학문   불가이광기지

人欲成其智는 必先修其學이요, 工欲善其器는 必先
인욕성기지   필선수기학   공욕선기기   필선

以其規니라.
이기규

魏人樂羊^③ 遊學一年而歸 其妻方織機 問曰 "所學成否"
위인악양   유학일년이귀   기처방직기   문왈   소학성부

羊曰 "未也" 妻取刀斷絲曰 "學成而後行 猶帛成而後服 今
양왈   미야   처취도단사왈   학성이후행 유백성이후복 금

子 學未成而歸 何異于此機之斷也." 樂羊大悟^④ 復就學七
자 학미성이귀 하이우차기지단야   악양대오   부취학칠

年 拜魏大將.
년 배위대장

| 해역 |

비록 어진 장인이 있을지라도 규구를 쓰지 아니하면 가히 써 그 그릇을 이루지 못하는 것이요, 비록 총명이 있을지라도 학문을 하지 아니하면 가히 써 그 지혜를 넓히지 못하는 것이니 사람이 그 지혜를 이루고자 할진대 반드시 먼저 그 학문을 닦을 것이요, 장인이 그 그릇을 좋게 하고자 할진대 반드시 먼저 그 규구를 써야 하나니라.

위나라 사람 악양이 유학한 지 일 년 만에 돌아오니 그 아내가 바야흐로 베틀에서 베를 짜다가 물어 말하기를 '배운 바를 이루었습니까,

않았습니까?' 악양이 말하기를 '못 이루었습니다.' 하니 아내가 칼을 가지고 실을 끊으면서 말하기를 '학문을 이룬 뒤에 행하는 것이 비단을 이룬 뒤에 옷을 만들어 입는 것과 같나니 지금 당신이 학문을 이루지 못하고 돌아옴이 이 베틀의 실을 끊는 것과 무엇이 다르리오.' 하였다. 악양이 크게 깨닫고 다시 나아가 칠 년을 공부하니 위나라의 대장에 제수 되었다.

| 주석 |

① 良工 : 재주와 기술이 뛰어난 공인(工人). 〈불교〉 가사(袈裟)를 짓는 침공(針工).

② 規矩 : 지름이나 선의 거리를 재는 도구(道具). 그림쇠.

③ 樂羊 : 전국시대(戰國時代) 위(魏)나라 문후(文侯) 때의 장수. 그가 중산(中山)을 공격하는 임무를 맡게 되었을 때 아들이 그곳에 있었으므로 주위의 비방이 많았음. 그러나 문후의 믿음을 받고 진군하여 마침내 함락시킴.

④ 大悟 : (1) 똑똑히 이해함. (2) 크게 깨달음. (3) 번뇌(煩惱)를 벗고 진리를 깨달음. (4) 크게 통하여 대아(大我)를 깨달음.

015

| 원문 |

人之進就①는 任於擇友니 遊於聖人之門則行必
인지진취   임어택우   유어성인지문즉행필
仁義②이요, 從於工商之人則知必利害③이니라.
인의   종어공상지인즉지필이해

蓋人之性 隨其從遊而心弛故. 麻中之蓬④ 不扶而自直
개 인 지 성　수 기 종 유 이 심 이 고　마 중 지 봉　　불 부 이 자 직

沙中之土 不染而自黑. 孟子⑤幼時 家在北邙山⑥之下 戲而
사 중 지 토　불 염 이 자 흑　맹 자 유 시　가 재 북 망 산　지 하　희 이

埋葬⑦之事 移居市場則戲而賣買⑧之事 移居子思⑨之隣而讀
매 장　지 사　이 거 시 장 즉 희 이 매 매　지 사　이 거 자 사　지 린 이 독

書窮理⑩ 以至聖人.
서 궁 리　　이 지 성 인

| 해역 |

　사람의 진취는 벗을 선택함에 맡겨짐이니 성인의 문정에서 놀면 반
드시 인과 의를 행할 것이요, 공장이나 장사하는 사람을 쫓으면 반드시
이로움과 해로움을 아는 것이니라.

　대개 사람의 성격이 그 좋아 놂을 따라서 마음이 시행되기 때문이
다. 삼 가운데 쑥은 붙잡지 않아도 저절로 곧아지고, 모래 가운데 흙은
물들이지 않아도 저절로 검어진다. 맹자가 어렸을 때에 집이 북망산의
아래에 있었는데 매장의 일로 희롱하였고 시장에 옮겨 살아가니 매매
하는 일로 희롱하였으며 자사의 이웃으로 옮겨 사니 글을 읽고 이치를
궁구하여 성인에 이르렀다.

| 주석 |

①進就 : 일을 차차 이루어 감.

②仁義 : 인과 의. 어진 것과 의로운 것.

③利害 : 이익(利益)과 손해(損害).

④麻中之蓬 : 삼밭에 나는 쑥이라는 뜻으로, 구부러진 쑥도 삼밭에 나
　　면 저절로 꼿꼿하게 자라듯이 좋은 환경에 있거나 좋은 벗과 사귀
　　면 자연히 주위의 감화(感化)를 받아서 선인(善人)이 됨을 비유해 이

르는 말.

⑤ 孟子(B.C. 372년 추정–B.C. 289년 추정) : 맹자는 공자가 죽고 나서 100년
정도 뒤에 태어났다. 공자나 맹자나 정확하게 언제 태어나서 언제 죽
었는지 확인할 방법은 없다. 가능한 방법은 『논어』나 『맹자』에 실려
있는 그들의 행적을 추적해서, 즉 그들이 만났던 사람들이나 목격했
거나 관련되었던 사건들을 참고해서 연대를 추정하는 것이다. 공자
는 대략 기원전 551년경에 태어나 기원전 479년경에 죽었으며 맹자
는 기원전 372년경에 태어나 기원전 289년경에 죽은 것으로 추정된
다. 역사가들에 의해 공자와 맹자가 살았던 시대는 춘추전국(春秋戰
國)시대로 분류된다. 공자는 춘추시대에 살았으며 맹자는 전국시대
에 살았다. 춘추시대는 기원전 770년에서 기원전 403년까지이며, 전
국시대는 기원전 403년에서 진나라가 천하를 통일하기 전인 기원전
222년까지이다. 기원전 770년은 주(周) 왕실이 견융(犬戎)이라는 종
족에게 쫓겨 수도를 동쪽인 낙양(洛陽)으로 옮긴 해이다. 그 전까지
중국은 주 왕실을 중심으로 많은 봉건국가들이 위성처럼 분립해 있
었으며 이들은 혈연과 제사와 군사에 의해 주 왕실에게 종속되어 있
었다. 주 왕실이 동쪽으로 천도할 즈음을 전후해서 이러한 봉건제는
붕괴되기 시작했다. 춘추시대는 패자(覇者)들의 시대였다. 패자는 주
왕실의 명목만은 존중하면서 실상은 무력으로 다른 제후들을 정복
했고 그럼으로써 천하를 다스렸다. 차례로 천하를 제패했던 제(齊)나
라의 환공(桓公), 송(宋)나라의 양공(襄公), 진(晉)나라의 문공(文公), 진
(秦)나라의 목공(穆公), 초(楚)나라의 장왕(莊王)은 5패로 불린다. 춘추
시대만 해도 — 제후국들은 실제적으로 독립한 나라였지만 — 패자
들은 근왕(勤王)의 기치를 내걸었다. 전국시대에 들어서면 주나라는
거의 존재감을 상실하고 제후들도 더 이상 근왕의 명분을 필요로 하
지 않았다. 춘추시대에 170여 개에 달했던 제후국들은 동맹과 연맹
의 결성, 외교적 · 군사적 전쟁을 통해 7개의 제후국으로 정리되었

다. 즉 전국칠웅(戰國七雄)이라 불리는 한(韓)·위(魏)·조(趙)·연(燕)·제(齊)·초(楚)·진(秦)이 이들이다. 이들은 천하를 제패한다는 한 가지 목표를 두고 약육강식의 전쟁을 전개했다. 공자는 주 왕실 중심의 봉건제를 이상적인 제도로 생각했다. 공자를 시조로 하는 유가의 눈에서 보면 이러한 춘추전국시대는 인륜이 무너져가는 윤리·정치적 혼란기였을 뿐이지만, 객관적으로 보면 철기와 우경의 보급으로 인한 생산력의 증대와 함께 문화면에서도 비약적인 발전이 이루어진 시대였다. 특히 전국시대에는 국가차원에서 생산력을 높이려는 정책도 시도되었으며, 한편에서는 상인의 세력이 커져서 상인으로서 부에 의해 진의 재상까지 된 여불위(呂不韋) 같은 사람도 등장했다. 전국시대는 또한 제자백가(諸子百家)의 시대였다. 사회의 혼란 속에서 어떻게 살아갈 것이며, 어떻게 세상을 구제할 것인가에 관한 각종 사상이 태어났으며, 사상을 통제할 권력이 존재하지 않았으므로 중국사상사에서 가장 자유롭고 다채로운 논쟁이 전개된 시기였다. 법가, 도가, 농가, 종횡가, 명가, 음양가, 잡가 등을 표방하는 수많은 학자들이 왕성한 사상활동을 펼치고 있었으며 맹자는 그들 가운데 한 사람이었다. 맹자는 공자의 제자로 자처하면서, 다른 학파들을 비판하고 때로는 그들과 논쟁하면서 유학의 골격을 완성해갔다. 맹자(孟子), 즉 맹 선생의 성은 맹(孟)이며, 이름은 가(軻)이다. 추(鄒)라는 지방 출신인데 추는 공자가 태어난 노(魯)나라에 속한 지방이라는 설도 있고 독립된 나라라는 설도 있다. 어느 쪽이든 공자의 고향인 곡부(曲阜)에서 가까운 곳이었다. 일찍 아버지를 여의고 교육에 열심인 어머니 슬하에서 자랐다. 어머니가 아들의 좋은 교육환경을 위해 이사를 세 번 했다거나 중도에 공부를 그만두어서는 안 된다는 것을 아들에게 명심시키기 위해 자신이 짜던 베를 잘랐다는 이야기들이 전해온다. 맹자는 인의(仁義)의 덕을 바탕으로 하는 왕도정치(王道政治)가 당시의 정치적 분열 상태를 극복할 유일한 길이라고 믿고, 왕도정치를 시행하라고 제후들에게 유세하고 다녔다. 기원전 320년경에 양(梁)나라(하남성 개봉시)에 가서 혜왕에게 왕도에 대해 유세했으나, 일이 년 뒤에 혜(惠)왕이 죽은 뒤, 아들인 양(襄)에게 실망해서 산동에 있는 제(齊)나라로 옮겼다. 그곳에서 제나라의 선(宣)왕에게 기대를 걸고 칠팔 년을 머물렀으나, 역시 자신의 이론이 채용되지 않자 떠날 수밖에 없었다. 그 뒤 송(宋, 하남성 상구현), 설(薛, 산동성 등현 서남쪽)을 거쳐 일차로 추에 돌아온 뒤, 다시 문공(文公)의 초대를 받아 등(藤, 산동성 등현)으로 갔다. 역시 이상을 실현시키지 못하고 노(魯, 산동성 곡부현)를 거쳐 고향인 추로 돌아왔다. 당시의 제후들이 필요로 했던 것은 부국강병의 정치술이었다. 그러한 제후들의 현실적 관심과 맞아떨어질 여지가 없었던 맹자의 이론은 어느 제후에게도 채택되지 못했으며, 맹자는 당대에 자신의 이상을 실현시키는 것은 포기해야 했다. 50세가 넘어서 시작했던 편력을 그치고 고향으로 돌아온 것이 70세가량 되었을 때라고 추정된다. 고향으로 돌아와 제자들과 함께 『시경』과 『서경』, 그리고 공자의 정신에 대해 토론했으며, 그때 만들어진 책이 오늘날 전해지는 『맹자』 7편이다.

⑥ 北邙山 : 하남성(河南省) 낙양의 북동쪽에 위치한 산 이름으로 한대(漢代) 이후의 묘지(墓地). 묘지가 있는 곳이나 사람이 죽어서 가는 곳.

⑦ 埋葬 : 송장을 땅에 묻음. 못된 짓을 한 사람을 사회에서 용납하지 못하게 함.

⑧ 賣買 : 물건을 팔고 사고 하는 일, 흥정.

⑨ 子思(B.C. 483?~B.C. 402?) : 이름 급(伋). 자사는 자(字)로서 공자의 손자이며, 4서의 하나인 《중용(中庸)》의 저자로 전한다. 전 생애를 주로 고향인 노나라에 살면서 증자(曾子)의 학(學)을 배워 유학의 전승에 힘썼다. 맹자는 그의 제자의 제자이며, 공자-증자-자사-맹자로 이어지는 이 학통(學統)은 송학(宋學)에서 특히 존중된다. 《한서(漢書) 예문지(藝文志)》에 자사학파의 사상을 전하는 책인 《자사자(子思子)》

의 존재가 기록되어 있지만 현재는 전해지지 않으며, 《중용(中庸)》이 이중 일부라는 설이 있다. 과불급(過不及)이 없는 중용을 지향하는 실천적인 일상 윤리가 그의 사상의 중심이다.

⑩ 窮理 : 일이나 물건을 처리하거나 밝히기 위하여 따져 헤아리며 이치를 깊이 연구함. 좋은 도리(道理)를 발견하려고 이모저모 생각함.

016

| 원문 |

惟斅는 後生之學而賢慕其師하고 愚倍其師니라.
유효   후생지학이현모기사   우배기사

孫賓①龐涓② 同學于鬼谷先生.③ 而龐涓下山之夜 授孫武④
손빈 방연   동학우귀곡선생   이방연하산지야 수손무

書 賓曰 "何不并傳于龐涓乎?" 先生曰 "涓非佳士⑤ 豈可輕付
서 빈왈 하불병전우방연호   선생왈 연비가사 기가경부

哉." 後龐涓 送書于孫賓 竟無一字 問候⑥其師.
재   후방연 송서우손빈 경무일자 문후 기사

| 해역 |

오직 가르치는 것을 후생이 배우는 것이니 어진 이는 그 스승을 사모하고 어리석은 자는 그 스승을 배반하나니라.

손빈과 방연이 귀곡선생에게서 함께 배웠다. 방연이 산을 내려가던 날 밤에 손무에게 병서를 주니 손빈이 말하기를 '어찌하여 아울러 방연에게 전하지 않는 것입니까?' 선생이 말하기를 '방연은 아름다운 선비가 아니니 어찌 가히 가볍게 주겠느냐' 고 하였다. 뒤에 방연이 글

을 손빈에게 보내왔는데 마침내 한 글자도 그 스승의 안부를 물음이
없었다.

| 주석 |

① 孫賓 : 전설상의 천재 병법가인 귀곡 선생의 문하에서 가장 재능이
뛰어났던 수제자. 오왕 부차의 군사(軍師)로 초나라를 정벌하는 데
큰 공을 세운 손무의 후손이라고 알려져 있음. 귀곡 선생이 그 재능
을 알아보고 손무가 지었으나 비밀리에 전수되어 세간에는 알려지
지 않던 『손자병법(孫子兵法)』의 전체 내용을 전수해주었다고 함(이
이야기는 전설이고 실제 그랬는지 여부는 불확실함). 묵자의 추천으
로 위(魏)나라에 출사(出仕)했으나 동문수학했던 방연(龐涓)이 그의 재
주를 시기한 나머지 제나라의 첩자로 참소하는 바람에 억울하게 월
형(刖刑)과 묵형(墨刑)을 당하고 폐인이 되었음. 후에 우연히 방연의
간계를 알게 된 손빈은 정신병자 노릇을 하면서 가까스로 하루하루
를 연명하다가 다시금 묵자의 도움으로 제나라 장군 전기(田忌)에게
구출되어 사지를 무사히 탈출했음. 그 후 제나라의 군사(軍師)로 활
약하면서 B.C. 354년의 계릉 전투, B.C. 341년의 마릉 전투에서 위
나라 군사를 대파했고, 특히 마릉 전투에서는 방연을 함정에 빠뜨려
죽임으로써 사원(私怨)까지 해소했음. 개인적인 목적을 이루고 제나
라를 강성하게 만든 후에는 속세를 버리고 산야에 은둔했는데, 일설
로는 귀곡 선생과 함께 선계(仙界)로 갔다고도 함. 1972년에 춘추 전
국 시대의 제나라가 위치했던 산동성(山東省) 임기현(臨沂縣) 은작산
(銀雀山)에서 발굴된 전한(前漢) 시대(B.C. 206 – A.D. 8) 귀족 묘에서는
손무가 지은 『손자병법(孫子兵法)』과는 전혀 별개의 저서인 『손빈병
법』[손빈이 자찬(自撰)한 병법서로 추정]이 기록된 죽간(竹簡)들이 대
량 출토됨으로써 전국 시대의 병가(兵家) 사상의 단계적 발전 과정을

이해하는 데 둘도 없는 획기적인 자료가 됨.

② 龐涓 : 전국 시대 위(魏)나라 사람. 제(齊)나라 사람 손빈(孫臏)과 함께 귀곡자(鬼谷子)에게 병법을 배웠는데, 손빈만 못했다. 나중에 위혜왕(魏惠王)의 장수가 되어 손빈을 위나라에 오도록 하여 빈형(臏刑, 슬개 골을 없애는 형벌)으로 처벌했다. 나중에 손빈이 제나라 사신의 도움으로 귀국하여 제위왕(齊威王)의 군사(軍師)가 되었다. 위혜왕 20년(기원전 354) 조(趙)나라의 한단(邯鄲)을 공격하다 제나라 군사에 패배했고, 28년(기원전 342) 한(韓)나라를 공격했지만 구원 나온 손빈이 제나라 군대로 하여금 곧바로 위나라의 수도 대량(大梁)을 공격하게 했다. 바로 철군하여 돌아오다가 유인책에 말려 마릉(馬陵)에서 복병에 걸려 패하고 자신의 목을 찔러 자살했다. 손빈의 계략으로 그렇게 되었다는 설도 있다. 『손빈병법』 금방연(擒龐涓) 편에 보면 방연은 계릉(桂陵) 전투에서 포로로 잡혔다고 설명했다.

③ 鬼谷先生=鬼谷子 : 중국 전국시대 초(楚)나라의 사상가. 영천(潁川)·양성(陽城)의 귀곡지방에 은둔하였기 때문에 귀곡자라고도 하였다. 진(秦)·초(楚)·연(燕)·조(趙) 등 7국이 천하의 패권을 다투던 시대에, 권모술수의 외교 책을 우자(優者)의 도(道)라고 주장한 종횡가(縱橫家)였다. 성명과 행적(行蹟)이 모두 알려지지 않았다. 영천(潁川)·양성(陽城)의 귀곡지방에 은둔하였기 때문에 귀곡자라고 하였다. 진(秦)·초(楚)·연(燕)·조(趙) 등 7국이 천하의 패권을 다투던 시대에 권모술수의 외교 책을 우자(優者)의 도(道)라고 주장한 종횡가(縱橫家)이며, 소진(蘇秦)과 장의(張儀)도 그의 제자였다고 한다. 저서로서《귀곡자》1권이 전해지며, 소진의 가탁(假託)으로 간주되었다. 현행본은 내용도 천박하고, 문장 자체도 전국시대의 것이 아니어서 위서(僞書)임이 명백하다.

④ 孫武 : 중국(中國) 춘추시대(春秋時代)의 오(吳)나라의 병법가. 제(齊)나라 사람. 오왕(五王) 합려(闔閭) 밑에서 군사(軍士)를 양성했음. 『손자

(孫子)』의 저자이기도 함. 장수가 되어 초(楚)나라를 쳐부수고 제(齊)
나라·진(晉)나라를 눌러 오왕의 패업을 도왔음. 후세에 오기(吳起)와
함께 병법의 시조라 불림. 손자(孫子)라 함은 그를 공경하여 부르는
이름임
⑤ 佳士 : 품행이 단정한 선비.
⑥ 間候 : 웃어른에게 안부(安否)를 여쭘.

017

| 원문 |

山不讓土壤故로 能得其高하고 海不擇細流故로
산 불 양 토 양 고   능 득 기 고   해 불 택 세 류 고

能就其深하고 人不却衆庶①故로 能成其德이니라.
능 취 기 심   인 불 각 중 서 고   능 성 기 덕

作之不已② 乃成君子.③ 齊孟嘗君田文④ 好賢下士故 名
작 지 불 이 내 성 군 자. 제 맹 상 군 전 문   호 현 하 사 고 명

高天下 魏信陵無忌⑤ 棄相印⑥聽候生⑦故 能敗王陵.
고 천 하 위 신 능 무 기 기 상 인 청 후 생 고 능 패 왕 릉

| 해역 |

산은 흙덩이를 사양하지 않기 때문에 능히 그 높음을 얻고, 바다는
가늘게 흐름을 가리지 않기 때문에 능히 그 깊은데 나아가고, 사람은
무리를 물리치지 않기 때문에 능히 그 덕을 이루나니라.

끊임없이 하기를 그치지 아니하면 이에 군자를 이룬다. 제나라 맹
상군 전문은 어진이를 좋아하고 선비에게 낮췄기 때문에 이름이 천하

에 높았고, 위나라 신릉 무기는 상인을 버리고 후생의 말을 들었기 때
문에 이에 왕은 신릉을 패하였다.

| 주석 |

① 衆庶 : 뭇사람. 많은 사람. 또는 여러 사람.

② 作之不已 : 끊임없이 힘써 함.

③ 君子 : 학식과 덕행(德行)이 높은 사람. 높은 관직에 있는 사람. 지덕
(知德)을 수양하는 사람. 소인(小人)의 반대개념으로 유교사회의 이상
적 인간상이다. 중국 주(周)나라 때의 신분계층인 왕후(王侯) · 경
(卿) · 대부(大夫) 등에 붙였던 미칭(美稱)이다. 그 후 유교사회에서는
유교적 덕성과 교양을 겸비한 인격자를 지칭하였고, 학덕이 훌륭한
사람이 높은 벼슬을 맡아 정치를 하였기 때문에 지위가 높고 백성을
사랑하는 사람을 군자라 했다. 높은 위치에 있다 하여도 지덕을 겸비
하지 못하고 애민(愛民)하지 못하면 군자가 아니다. 비록 곤궁함에
처해있다 할지라도 영달(榮達)을 희구하지 않는 것이 또한 군자의 모
습이다. 《논어(論語)》에 군자는 세 가지 두려워하는 것이 있다고 했
다. 천명(天命)을 두려워하고, 대인(大人)을 두려워하고, 성인(聖人)의
말을 두려워한다. 또 군자가 갖는 덕성으로 삼달덕(三達德), 즉 지
(知) · 인(仁) · 용(勇)을 말했고 이는 인으로 집약된다고 했다. 아울러
천명에 순응하고 의(義)를 행하며, 널리 학문을 배우고(博文) 그것을
예로 단속해간다(約禮). 이런 사람이라야 군자이다.

④ 孟嘗君田文 : 성은 전(田)이고 이름은 문(文)이며, 맹상군은 시호이다.
제 위왕의 막내아들이며 선왕(宣王)의 이복동생 정곽군 전영의 아들
로 태어났다. 식객 1,000여 명을 거느렸고 위(魏)의 신릉군, 조(趙)의
평원군, 초(楚)의 춘신군과 함께 전국시대 말기 4군 가운데 한 사람으
로 꼽힌다. 진(秦) 소양왕의 초빙으로 재상이 되었으나 곧 의심을 사

게 되어 죽음을 당할 위기에 처했는데 그의 식객 중에 좀도둑질[狗盜]을 잘하는 사람과 닭울음 소리[鷄鳴]를 잘 흉내 내는 사람이 있어 그들의 도움으로 위기를 모면했다고 하는 고사 '계명구도(鷄鳴狗盜)'가 유명하다. 제와 위에서 잠시 재상을 지냈고, B.C. 284년 제의 민왕이 죽은 후에 자립해 제후가 되었다.

⑤ 信陵無忌 : 중국 전국 시대 위(魏)나라의 정치가(?-B.C. 244). 이름은 무기(無忌). 문하에 식객 3천 명을 거느렸다고 한다. 이름은 무기(無忌). 위(魏)나라 소왕(昭王)의 공. 항상 식객 3천 명을 두고 있었음. 초(楚)나라 · 조(趙)나라 · 한(韓)나라 · 위(魏)나라 · 위(衛)나라 병사를 이끌어 진나라를 치고 함곡관(函谷關)으로 육박(肉薄)하였기 때문에 진왕(秦王)은 위왕에게 참언하여 벼슬에서 물러나게 하였다.

⑥ 相印 : 원래는 재상(宰相)의 인장(印章)을 가리키는 말인데, 전(轉)하여 재상의 지위를 가리킴.

⑦ 候生=候嬴 : 중국 전국시대 위나라에서 성문을 지키던 보잘 것 없는 가난한 사람. 나이 칠십에 집안이 가난하여 이문감(위나라 수도 '양'의 동쪽 성문지기)을 지냈다. 《통감(通鑑)》에 신릉군의 겸손함을 드러내는 얘기 속에 등장하는 인물이다. 신릉군이 그가 훌륭한 사람이라는 말을 듣고 그를 빈객으로 모시고 많은 선물을 보냈으나 후영은 받지 않았다. 또한 제후들이 모인 자리에서 신릉군은 후영을 자신보다 더 높은 상석에 앉히기도 하였다. 후영은 신릉군이 자기를 알아보고 우대하며 지극히 겸손함에 감명되어, 후일 신릉군의 목숨을 구해주고 자신의 친구인 백정 주해를 활용하여 신릉군이 안심입명 하는데 결정적인 역할을 하였다. 신릉군(信陵君, ?-B.C. 243)은 중국 전국시대 위나라 사람으로 위소왕(魏昭王)의 아들이다. 이름은 위무기(魏無忌). 신릉군은 중국 전국시대의 저명한 정치가, 군사가로서 조나라의 평원군 조승(平原君 趙勝), 제나라의 맹상군 전문(孟嘗君 田文), 초나라의 춘신군 황헐(春申君 黃歇)과 함께 전국시대의 4공자로 불린다.

| 원문 |

是故로 君子는 德而不威하며 義而不黨①하며 貴
시고　군자　　덕이불위　　　의이부당　　　귀

而不驕②하며 富而不侮하며 學而不道하며 寬而能剛
이불교　　　부이불모　　　학이부도　　　관이능강

하며 剛而能忍하며 見賢如不及③나니라.
강이능인　　　견현여불급

威黨驕侮道五者 仁者不取也.
위당교모도오자 인자불취야

| 해역 |

　이러므로 군자는 덕스러워 위엄하지 않으며, 의로워 붕당하지 않으
며, 귀하여 교만하지 않으며, 부하여 업신여기지 않으며, 배워 도를 갖
췄다 않으며, 너그러워 능히 굳세며, 굳세어 능히 참으며, 어진이를 보
면 미치지 못함같이 하나니라.

　위엄과 붕당과 교만과 업신여김과 도가 있다는 다섯 가지를 어진
자는 취하지 않는다.

| 주석 |

　① 不黨 : 당파를 만들지 않음.
　② 不驕 : 교만하지 않음.
　③ 見賢如不及 :《제갈량심서(諸葛亮心書)》에서 인용한 말이다.

| 원문 |

學必能之요, 問必知之요, 思必得之요, 辨必明之
학 필 능 지   문 필 지 지   사 필 득 지   변 필 명 지

요, 聽必聰之요, 事必敬之요, 疑必問之요, 忿必思之
청 필 총 지   사 필 경 지   의 필 문 지   분 필 사 지

요, 言必默之요, 動必察之니라.
언 필 묵 지   동 필 찰 지

君子 必有誠 誠者① 物之終始 不誠無物 誠之爲貴.②
군 자 필 유 성 성 자   물 지 종 시 불 성 무 물 성 지 위 귀

| 해역 |

배우면 반드시 능할 것이요, 물으면 반드시 알 것이요, 생각하면 반드시 얻을 것이요, 분별하면 반드시 밝을 것이요, 들으면 반드시 총명할 것이요, 섬기면 반드시 공경할 것이요, 의문 나면 반드시 물을 것이요, 분발하면 반드시 생각할 것이요, 말하면 반드시 침묵할 것이요, 움직이면 반드시 살필지니라.

군자는 반드시 정성이 있나니 정성이라는 것은 만물의 끝과 시작이라 정성이 없으면 물을 이룰 수가 없는 것이니 정성이 가장 귀함이 된다.

| 주석 |

① 誠者 : 《중용(中庸)》에 "성자 천지도야 성지자 인지도야(誠者 天之道也 誠之者 人之道也)"라 하였다. 곧 '성이라는 것은 하늘의 도요, 성해지

려는 것은 사람의 도이다.' 는 뜻이다.

② 《중용(中庸)》에 "성자 물지종시 불성무물(誠者 物之終始 不誠無物)"이라 하였다. 즉 '성하다는 것은 모든 물의 끝과 시작이다. 성하지 않다면 이뤄지는 것이 없다.' 는 뜻이다.

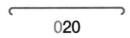
020

| 원문 |

縱性易而制性難이니 文墨①從事則自然無縱이니
종 성 이 이 제 성 난　　　　문 묵 종 사 즉 자 연 무 종

라.

水傾不復 性縱不反. 制水 必以堤防② 制性 必以文墨.
수 경 불 복 성 종 불 반　제 수 필 이 제 방　　제 성 필 이 문 묵

| 해역 |

성정을 놓기는 쉬워도 성정을 제어하기는 어려운 것이니 문묵을 일삼아 좇는다면 자연적으로 놓임이 없나니라.

물이 기울어지면 회복하지 못하고 성정이 놓여지면 돌아오지 못한다. 물을 제어하려면 반드시 제방을 쌓아서 막아야 하고 성정을 제어하려면 반드시 문묵으로써 해야 한다.

| 주석 |

① 文墨 : 시문(詩文)을 짓거나 서화(書畫)를 그리는 일.

② 堤防 : 물가에 흙이나 돌, 콘크리트 따위로 쌓은 둑. 홍수나 해일에 물이 넘어들어오지 못하게 하거나 물을 막아 고이게 한다. '둑'으로 순화.

021

| 원문 |

人生斯世에 反古之道면 災及其身이니 語不投
인생사세　　　반고지도　　　재급기신　　　어불투
機①면 不如莫言이요, 事不綢密②이면 反被其害요, 言
기　　불여막언　　　　　사불주밀　　　　반피기해　　　언
不合理③면 不如無書이니라.
불합리　　　불여무서

衛人商鞅④ 改張國生身死衣五車.⑤ 鄭厲公⑥謀殺祭仲⑦
위인상앙　　개장국생신사의오거　　　정려공　모살제중
反出蔡國.⑧ 三國⑨時張角⑩ 得天書⑪而不保其身.
반출채국　　삼국　시장각　　득천서 이불보기신

| 해역 |

사람이 이 세상을 살아가면서 옛 도에 위반된다면 재앙이 그 몸에 미치리니 말이 기틀에 투합(投合)되지 않으면 말이 없는 것만 같지 못할 것이요, 일이 주밀하지 않으면 도리어 그 해가 입혀질 것이요, 말이 이치에 합당하지 않으면 글로 씀이 없는 것만 같지 못 하나니라.

위나라 사람 상앙이 장국생의 몸이 죽으니 옷이 다섯 수레라고 고쳤다. 정나라 여공이 채중을 죽이려 꾀하니 도리어 채나라에서 나가게 했다. 삼국시대에 장각이 천서를 얻었지만 그 몸을 보전하지 못하였다.

| 주석 |

① 投機 : (1) 기회를 엿보아 큰 이익을 보려는 것. 곧, 불확실한 이익을 예상하여 행하는 사행적(射倖的) 행위. (2) 시가(時價)의 변동을 예기 (豫期)하고 그 차익(差益)을 얻기 위하여 행하는 매매(賣買) 거래. (3) 선종(禪宗)에서, 수행자가 불조(佛祖)의 가르침의 요체(要諦)를 이루어 대오(大悟)하는 일. 또는, 학인의 기(機)와 사가(師家)의 기가 일치하는 일.

② 綢密 : 촘촘하고 빽빽하다.

③ 合理 : 이론이나 이치에 맞는 것.

④ 商鞅(B.C. 395년 추정–B.C. 338년 추정) : 위(衛)나라 사람으로 성은 희 (姬), 씨(氏)는 공손(公孫)이다. 의앙(衛鞅), 공손앙(公孫鞅)으로도 불린다. 전국(戰國) 시기의 정치가이자 개혁가, 사상가이다. 법가(法家)의 대표적인 인물로 위(衛)나라 군주의 후예이다. 뒤에 하서(河西)의 전쟁 중에 공을 세워 상읍(商邑)을 하사받아서 상군(商君), 혹은 상앙(商鞅)으로 일컫게 되었다. 그는 진(秦)나라의 부국강병(富國强兵)을 위해 변법(變法)을 시행했다. 호적(戶籍)제도를 개선하고 군공(軍功)으로 작위를 내리게 하였다. 또한 토지제도, 행정구역, 세금, 도량형 및 민속 등을 정비하고, 엄한 법률로 나라를 다스리게 만들었다. 그리고 경제적으로 상업보다 농업을 장려하고, 군사적으로는 군 통수권자가 되어서 하서(河西) 일대를 수복하였다. B.C. 338년 진효공(秦孝公)이 죽자, 공자건(公子虔)이 그를 모함하여 최후에는 죽임을 당했다.

⑤ 五車 : 다섯 수레.

⑥ 鄭厲公(미상–B.C. 653년) : 춘추 시대 주나라의 국군(國君). 성은 희(姬) 씨고, 이름은 낭(閬)이며, 희왕(僖王)의 아들이다. 2년 주나라의 위국

(鄔國), 변백(邊伯), 첨부(詹父), 자금(子禽), 축궤(祝跪) 등 5대부(大夫)가
장왕(莊王)의 서자(庶子) 자퇴(子穨)를 받들어 왕을 공격했지만 실패했
다. 자퇴는 위(衛)나라로 달아났다. 위나라와 남연(南燕)이 주나라를
공격하고 자퇴를 세우자 왕은 온(溫)으로 달아났다. 다음 해 정여공
(鄭厲公)이 이를 무효화하고 왕을 정나라로 맞아 정나라의 역(櫟)에
살게 했다. 3년 정나라와 괵(虢)나라가 왕성을 공격해 자퇴와 5대부
를 살해했다. 혜왕이 복위하여 호뢰(虎牢) 동쪽의 땅을 정나라에 주
었다. 10년 소백료(召伯廖)를 제환공(齊桓公)에게 보내 후백(侯伯)으로
삼으면서 위나라를 공격해 자퇴를 옹립한 죄를 토벌하게 했다. 22년
어린 아들 자대(子帶)를 후사로 삼으려고 하자 제환공이 제후들을 모
으고 수지(首止)에서 태자정(太子鄭)을 만나 왕위를 정하려고 했다. 이
때문에 왕과 제환공 사이에 틈이 벌어졌다. 25년 동안 재위했다.

⑦ 祭仲(?–B.C. 682) : 이름은 제족(祭足), 자는 중(仲), 또한 제중(祭仲)으로
정나라 제읍(祭邑) 사람이다. 춘추시기에 저명한 정치가요 모략가(謀
略家)이다. 정장공(鄭莊公)에게 총애와 신임을 받아 대부가 되었다.

⑧ 蔡國 : 중국 역사에 있어서 춘추전국시대의 제후국이다. 주나라 무왕
(武王)이 상(商)나라를 쳐서 이긴 뒤에 그 다섯째 동생인 희도(姬度)를
채나라에 봉해서 채숙도(蔡叔度)가 되었다.

⑨ 三國 : 중국의 후한 멸망 후, 위(魏) · 촉(蜀) · 오(吳) 3국이 분립한 시
대(220–280). 중국 역사상 위는 화북(華北), 촉은 서천(西川), 오는 강
남(江南)에 할거해 서로 패권을 다투었다.
촉은 위에게 멸망되었고, 위와 오는 진에게 멸망하였다. 삼국의 분
립은 진 · 한이 구축한 고대 통일국가를 붕괴시켰고, 이후 중국은 6
세기 말의 수 · 당의 통일기까지 긴 분열시대로 접어들었다.

⑩ 張角(?–184) : 낙제 서생으로 산중에서 남화노선(南華老仙)으로 부터
《태평요술(太平要術)》을 전수받아 태평도의 교주가 된다. 황건적의
난의 지도자로서 거록(鉅鹿 : 河北省 平鄕縣) 출생이다. 중국 후한(後漢)

말기의 종교결사로서 후대 도교(道敎)의 원류가 된 태평도(太平道)의
창시자이다. 후한은 순제(順帝) 때부터 내정이 문란해지고 천재지변
이 계속 일어나 사회가 어지러웠다. 그러한 상황 속에서 장각은 주술
을 행하고 부적이나 영수(靈水)를 마시게 하여 병을 고친다는 요법으
로 민심을 모아 태평도를 일으켰다. 그는 '창천은 이미 죽었으니 황
천이 마땅히 서야 한다. 때는 갑자년이니 천하가 크게 길하다.〔蒼天
已死, 黃天當立. 歲在甲子, 天下大吉.〕'고 선전했다. 10여 년간 교도
가 수십만 명에 이르러, 청(靑)·서(徐)·유(幽)·기(冀)·형(荊)·양
(揚)·연·예(豫)의 8주(州)로 퍼져나갔으며 36개의 교구가 조직되었
다. 그리고 184년 각 주의 교도들이 동시에 반란을 일으켰다. 이어
대현량사(大賢良師)라 자칭하고 제자를 각지에 파견하여 수십만에 달
하는 대중을 조직화한 후, 184년 한왕조(漢王朝) 타도를 목표로 거병
하였다. 반란군은 새 왕조의 출현을 표방하는 황색 천을 매고 있었으
므로 '황건(黃巾)'이라 불렸고, 장각은 천공장군(天公將軍)이라 불렸
으며, 두 동생과 함께 농민을 규합하였다. 그러나 그해 병사하고, 반
란군도 황보 숭(皇甫嵩)의 군세에 패함으로써 진압되었다. 그의 관은
파헤쳐지고 잘린 목은 뤄양[洛陽]으로 보내졌다.

⑪ 天書 : 고대 중국의 전설에서 복희(伏羲) 때에 발견되었다는 '하도(河
圖)'와 '낙서(洛書)'가 대표적인 천서라고 할 수 있다. 또한 천서는
'신서(神書)'라고도 하는데, 동한(東漢) 때 태평도(太平道)를 창시한 장
각(張角, ?-184)이 얻었다는 『태평청령서(太平淸領書)』역시 우길(于吉)
이 곡양(曲陽, 지금의 허베이[河北] 바오딩시[保定市] 서남쪽)의 샘물가에서
우연히 얻은 것이라고 한다.

| 원문 |

禮以修身이요 義以立身①이니 不可斯須去身이니
예 이 수 신　　　의 이 입 신　　　불 가 사 수 거 신

라.

禮者 接人之恭行事敬 無違秩序 賞善罰惡② 立功立事③
예 자 접 인 지 공 행 사 경 무 위 질 서 상 선 벌 악　입 공 입 사

也.
야

| 해역 |

예는 몸을 닦는 것이요 의는 몸을 세우는 것이니 가히 이를 잠깐이
라도 몸에서 떠나서는 안 되나니라.

예라는 것은 사람을 접하여 공순한 행동으로 섬기어 조심하고 질서
를 어기지 않는 것이며, 착한 자를 상 주고 악한 자를 벌주며 공을 세우
고 일을 성공시키는 것이다.

| 주석 |

① 立身 : 세상에서 떳떳한 자리를 차지하고 지위를 확고하게 세움. 사
　　회에 나아가서 자기의 기반(基盤)을 확립하여 출세함.
② 賞善罰惡 : 착한 사람은 칭찬하고 악(惡)한 사람은 벌함.
③ 立功立事 : 공훈(功勳)을 세우고 일을 성공시키는 것.

| 원문 |

詩歌^①는 歎怨^②이요, 律呂^③는 悲感^④이니 不可潛
(시가) (탄원) (율려) (비감) (불가잠)

心^⑤이니라.
(심)

詩者 時調^⑥ 歌者 新聲^⑦ 非歎怨 無興. 律者 黃鐘^⑧ 大蔟^⑨
(시자시조) (가자신성) (비탄원무흥) (율자황종) (대족)

姑洗^⑩ 蕤賓^⑪ 夷則^⑫ 無射^⑬. 呂者 大呂^⑭ 夾鐘^⑮ 仲呂^⑯ 林鐘^⑰
(고세) (유빈) (이칙) (무사) (여자) (대려) (협종) (중려) (임종)

南呂^⑱ 應鐘^⑲ 非訴泣^⑳惡聞也. 自古帝王^㉑ 音樂^㉒而亡者 有歎
(남려) (응종) (비소읍 오문야) (자고제왕) (음악 이망자 유탄)

怨悲感之致也.
(원 비 감 지 치 야)

| 해역 |

시와 가는 탄식과 원망이요 율과 여는 슬픔과 감동이니 가히 마음이
가라앉혀지게는 못 하나니라.

시는 시조이요 노래는 새로운 소리이다. 탄식하고 원망이 아니면
흥이 없게 된다. 율은 황종과 대족과 고선과 유빈과 이칙과 무사이다.
여는 대려와 협종과 중려와 입종과 남려와 응종이니 하소연하는 것과
듣기 싫은 것이 아니다. 예로부터 황제나 임금들이 음악으로 망한 것
은 탄원과 비감의 이름이 있어서이다.

| 주석 |

① 詩歌:가사를 포함한 시문학을 통틀어 이르는 말. 시와 노래.

② 歎怨 : 탄식과 원망.

③ 律呂 : 음악이나 음성의 가락.

④ 悲感 : 슬픈 느낌.

⑤ 潛心 : 마음을 가라앉힘.

⑥ 時調 : 고려 말엽부터 발달하여 온 우리나라 고유의 정형시의 한 형
태. 시조에는 형식에 따라 평시조(平時調), 사설시조(辭說時調), 엇시조
(旕時調)의 세 가지가 있음.

⑦ 新聲 : 새로운 가곡(歌曲).

⑧ 黃鐘 : 십이율(十二律)의 하나인 양률, 첫째 음. 대금(大笒)의 첫째 구멍
과 넷째 구멍을 떼고 나머지 구멍을 막고 낮게 불 때 나는 소리를 이
름.

⑨ 大蔟 : 동양음악에서 십이율(十二律) 음계의 셋째 음.

⑩ 姑洗 : 동양음악에서 십이율(十二律)의 다섯째 음(音).

⑪ 蕤賓 : 국악(國樂) 음이름의 하나. 음계(音階) 12율(律) 중의 일곱째 소
리. 응종률(應鐘律)을 삼분 익일(三分益一)하여 내는 소리로, 율관(律管)
의 길이는 6치 2푼 8리임. 양률(陽律).

⑫ 夷則 : 동양음악에서 십이율(十二律)의 아홉째 음.

⑬ 無射 : 동양의 십이율(十二律) 음계(音階)에서 열한 번째의 음이름.

⑭ 大呂 : 12율(律) 중의 둘째 음려(陰呂).

⑮ 夾鐘 : 동양음악에서 십이율(十二律)의 하나인 음려(陰呂)로 넷째 음.

⑯ 仲呂=中呂 : 중국의 음이름의 하나. 음려(陰呂)로서 방위는 사(巳) · 십
이율(十二律)의 여섯째 음으로 바(F)음에 해당함.

⑰ 林鐘 : 12율(律) 중 음려(陰呂)의 하나.

⑱ 南呂 : 육려(六呂)의 다섯째로 십이율(十二律)의 열 번째 계단(階段)의
소리.

⑲ 應鐘 : 동양의 십이음 음계(音階)에서 열둘째의 음이름.

⑳ 訴泣=泣訴 : 눈물로써 간절히 하소연함.

㉑ 帝王 : 황제(黃帝)나 국왕(國王)의 총칭(總稱).

㉒ 音樂 : 성악(聲樂)과 기악(器樂)의 예술, 박자·가락·음색·화성(和聲) 등에 의해 갖가지 형식으로 조립한 곡을 목소리나 악으로 연주하는 것.

024

| 원문 |

優遊①嬉戱②와 博奕③樗蒲④等事를 非老不習이니
우 유　　희 희　　　 박 혁 저 포 등 사　　　 비 노 불 습
라.

此等事 年老消日⑤之風 非少壯之事也.
차 등 사 연 로 소 일　지 풍 비 소 장 지 사 야

| 해역 |

우유와 희희와 박혁과 저포 등의 일은 늙지 않았으면 익히지 않을지니라.

이런 일들은 나이 많은 늙은이의 소일하는 풍습이니 청소년이나 장년들의 일이 아니다.

| 주석 |

① 優遊 : 하는 일 없이 편안하고 한가롭게 잘 지냄.

② 嬉戱 : 즐거이 희롱(戲弄)하며 놂.

③ 博奕 : 장기와 바둑.

④ 樗蒲 : 백제(百濟) 때에 있던 놀이의 하나로 주사위 같은 것을 나무로
만들어 던져서 그 이기고 짐을 겨루던 것으로, 윷과 비슷함.

⑤ 消日 : (1) 하는 일 없이 세월을 보냄. (2) 어떤 일에 마음을 붙이어 심
심하지 않게 시간을 보냄.

025

| 원문 |

樂在知足^①이요, 禍在不忍^②이니 群居防口^③하고
낙 재 지 족　　　　　　화 재 불 인　　　　　　군 거 방 구

獨生戒心^④이니라.
독 생 계 심

自知其足則心安 不忍其忿則多蹶. 衆人會席必有同道^⑤
자 지 기 족 즉 심 안　불 인 기 분 즉 다 궐　중 인 회 석 필 유 동 도

者. 故雖不言座中之人 然同道者 必置嫌間居則雜念^⑥生 雜
자　고 수 불 언 좌 중 지 인　연 동 도 자　필 치 혐 간 거 즉 잡 념　생　잡

念生則心散矣.
념 생 즉 심 산 의

| 해역 |

　즐거움은 만족할 줄을 아는데 있는 것이요, 재앙은 참지 않는데 있
는 것이니 여럿이 함께할 때는 입을 막고, 홀로 살 때는 마음을 경계해
야 하나니라.

　스스로 그에 만족할 줄을 알면 마음이 편안하고 참지 아니하고 그

에 성질을 부리면 넘어짐이 많게 된다. 여러 사람이 자리에 모이면 반드시 도가 같은 사람이 있다. 그러므로 비록 좌중의 사람과 말은 아니하지만 그러나 도는 같은 사람들이니 반드시 혐의스런 사이의 삶에 놓여진다면 잡된 생각이 나오고 잡된 생각이 나오면 마음이 흐트러지게된다.

| 주석 |

① 知足 : 제 분수(分數)를 알아 마음에 불만함이 없음. 곧 무엇이 넉넉하고 족한 줄을 앎.
② 不忍 : 차마 하기가 어려움.
③ 防口 : 입을 막음.
④ 戒心 : 마음을 놓지 아니하고 경계함. 경계하는 마음.
⑤ 同道 : 같은 도(道). 또는, 같은 도 안에서 삶. 그 도. 이 도.
⑥ 雜念 : (1) 여러 가지 쓸데없는 생각. 객려(客慮). (2) 불도(佛道) 따위의 수행을 방해하는 여러 가지 옳지 못한 생각.

026

| 원문 |

君子는 坐不中席하며 立不中門하며 行不履閾①하
군 자   좌 부 중 석   입 불 중 문   행 불 이 역
며 立不危地하며 行不周察②하며 嘗不左手하며 言不
  입 불 위 지   행 부 주 찰   상 부 좌 수   언 불
搖頭하며 語不手指하며 見不睨視③하며 藥不輕服이
요 두   어 불 수 지   견 불 예 시   약 불 경 복

니라.

此持身之要也. 周察睨視 致人之疑也.
차 지 신 지 요 야   주 찰 예 시 치 인 지 의 야

| 해역 |

군자는 앉음에 가운데 자리를 아니하며, 섬에 가운데 문을 아니하
며, 다님에 문지방을 밟지 아니하며, 섬에 위험스런 처지에 아니하며,
행함에 두루 살피지 아니하며, 음식을 먹음에 왼손으로 아니하며, 말함
에 머리를 흔들지 아니하며, 담화함에 손으로 가리키지 아니하며, 봄에
흘겨보지 아니하며, 약을 가볍게 먹지 아니할지니라.

이는 몸가짐의 요점이다. 두루 살피고 흘겨보는 것은 사람을 의아
함에 이르게 한다.

| 주석 |

① 闑 : 문지방 역. (1) 문지방(門地枋). (2) 내외(內外)의 한계.
② 周察 : 두루 살핌.
③ 睨視 : 곁눈질하며 엿보는 것.

027

| 원문 |

不恥下問①하며 不羨人有하며 不賴人惠하며 不求
불 치 하 문   불 선 인 유   불 뢰 인 혜   불 구

神助^②하며 不窺人書하며 不言人短하며 不誇^③己長하
신 조   불 규 인 서   불 언 인 단   불 과 기 장
며 不習賭孛^④하며 不在其任하야는 不謀其事니라.
불 습 도 패   부 재 기 임   불 모 기 사

此行身之節也.
차 행 신 지 절 야

| 해역 |

　아래에 묻기를 부끄러워 아니하며, 남의 있음을 부러워하지 아니하
며, 남의 은혜를 힘입지 아니하며, 신의 도움을 구하지 아니하며, 남의
글을 엿보지 아니하며, 남의 단점을 말하지 아니하며, 자기의 장점을
자랑하지 아니하며, 도박을 익히지 아니하며, 그 임무에 있지 아니하여
서는 그 일을 도모하지 아니할지니라.

　이는 몸으로 행하는 규칙이다.

| 주석 |

　① 不恥下問 : (지위·학식·나이 따위가) 자기보다 아랫사람에게 묻는
　　것을 부끄럽게 여기지 아니함을 두고 이르는 말.
　② 神助 : 신의 도움.
　③ 不誇 : 자기의 장점을 자랑하지 않는다. 자만(自慢)하거나 뽐내지 않
　　는다.
　④ 賭孛 : 도박하다가 안색이 변하는 것.

028

| 원문 |

入門必咳唾^①하며 出門必謝主하며 無主不入戶하
입 문 필 해 타　　　　 출 문 필 사 주　　　 무 주 불 입 호

며 不坼^②傳人書하며 不殺無嫌^③蟲하며 不作無用業^④
불 탁 전 인 서　　　 불 살 무 혐 충　　　 부 작 무 용 업

이니라.

此行事之要也.
차 행 사 지 요 야

| 해역 |

　문에 들어가면 반드시 기침을 하며, 문을 나오면서 주인에게 사례하
며, 주인이 없으면 지게문을 들어가지 아니하며, 전해주라는 남의 글을
열어보지 아니하며, 혐의가 없는 벌레를 죽이지 아니하며, 쓸데없는 일
을 짓지 아니할지니라.

　이는 일을 행하는 요긴함이다.

| 주석 |

　① 咳唾 : 기침과 침. 어른의 말씀.
　② 坼 : 터질 탁. 터지다, 갈라지다. 열다, 펴다.
　③ 無嫌＝無嫌疑 : 혐의가 없는 것.
　④ 業 : 일.

029

| 원문 |

飲食者는 保命①之源이니 貴且重이나 然是非②疾
음식자　보명　지원　　　귀차중　　　연시비　질

病이 自此以生이니 與其病後能服藥에는 不若病前
병　자차이생　　여기병후능복약　　　불약병전

能自防이니라.
능자방

務善策③者 無惡事 無遠慮④者 有近憂.⑤
무선책　자무악사무원려　자유근우

| 해역 |

밥을 먹는다는 것은 생명을 보전하는 근원이니 귀하고 또한 중요한 것이나, 그러나 시비와 질병이 이로부터 생기는 것이니 그 병이 난 뒤에 능히 약을 먹는 것보다는 병이 나기 전에 능히 스스로 방어하는 것만 같지 못 하나니라.

선책에 힘쓰는 사람은 악한 일을 함이 없고, 원려가 없는 자는 가까운 근심이 있게 된다.

| 주석 |

① 保命 : 목숨을 보전(保全)함.

② 是非 : (1) 시(是)와 비(非). 잘잘못. (2) 옳으니 그르니 하는 말다툼.

③ 善策 : 좋은 방책(方策). 좋은 계략(計略).

④ 遠慮 : 앞으로 올 일을 헤아리는 깊은 생각.

⑤ 近憂 : 눈앞에 닥쳐온 근심.

030

| 원문 |

酒過則醉하고 食多則憊^①하나니 憊則生病이요, 醉
주 과 즉 취   식 다 즉 비   비 즉 생 병   취

則失言^②이니 酒中不語眞君子^③요, 食上能廉大丈夫^④
즉 실 언   주 중 불 어 진 군 자   식 상 능 염 대 장 부

니라.

赴宴而歸 急病猝死者 蓋過食所致也.
부 연 이 귀 급 병 졸 사 자 개 과 식 소 치 야

| 해역 |

술이 지나치면 취하고 음식이 많으면 고단하나니 고단하면 병이 생
기는 것이요, 취하면 말을 실수하나니 술 가운데 말을 않는 것을 참으
로 군자라 하는 것이요, 음식 위에 능히 청렴함을 대장부라 하나니라.

잔치에 나갔다가 돌아와서 급히 병이 나거나 갑자기 죽는 자는 대
개 음식이 지나쳐서 이른 바이다.

| 주석 |

① 憊 : 고단할 비. 고단하다. 고달프다. 피곤하다.

② 失言 : 실수하여 말을 잘못함. 잘못한 말 실구(失口).

③ 君子 : 학식과 덕행(德行)이 높은 사람. 벼슬이 높은 사람. 아내가 자
기 남편을 높여 일컫는 말.

④ 大丈夫 : 사내답고 씩씩한 남자.

031

| 원문 |

君子는 幷床에 不擇味하며 會席에 不三酌하며 臨
군자   병상   불택미   회석   불삼작   임

暮에 不飽食하며 吐瀉①에 不飮食하며 醉友에 不勸
모   불포식   토사   불음식   취우   불권

酒하며 食畢에 不再求니라.
주   식필   부재구

擇味則同床者 何食 禮成於三故 不過三酌 暮飽則不能
택미즉동상자 하식 예성어삼고 불과삼작 모포즉불능

消化 吐瀉飮食則廱②氣致死 醉後更酌則易致酩酊③ 食畢再
소화 토사음식즉옹 기치사 취후갱작즉이치명정   식필재

求則主人不堪矣.
구즉주인불감의

| 해역 |

　군자는 음식상을 아우름에 맛을 가리지 아니하며, 모임의 자리에서
세 번 술을 따르지 아니하며, 저녁에 다다름에 음식을 배부르게 아니하
며, 토하고 쏟음에 음식을 먹지 아니하며, 취한 친우에게 술을 권하지
아니하며, 음식을 마침에 다시 구하지 않나니라.

　맛을 가리면 상을 함께한 사람이 무엇을 먹을 것이며, 예는 세 번에
이루어지기 때문에 세 번 술 따름을 지나쳐서는 안 되고, 저녁에 배가
부르면 능히 소화를 시키지 못하며, 토사에 음식을 먹으면 기운이 막
혀서 죽음에 이르고, 취한 뒤에 다시 따르면 명정에 이르기 쉬우며, 먹
기를 마치고 다시 구하면 주인이 감당하지 못하게 된다.

032

| 원문 |

飮食이 有相忌之物하고 亦有多食之害하니 必愼
음 식   유 상 기 지 물   역 유 다 식 지 해   필 신
其篤이니라.
기 독

相忌者 紅柿忌酒 蟹忌柿梨糖 肉羹忌冷水 春夏忌兎肉
상 기 자 홍 시 기 주 해 기 시 리 당 육 갱 기 냉 수 춘 하 기 토 육

九月忌犬肉 鯉魚①忌犬鷄 兎肉忌犬鷄 猪肉忌牛羊 牛肉忌
구 월 기 견 육 이 어 기 견 계 토 육 기 견 계 저 육 기 우 양 우 육 기

猪犬 鷄肉忌犬兎 鱉肉②忌鷄猪 生薑忌牛猪 鮎魚忌鷄猪 李
저 견 계 육 기 견 토 별 육 기 계 저 생 강 기 우 저 점 어 기 계 저 이

忌蜜 葱忌猪犬 葡萄多食眼昏 大棗石榴損脾 胡瓜多食癊
기 밀 총 기 저 견 포 도 다 식 안 혼 대 조 석 류 손 비 호 과 다 식 학

痢③ 胡桃林檎冷痰 南瓜多食眼昏 白果櫻桃氣肺癰 茄子④
리   호 도 임 금 냉 담 남 과 다 식 안 혼 백 과 앵 도 기 폐 옹 가 자

多食女傷胞 河豚⑤之肝及子 入腹爛腸 鮎魚⑥無腮無鬚赤目
다 식 여 상 포 하 돈 지 간 급 자 입 복 난 장 점 어 무 시 무 수 적 목

者 殺人 桃杏雙仁⑦者 鱉肉鷄子食 蟹黃⑧同蜜食 菜豆⑨榧子
자 살 인 도 행 쌍 인 자 별 육 계 자 식 해 황 동 밀 식 채 두 비 자

食 鷄肉寒冷者 産後酒與蜜 胎中多飮酒 幷致殺人.
식 계 육 한 냉 자 산 후 주 여 밀 태 중 다 음 주 병 치 살 인

음식에는 서로 꺼리는 물건이 있고 또한 많이 먹으면 해가 있나니 반드시 그 도타움을 삼갈지니라.

서로 꺼리는 것은 홍시는 술을 꺼리고, 게는 감과 배와 사탕을 꺼리며, 고기와 국은 찬물을 꺼리고, 봄과 여름에는 토끼고기를 꺼리며, 구월은 개고기를 꺼리고, 잉어는 개고기나 닭고기를 꺼리며, 돼지는 소고기나 양고기를 꺼리고, 소고기는 돼지고기나 개고기를 꺼리며, 닭고기는 개고기나 토끼고기를 꺼리고, 자라는 닭고기나 돼지고기를 꺼리며, 생강은 소고기나 돼지고기를 꺼리고, 메기는 닭고기나 돼지고기를 꺼리며, 오얏은 꿀을 꺼리고, 파는 닭고기나 돼지고기를 꺼리며, 포도를 많이 먹으면 눈이 어둡고, 대추나 석류는 비장을 손상하며, 오이를 많이 먹으면 학질로 설사를 하고, 호도나 능금은 차가워서 가래가 생기며, 수박을 많이 먹으면 눈이 어둡고, 은행이나 앵두의 기운은 폐에 종기가 생기게 하며, 가지를 많이 먹으면 여자는 태를 상하고, 복어의 간 및 새끼가 배에 들어가면 창자를 상하게 하며, 메기는 뺨이 없고 수염이 없지만 붉은 눈은 사람을 죽이고, 복숭아와 은행에 상하면 자라고기와 닭고기를 먹으며, 게 뱃속의 누런 알과 꿀을 함께 먹고, 강낭콩과 비자를 먹으며, 닭고기는 차가운 것이라 아이를 출산한 뒤에 술과 더불어 꿀을 먹었거나 태중에 술을 마심이 많다면 아울러 사람을 죽이는데 이르게 된다.

① 鯉魚 : 잉어의 원말.

② 鱉肉 : 자라고기.

③ 瘧痢 : 학질로 설사를 하는 것.

④ 茄子 : 가지.

⑤ 河豚(하돈) : 참복과에 딸린 바닷물고기를 통틀어 일컬음. 몸이 똥똥
하고 비늘이 없으며 적으로부터 공격(攻擊)을 받으면 공기(空氣)를 들
이마셔 배를 불룩하게 내미는 성질(性質)이 있음. 고기는 맛이 좋으
나 내장(內臟)에 독이 있음.

⑥ 鮎魚 : 메기.

⑦ 雙仁 : 벌레 먹었거나 상한 것.

⑧ 蟹黃 : 게의 알로 젓을 담근 간장. 게의 뱃속에 들어 있는 누런 알.

⑨ 菜豆 : 강낭콩. 강낭콩의 꼬투리 또는 씨앗.

033

| 원문 |

邪氣①所注면 其氣必虛하나니 人蔘②及柴胡③는
사 기 소 주　　　기 기 필 허　　　　　인 삼 급 시 호

決不可服이니라.
결 불 가 복

人蔘 治世之良相④ 若有病時 服則補病不補身. 柴胡 實
인 삼 치 세 지 양 상　약 유 병 시 복 즉 보 병 불 보 신　　시 호 실

熟之良將⑤ 虛熱服之則無藥可救. 病蓋氣虛而生故 服藥 必
속 지 양 장　 허 열 복 지 즉 무 약 가 구. 병 개 기 허 이 생 고　복 약 필

謹柴胡也.
근 시 호 야

삿된 기운이 따르면 그 기운은 반드시 허황하나니 인삼 및 시호는 결단코 가히 먹어서는 안 되나니라.

인삼은 세상을 다스리는 어진 재상이라 만약 병이 있을 때에 먹으면 병에는 도움이 되지만 몸에는 도움이 안 된다. 시호는 실지에 익숙한 어진 장군이라 허한 열에 먹으면 다른 약으로는 가히 구원할 수가 없게 된다. 병은 대개 기운이 허한 데서 생기기 때문으로 약을 먹는 데는 반드시 시호를 삼가야 한다.

| 주석 |

① 邪氣 : 요망(妖妄)스럽고 간악(奸惡)한 기운. 병이 나게 하는 나쁜 기(氣).

② 人蔘 : 오갈피 나무과의 여러해살이풀. 심산에 야생하는 데, 높이 60cm, 근경은 짧고 마디가 있으며, 호부에 비대한 백색 다육질의 직근(直根)이 있음. 줄기는 외줄기로 곧게 서며, 끝에 서너 개의 잎이 윤생하고 봄에 녹백색 오판화가 핌. 야생종을 '산삼', 재배종을 '가삼'이라 함. 한방에서 뿌리를 강장제의 약재로서 중히 여기며 널리 재배함.

③ 柴胡 : 미나리과에 어떤 여러해살이풀. 줄기는 높이 1m가량이고 잎은 길고 좁은 것이 어긋맞게 나며 평행맥(平行脈)이 있음. 8-9월에 노란 다섯잎꽃이 겹산형 꽃차례로 줄기 끝이나 가지 끝에 피고 길둥근 모양의 열매는 9-10월에 익음. 산지(山地)나 들에 나는 데, 우리나라 각지 및 일본 · 중국 · 시베리아 등지에 분포함. 시호나 참시호 따위의 뿌리. 외감(外感) · 학직(瘧疾) 따위의 발한(發汗) · 해열제로 씀.

④ 良相 : 어진 재상.

⑤ 良將 : 재주와 꾀가 많은 훌륭한 장수.

034

|원문|

藥無回生死者之理요, 必有能殺生者之力이니
약 무 회 생 사 자 지 리   필 유 능 살 생 자 지 력
必試藥而服之니라.
필 시 약 이 복 지

凡服藥之法 一回不可多服 初試小許 俟其動靜而加減
범 복 약 지 법 일 회 불 가 다 복 초 시 소 허 사 기 동 정 이 가 잠
耳. 余甲午夏 右下腹 如刀刮 呼吸不能 立膝蹴坐 刀擦痛處
이 여 갑 오 하 우 하 복 여 도 괄 호 흡 불 능 입 슬 축 좌 도 찰 통 처
聲如水回而止 不知者 誤欺盲腸炎①矣 尻塞. 手指刮出 撲
성 여 수 회 이 지 부 지 자 오 기 맹 장 염 의 고 색 수 지 괄 출 박
傷與瘀血② 服檜木葉生汁. 疸熱③ 塗黃精皮生汁 內腫④及筋
상 여 어 혈 복 회 목 엽 생 즙 달 열 도 황 정 피 생 즙 내 종 급 근
膜⑤炎 煨白石浸醋半合中 俟溫服 口疳⑥ 五倍子⑦煎含 腫根
막 염 외 백 석 침 초 반 합 중 사 온 복 구 감 오 배 자 전 함 종 근
人糞燒末付. 癮疹⑧ 陳皮煎服 寸白空心服 梔子餠 濕腫⑨ 大
인 분 소 말 부 은 진 진 피 전 복 촌 백 공 심 복 비 자 병 습 종 대
薰 諸般中毒 服菉豆生汁 脹症⑩ 竹葉煎服 菜毒 桑枯枝烹
훈 제 반 중 독 복 구 출 생 즙 창 증 죽 엽 전 복 채 독 상 고 지 팽
服 痲疾⑪ 時時手括. 大瘡腫根蛇頭瘡⑫ 浸痲油⑬ 腫根腰下
복 임 질 시 시 수 괄 대 창 종 근 사 두 창 침 마 유 종 근 요 하
諸症 蓋因疝症⑭ 鷄不拔毛 去內腸 充仙藥豆腐⑮湯 服七首.
제 증 개 인 산 증 계 불 발 모 거 내 장 충 선 약 두 부 탕 복 칠 수
火傷 松皮作末付 長者 揮發油⑯無妨.
화 상 송 피 작 말 부 장 자 휘 발 유 무 방

약은 죽음을 회생시키는 이치는 없는 것이요, 반드시 산 것을 죽이는 힘은 있는 것이니 반드시 약을 시험하고 먹을지니라.

대범 약을 먹는 방법은 일회에 가히 많이 먹을 것이 아니라 처음에는 시험 삼아 조금 먹고 그 동정을 기다렸다가 가감을 해야 한다. 내가 갑오년 여름에 오른쪽 아랫배가 칼로 깎는 것 같아서 호흡이 능하지 못하며 서거나 무릎을 굽히고 쭈그려 앉음에 칼로 아픈 곳을 비비는 것 같아 소리가 물이 도는 듯하다가 그치니 알지 못하는 사람은 맹장염을 속이는 것 같다고 오해를 하였다. 항문이 막히면 손가락으로 긁어내고 타박상과 더불어 어혈은 회목 이파리 생즙을 먹는다. 황달의 열에는 황정 껍질의 생즙을 바르고 내종 및 근막염에는 흰 돌을 구워 초에 반쯤 합해 담갔다가 따뜻해지기를 기다려서 먹고 구감에는 오배자를 달여서 머금으며 종근에는 인분을 태워서 분말을 지어 붙인다. 두드러기에는 진피를 달여서 먹고 촌충에는 빈속에 비자를 떡처럼 먹고 습종이나 대훈, 모든 중독에는 수유씨의 생즙을 먹고 배가 부어오른 데는 댓잎을 달여서 먹으며, 채독에는 뽕나무 마른 가지을 삶아서 먹고 임질은 때때로 손으로 꽉 쥐어짜야 한다. 대창이나 종근이나 사두창에는 삼씨기름이나 참기름을 먹어야 한다. 종근이 허리 아래에 있는 모든 증상은 대개 산증으로 인한 것이니 닭의 털을 뽑지 않고 내장을 제거하여 산약과 두부를 채워 탕을 만들어서 7마리를 먹어야 한다. 화상은 소나무 껍질을 분말을 지어서 붙이고 어른은 휘발유도 무방하다.

| 주석 |

① 盲腸炎 : 막창자에 염증이 생기어 오른편 아랫배가 몹시 아픈 병.

② 瘀血 : 몸에 피가 제대로 돌지 못하여 한 곳에 맺혀 있는 증세, 또는 그 피. 흔히 무엇에 부딪쳤을 때에 생김.

③ 疸熱 : 황달로 인하여 열이 나는 것.

④ 內腫 : 내장에 난 부스럼. 농흉(膿胸).

⑤ 筋膜 : 근육의 겉면을 싸고 있는 막.

⑥ 口瘡 : 입 안이 헐고 터지는 병.

⑦ 五倍子 : 붉나무의 벌레혹. 불규칙한 돌이를 가진 자갈색 주머니 모양으로서, 50% 이상의 타닌이 들어 있음. 9~10월쯤 속의 벌레가 나가기 전에 따서 말려 설사, 치질, 출혈 따위의 약재 또는 물감으로 쓰임.

⑧ 癮疹 : 두드러기나 홍역.

⑨ 濕腫 : 다리에 나는 부스럼의 한 가지. 심하게 아프지는 않으나 잘 낫지도 않으며, 흔히 살찐 사람에게 많이 남.

⑩ 脹症 : 배가 잔뜩 부어오르는 증세.

⑪ 淋疾 : 임균의 감염으로 일어나는 성병. 주로 성교에 의해 전염되며, 오줌을 눌 때 요도가 몹시 가렵거나 따갑고 고름이 나옴.

⑫ 蛇頭瘡=代指 : 손가락 끝에 나는 독한 부스럼. 처음에는 손가락 끝이 든든하고 떵하니 쑤시고 아프다가 손톱 밑이 곪아 터지고 심한 것은 손톱까지 빠지며 필경에는 손가락 끝이 꼬부라지거나 쭈그러져서 보기에 흉하게 됨.

⑬ 麻油 : 삼씨기름. 삼씨를 짜서 만든 기름.

⑭ 疝症 : 고환(睾丸)·부고환(副睾丸)·음낭(陰囊) 따위의 질환으로 일어나는 신경통과 요통 및 아랫배와 불알이 붓고 오줌이 잘 내리지 않는 병을 통틀어 이르는 말.

⑮ 豆腐 : 콩으로 만든 음식의 하나.

⑯ 揮發油 : 원유를 증류하거나 열 또는 화학적 처리를 하여 얻는 기름. 쉽게 불이 붙어 자동차, 비행기 따위의 땔감이나 공업용으로 쓰임. 식물에서 뽑아낸 휘발성 기름을 두루 일컬음.

제2편

人清無徒

사람이
맑으면
무리가 없다

인청무도人淸無徒

035

| 원문 |

人皆曰"酒色"①이나 取乎適用②而不知也하며 人
인개왈 주색   취호적용 이부지야   인

皆曰"善惡"③이나 擇乎中庸④而不能也니라.
개왈 선악   택호중용 이불능야

適用者 無過不及⑤之稱 中庸者 不偏不倚⑥也.
적용자 무과불급 지칭 중용자 불편불의 야

| 해역 |

사람이 모두 말하기를 '술이나 여색이라' 하지만 적당히 써서 취할
줄은 알지 못하며, 사람이 다 선과 악이라 말하지만 중용을 선택하여
능하지 못 하나니라.

적용이라는 것은 지나치거나 미치지 못함이 없음을 일컬음이요, 중
용이라는 것은 치우치지도 아니하고 의지하지도 않음이다.

① 酒色 : 술과 계집. 음주와 여색.

② 適用 : 맞추어 씀. 쓰기에 알맞음.

③ 善惡 : 착한 것과 악한 것. 선과 악.

④ 中庸 : 치우침이나 과부족(過不足)이 없이 떳떳하며 알맞은 상태나 정
   도.

⑤ 過不及 : (능력 같은 것이) 지나치거나 미치지 못함. 딱 알맞지 않음.
   중용(中庸)을 얻지 못함.

⑥ 不偏不倚 : 어느 한쪽으로도 치우치거나 의지하지 않고, 아주 공평
   함. 중립(中立)의 태도를 가짐.

036

| 원문 |

酒者는 出乎興戎①하나니 少飲壯神過損命이요,
주 자   출 호 흥 융   소 음 장 신 과 손 명

色者는 蠱心②迷目③하나니 有妻已足慾人亡이니라.
색 자   고 심 미 목   유 처 이 족 욕 인 망

鄭大夫良宵④ 嗜酒通夜 家臣⑤不得見者 忿發殺之 齊壯
정 대 부 양 소   기 주 통 야 가 신 부 득 견 자 분 발 살 지 제 장

公 飲于崔杼⑥之室 見杼妻美私合⑦ 杼怒殺之.
공 음 우 최 저 지 실 견 저 처 미 사 합   저 노 살 지

| 해역 |

술이라는 것은 전쟁을 일으킴에서 나왔나니 적게 마시면 정신이 건

장하지만 지나치면 수명을 더는 것이요, 색이라는 것은 마음을 갉아먹

고 눈을 미혹하게 하나니 아내가 있음에 이미 만족하고 욕심을 부리는 사람은 망하나니라.

정나라 대부가 달 밝은 밤에 술을 마시며 밤을 새웠는데 가신이 보이지 않는지라 성질이 나서 죽였고, 제나라 장공이 최저의 집에서 술을 마시는데 최저 아내의 아름다움을 보고 사사롭게 야합을 함으로 최저가 성질이 나서 죽였다.

| 주석 |

① 興戎 : 전쟁을 일으킴.

② 蠱心 : 마음을 갉아먹는다.

③ 迷目 : 눈을 혼미하게 한다.

④ 良宵=良夜 : 달이 밝고 아름다운 밤. 깊은 밤.

⑤ 家臣(가신) : 경(卿)이나 대부(大夫)의 집에 딸려 그들을 섬기고 받들던 사람.

⑥ 齊莊公과 崔杼 : 춘추전국시대 제(齊)나라 권력자 최저(崔杼)는 자신의 부인과 부적절한 관계를 맺은 임금 장공(莊公. 기원전 554-548)을 죽인다. 이때 사관이었던 백(伯)이 '최저가 장공을 시해했다(崔杼弑莊公)'고 사초에 적는다. 최저는 이 부분의 삭제를 요구했으나 응하지 않자 백을 죽인다. 그런데 후임 사관인 중(仲)과 숙(叔)도 최저의 요구를 거절하다 역시 죽임을 당한다. 그리고 뒤이어 사관이 된 계(季)까지 계속 뜻을 굽히지 않자 결국 최저도 포기하고 만다. 백·중·숙·계는 한 형제였다.

⑦ 私合 : 사사롭게 야합(野合)하는 것. 남몰래 간통(姦通)하는 것.

| 원문 |

活人爲善而殺人爲惡이나 然活亦有惡이요, 殺亦
활 인 위 선 이 살 인 위 악   연 활 역 유 악   살 역

有善이니라.
유 선

堯①殺四凶②而天下治 趙盾③ 不殺屠岸賈④而當滅族.
요 살 사 흉 이 천 하 치 조 순   불 살 도 안 가   이 당 멸 족

| 해역 |

사람을 살리는 것은 선이 되고 사람을 죽이는 것은 악이 되는 것이나 그러나 살림에도 또한 악이 있는 것이요, 죽임에도 또한 선이 있나니라.

요임금이 사흉을 죽이니 천하가 다스려지고 조순은 도안가를 죽이지 아니하여 가족이 멸함을 당하였다.

| 주석 |

① 堯 : 고당국(古唐國) 사람으로 성(姓)은 이기(伊祁)이고, 이름은 방훈(放勳)이며, 시호가 요(堯)이다. 중국 상고시대 부락연맹의 수령으로 뒤에 제왕(帝王)으로 존숭되어 오제(五帝)의 일원이 되었다. 13세에 제지(帝摯)를 보좌하여 당지(陶地)에 봉해졌다. 15세에 또 당지(唐地)를 봉(封) 받아서 '도당씨(陶唐氏)'라고 일컬어진다. 18세에 천자(天子)가 되어서 도읍을 포판(蒲阪)으로 삼았다. 나이 70세에 신하 순(舜)을 얻어서 대신 집정(執政)하게 했다. 80세에 순에게 양위(讓位)하여 선양제(禪讓制)의 시초가 되었다. 재임 중에 희화(羲和)에 역법(曆法)을 측정하게 하여 사시(四時)가 한 해가 되는 것을 제정했고, 백성들을 이

끌고 시령(時令)에 따라 농경(農耕)을 하도록 하였다. 또 직간(直諫)할
수 있는 북을 만들어 백성들 누구나 발언을 할 수 있게 하였다. 더불
어 치수(治水)를 잘하여 백성들이 편하게 농사하면서 살게 하여 유가
(儒家)에서 성군(聖君)의 표상으로 삼았다.

② 四凶 : 고대 요제 시대에, 서쪽 땅에 살았다고 하는 네 명의 흉악한 괴
물들을 지칭. 개와 비슷한 혼돈(渾沌), 반인반수의 도철(饕餮)과 도올
(檮杌), 호랑이와 비슷한 궁기(窮奇), 이들 넷이다. 각각 위대한 제왕의
피를 이어받은 자들이지만 선천적인 흉포함으로 인해, 일설에 의하
면 순제 시대에 유배되어 서쪽에서 이매망량(魑魅魍魎)이 침입해오는
것을 막는 역할이 주어졌다고 한다. 하지만 원래 흉악한 그들은 금방
직무를 잊어버렸고, 흉악함은 극도에 이르러 이 때문에 사흉이라 불
리면서 두려움의 대상이 되었다고 한다.

③ 趙盾 : 진(晉)나라의 권신(權臣). 진문공(晉文公, B.C. 636-628 재위)의 고
굉지신(股肱之臣)이었던 조쇠(趙衰)의 아들. 진양공(晉襄公, B.C. 627-
621 재위) 사후 공자 옹(雍)을 옹립하려다 조야의 반대로 번복하고 그
대로 어린 세자 이고(夷皐)를 영공(靈公, B.C. 620-607 재위)으로 옹립한
후 유주(幼主)를 대신해 정권을 장악했음. 그러나 영공의 타락과 무
도를 막지 못했고 영공 시해 사건이 일어났을 당시 보신(保身)에만 급
급한 나머지 지나치게 소극적이고 미온적으로 대처함으로써, 결국
명 사관(史官) 동호(董狐)로부터 '조순(趙盾)이 그 군주를 시해했다.'는
필주(筆誅)를 받게 되었음. 제후국 간의 외교 책략에 능했고 빠른 상
황 판단력과 현실적인 정치 감각, 통솔력 등을 지녔으나 정도(正道)만
을 걸었다고는 할 수 없는 행적을 종종 남겼음.

④ 屠岸賈 : 진(晉)나라 경공(景公, B.C. 599-581 재위) 시기의 간신. 진혜공
(晉惠公, B.C. 650-637 재위) 시기의 간신이자 공자 중이〔重耳, 훗날의 진
문공(晉文公)〕를 암살하려다 실패한 장본인인 도안이(屠岸夷)의 손자로
암군(暗君)인 진경공(晉景公)에게 부화뇌동해 온갖 아첨과 술수, 참소

등을 일삼으면서 진나라 조정을 혼란과 퇴폐로 이끌었음. B.C. 584
년에 개인적인 원한이 있었던 조삭(趙朔)을 비롯해 조씨(趙氏) 일문
전체를 몰살하는 일대 참극을 벌였으나 조삭(趙朔)의 충복인 정영(程
嬰)이 자신의 아들을 대신 죽이는 비상수단을 쓰면서까지 조삭의 유
복자 조무(趙武)를 구사일생으로 구출해 깊은 산속으로 숨는 바람에,
큰 후환을 남겼으면서도 그 사실을 몰랐음. 그 후 여공(厲公, B.C.
580-574 재위) 시기에도 난씨(欒氏), 극씨(郤氏)와 함께 한동안 권세를
누렸으나 여공이 난서(欒書)와 순언(荀偃)에게 시해되고 영명한 군주
인 도공(悼公, B.C. 573-558 재위)이 즉위해 간신배들을 일대 숙청하고
내정을 바로잡는 과정에서 가장 먼저 본보기로 처형되었음.

038

| 원문 |

有人於此하니 能爲天下事者를 食之衣之하야 使
유 인 어 차　　　　능 위 천 하 사 자　　　食 지 의 지　　　　　사

其人으로 不思他計者는 似善而實惡이요, 能害天下
기 인　　　　불 사 타 계 자　　　사 선 이 실 악　　　　능 해 천 하

人者를 逐之殺之하야 使其謀로 不及人者는 似惡而
인 자　　　축 지 살 지　　　　사 기 모　　　불 급 인 자　　　사 악 이

實善이니라.
실 선

三國時曹操[1] 待關雲長[2] 三日小宴 五日大宴 非好意也
삼 국 시 조 조　　대 관 운 장　　삼 일 소 연　오 일 대 연　비 호 의 야

欲留已也 魯聞人少正卯[3] 獻墮城之計 孔夫子 以眩惑[4]民心
욕 유 이 야　노 문 인 소 정 묘　　헌 타 성 지 계　공 부 자　이 현 혹 민 심

殺之 非惡意[5]也 欲爲國也.
살 지　비 악 의 야　욕 위 국 야

사람이 여기에 있으니 능히 천하의 일을 하는 사람을 먹이고 입혀서 그 사람으로 하여금 다른 생각을 못 하게 하는 자는 선한 것 같으나 사실은 악한 것이요, 능히 천하에 해로운 사람을 쫓아내고 죽여서 그 술책으로 하여금 사람에게 미치지 못하게 하는 자는 악한 것 같으나 사실은 선한 것이니라.

삼국시기에 조조는 관운장을 대접하며 3일에 작은 잔치를 열고 5일에 큰 잔치를 연 것은 좋은 뜻이 아니요 머물게 하고자 할 따름이었다. 노나라 사람에게 소정묘를 듣고 성을 준다고 계획하고는 공자는 민심을 현혹해 한다고 해서 죽였으니 악한 뜻이 아니라 나라를 위하고자 함이었다.

| 주석 |

① 曹操 : 조위 태조 무황제 조조(曹魏 太祖 武皇帝 曹操, 155년 음력 6월 3일 –
  220년 음력 1월 23일)는 중국 후한 말기의 정치가이자, 군인이며 시인
  이다. 자는 맹덕(孟德)이며, 훗날 위가 건국된 이후 추증된 묘호는 태
  조(太祖), 시호는 무황제(武皇帝)이다. 후한이 그 힘을 잃어가던 시기
  에 비상하고 탁월한 재능으로 두각을 드러내, 여러 제후들을 연달아
  격파하고 중국 대륙의 대부분을 통일하여 위나라가 세워질 수 있는
  기틀을 닦았다. 조조는 삼국지의 영웅들 가운데 패자(覇者)로 우뚝
  솟은 초세지걸(超世之傑)이라는 평가와 후한을 멸망시킨 난세의 간웅
  (奸雄)이라는 상반된 평가를 받는다. 당태종 이세민과 시인 두보는
  나라가 혼란에 빠졌을 때 조금도 흔들림이 없이 스스로 능력으로 천
  하를 평정한 공은 이전 그 누구보다 뛰어나다라고 평가했다. 이후 조

조는 위대한 영웅으로 평가되었는데 당나라와 북송시대 때까지도 조조는 영웅으로 칭송받다가 960년 남송시대가 접어들면서 역적으로 평가받기 시작했다. 그 이유는 당시 남쪽 지방에 있던 남송은 삼국 시대의 촉을 연상시키는 정치적 입지에 놓여 있었기 때문에 지리적, 정치적으로 유사한 촉나라의 손을 들어주고 촉나라를 압박했던 위나라를 폄하하는 경향이 있었기 때문이다.

② 關雲長=關羽 : 관우(161년?-219년 음력 12월)는 중국 후한 말의 무장으로, 자(字)는 운장(雲長)이며 본래의 자는 장생(長生)이다. 사례(司隸) 하동군(河東郡) 해현(解縣) 사람이다. 동생 장비(張飛)와 더불어 유비(劉備)를 오랫동안 섬기며 촉한(蜀漢) 건국에 지대한 공로를 세웠다. 충성심과 의리, 당당한 성품으로 인해 동아시아에서 가장 잘 알려진 장수로 손꼽히며, 한대(漢代) 이후로 남송(南宋)의 악비(岳飛)가 등장하기 이전까지 각 중국 사서(史書)에 등장하는 후세 사람들은 '용맹한 자'에 대해 이야기할 때 반드시 관우(關羽), 장비(張飛)의 경우를 들어 말하였다고 한다. 의리(義理)의 화신(化身)으로 중국의 민담(民譚)이나 민간전승(民間傳承), 민간전설(民間傳說)에서 널리 이야기되었고 나중에는 신격화(神格化)되어 관제묘(關帝墓)가 세워졌다.

③ 少正卯 : 춘추 시대 말기 노(魯)나라 사람. 묘(卯)가 이름이고, 소정(少正)은 복성(複姓)인데, 관직명이라고도 한다. 노정공(魯定公) 때 대부(大夫)를 지냈다. 전하는 말로 공자(孔子)와 같은 시기에 강학(講學)했는데, 여러 차례 공자의 제자들을 자기 문하로 흡입하여 공자의 문하가 세 번 찼다가 세 번 비었다고 한다. 천하의 5대악(大惡), 즉 마음이 거슬러서 위험하고, 간사함을 행하며 고체(固滯)하고, 거짓말을 하면서 변명하고, 추악한 것을 기억하면서 박식하다 하고, 그른 것을 쫓아서 번드르르하게 꾸며 나라 정치를 어지럽혔기 때문에 공자가 섭정(攝政)할 당시 주살(誅殺)했다. 이 사건은 『사기』「공자세가(孔子世家)」와 『공자가어(孔子家語)』「시주편(始誅篇)」, 『순자(荀子)』「유좌편

(宥坐篇)」 등에 기록되어 있다. 정공 14년(기원전 498) 대사구(大司寇)가
된 지 7일째 되는 날 공자가 정치를 문란하게 한 소정묘를 죽여 그
시체를 사흘 동안 궁정에 내걸었다고 한다.

④ 眩惑 : (1) 어지러워져 홀림. (2) 어지럽게 하여 홀리게 함.

⑤ 惡意 : (1) 남을 해치려는 마음. (2) 나쁘게 받아들이는 뜻. (3) 어떤 사
정을 알고 있는 일.

039

| 원문 |

補助而乞人生이요 慧對而智謀①生故로 貧賤②은
보 조 이 걸 인 생　　　혜 대 이 지 모 생 고　　　빈 천

生於賴하고 將相③은 因於忿하고 文章④은 出於窮이
생 어 뢰　　　장 상　　　인 어 분　　　문 장　　　출 어 궁

니라.

行乞於道路者 非無智能而平生從乞者 有小助故也. 蘇
행 걸 어 도 로 자 비 무 지 능 이 평 생 종 걸 자 유 소 조 고 야　소

秦⑤ 爲六國相者 邀遊列國而徒步歸 其母罵之 妻不下機 嫂
진　위 육 국 상 자 요 유 열 국 이 도 보 귀 기 모 매 지 처 불 하 기 수

辭無柴故也. 司馬遷⑥ 以文名⑦於世者 有萬金贖刑而窮不
사 무 시 고 야　사 마 천　이 문 명 어 세 자 유 만 금 속 형 이 궁 불

能出辨 終當去勢⑧故也. 去勢者割腎囊⑨也.
능 출 변 종 당 거 세 고 야. 거 세 자 할 신 낭 야

| 해역 |

도와주기만 하면 사람이 빌어먹고 살지만 지혜롭게 대하면 지모가

생겨나기 때문으로 가난하고 천함은 의뢰하는 데서 생기고 장군이나
재상은 분발로 인하고 문장은 곤궁한 데서 나오나니라.

도로에서 행걸하는 사람은 지능이 없는 것이 아니지만 평생을 비는
데 좇는 자는 작은 도움만 있었기 때문이다. 소진은 여섯 나라의 재상
이 되어서 여러 나라를 노닐다가 한갓 걸어서 돌아오니 그 어머니는 꾸
짖고 아내는 베틀에서 내려오지도 아니하며 형수는 나무가 없다고 말
을 하였기 때문이다. 사마천은 문명이 세상에 드러남은 만금이면 형벌
을 속죄할 수 있었지만 곤궁하여 능히 바로잡음을 나타내지 못하여 마
침내 거세를 당하였기 때문이다. 거세라는 것은 신낭을 베어버림이다.

| 주석 |

① 智謀 : 슬기 있는 꾀.

② 貧賤 : 가난하고 천함.

③ 將相 : 장수와 재상.

④ 文章 : (1) 생각 · 느낌 · 사상 등을 글로 표현한 것. (2) 구절을 모아서
한 문제를 논술한 글의 한 편. 문장가. (3) 한 나라의 문명을 형성한
예악과 제도. 또는, 그것을 써 놓는 글.

⑤ 蘇秦 : 낙양(雒陽) 사람으로 자는 계자(季子)이다. 전국(戰國) 시기의 저
명한 종횡가(縱橫家)이자 외교관이며, 모략가(謀略家)이다. 귀곡자(鬼
谷子)의 제자로 처음에 중국 천하를 돌아다니면서 유세를 하였으나
실패하고 귀향했다. 뒤에 다시 각고의 노력 끝에《음부경(陰符經)》을
얻고 대성하게 되었다. 그는 강대한 진(秦)나라에게 대항하기 위해
육국합종(六國合縱)을 주장하여 마침내 종약장(從約長)이 되었다. 더
불어 육국(六國)의 재상을 겸임하여 진나라로 하여금 15년 동안 함곡
관(函穀關)에서 나오지 못하게 만들었다. 그와 관련된 저서로《한서

《漢書》〈예문지(藝文志)〉에 소자(蘇子) 31편이 있었고, 백서(帛書)《전국종횡가서(戰國縱橫家書)》에 그가 유세할 때의 문장과 서신이 16편이 있다.

⑥ 司馬遷 : 사마천(기원전 145년?-기원전 86년?)은 중국 전한(前漢)시대의 역사가이다. 자는 자장(子長)이며, 아버지인 사마담(司馬談)의 관직이었던 태사령(太史令) 벼슬을 물려받아 복무하였다. 태사공(太史公)이라고 불리기도 했다. 후에 이릉사건에 연루되었다. 이릉 장군이 흉노와의 전쟁에서 중과부적으로 진 사건에서 이릉(李陵)을 변호하다 무제(武帝)의 노여움을 사서 궁형(宮刑)을 받게 된 것이었다. 사마천은《사기(史記)》의 저자로서 동양 최고의 역사가의 한 명으로 꼽히어 중국 '역사의 아버지' 라고 일컬어진다. 실제 사마천의 사기는 역사를 사가가 해석한 글로 존중받는다.

⑦ 文名 : 글을 잘하여 드러난 명성.

⑧ 去勢 : 수컷의 불알이나 암컷의 난소(卵巢)를 제거하거나 방사선으로 생식 기능을 없애버리는 일.

⑨ 腎囊 : 불알. 포유류의 음낭 속에 있는 공 모양의 기관.

040

| 원문 |

使人不忘之恩曰 "積善①"이요, 使人刻骨之怨曰
사인불망지은왈   적선   사인각골지원왈

"積惡②"이니 積惡은 生於慾하고 積善은 生於施니라.
  적악   적악   생어욕   적선   생어시

積善者 未必爲而爲之也. 積惡者 未必然而然之也. 楚
적선자 미필위이위지야   적악자 미필연이연지야   초

莊王^③大宴群臣 見許姬^④美貌 燭滅時牽袂 許姬 絕其冠纓^⑤
장왕 대연군신 견허희 미모 촉멸시견메 허희 절기관영

告莊王 莊王急命止燭曰 "今日之會 約與盡歡 不絶者 不
고장왕 장왕급명지촉왈 금일지회 약여진환 부절자 불

歡" 百官 皆去纓 竟不知牽袂者 爲何人也. 後伐鄭 唐狡^⑥
환 백관 개거영 경부지견메자 위하인야 후벌정 당교

力戰直入 欲賞之 曰 "蒙賜甚厚 絶纓會上牽袂者 卽臣也."
역전직입 욕상지 왈 몽사심후 절영회상견메자 즉신야

莊王歎曰 "當時 明燭治罪 安得今日之死力哉."
장왕탄왈 당시 명촉치죄 안득금일지사력재

| 해역 |

사람으로 하여금 잊지 못할 은혜로 말하자면 '선을 쌓는 것이요', 사람으로 하여금 뼈에 새겨지는 원망으로 말하자면 '악을 쌓는 것' 이니, 악을 쌓는 것은 욕심에서 생기고 선을 쌓는 것은 베풂에서 생기나니라.

선을 쌓는다는 것은 반드시 하지 못할 것을 하는 것이요, 악을 쌓는다는 것은 반드시 그렇지 않은 것을 그렇게 하는 것이다. 초나라 장왕은 큰 연회에 여러 신하가 허희의 미모를 보다가 촛불이 소멸할 때에 소매를 끌거늘 허희가 그의 갓끈을 끊어가지고 장왕에게 고하니 장왕이 급히 명하여 촛불을 그치게 하고 말하기를 '오늘의 모임은 함께 즐기기로 약속한 것이니 갓끈을 끊어버리지 않는 자는 즐겨하지 않는 것이라' 한데 모든 관료가 다 갓끈을 버림으로 마침내 소매를 끌은 자가 어떤 사람인 줄을 알지 못하였다. 뒤에 정나라를 정벌함에 당교가 힘써 싸우고 바로 들어오는지라 상을 주고자 한데 당교가 말하기를 '은혜를 심히 두텁게 입었으니 갓끈을 끊는 연회 앞에 소매를 끌은 자가 곧 신이옵나니다.' 하였다. 장왕이 탄식하여 말하기를 '당시에 촛불을 밝히고 죄를 다스렸다면 어찌 오늘의 죽을힘을 다해 싸운 사람을 얻었겠는가?' 하였다.

| 주석 |

① 積善 : 착한 일을 많이 함. 동냥질에 응하는 일을 좋게 이르는 말.

② 積惡 : 남에게 악한 짓을 많이 함.

③ 莊王(재위 B.C. 613-B.C. 591) : 중국 춘추시대(春秋時代) 초(楚)나라의
   왕. 이름은 여, 성왕(成王)의 손자임. 뒤에 진(晉)나라를 격파하고 제
   후(諸侯)의 패자가 되었음.

④ 許姬 : 초나라 장왕의 애첩(愛妾).

⑤ 冠纓 : 갓끈을 끊어버리는 것.

⑥ 唐狡 : 초나라가 진(晉)나라와 전쟁을 하게 되었는데 양로(襄老)의 부
   장(副長)인 당교(唐狡)라는 장교가 항상 병사들의 앞에 나서서 적과
   용감하게 맞서 싸우면서 다섯 번의 교전에서 모두 큰 공을 세웠다.
   왕이 이를 가상히 여겨 그를 불러 물었다. '나는 후덕하지 못해 그대
   에게 잘해준 바도 없는데 무슨 연고로 그토록 용감하게 싸울 수가 있
   었는가?' 그러자 당교가 왕 앞에 부복하고 말했다. '신은 전하께 죽
   을죄를 지었음에도 불구하고 저를 너그러이 보아주셨으므로 신을
   남몰래 감싸주신 그 은덕을 밝히 드러내어 보답한 것이옵니다.〔王隱
   忍不暴而誅也, 臣終不敢以蔭蔽之德, 而不顯報王也.〕 3년 전 전하께
   서 베푸신 술좌석에서 갓끈을 떼였던 자가 바로 저였습니다. 그래서
   적과의 싸움에 나가서 간과 뇌수를 땅에 바르고 피로 적을 물들이려
   고 결의한 지가 오래되었습니다.' 라고 하였다.

※ **절영연회(絶纓宴會)** : 춘추시대 중기의 명군 중한 사람인 초나라 장왕
   은 춘추시대 다섯 명의 실권자 중 한 사람으로 꼽히는 춘추오패이다.
   어느 날 장왕은 여러 신하들과 술을 마시고 있었다. 날이 저물고 연

회가 무르익었을 때 갑자기 촛불이 꺼졌다. 그러자 왕이 총애하는 미인의 옷깃을 끌어당기는 자가 있었다. 미인은 남자의 갓끈을 잡아 뜯고서 왕에게 아뢰었다. "급히 불을 가져오라고 하셔서 갓끈이 뜯겨진 자를 찾아 주십시오." 그러자 장왕이 말했다. "사람에게 술을 대접했고, 대접한 술에 취해 예의를 잃었던 것이다. 어떻게 여인의 절개를 밝히려고 장부에게 치욕을 줄 수 있겠는가?" 그리고 곁에 있는 사람들에게 말했다. "오늘 과인과 술을 마시고 갓끈이 끊어지지 않는 자는 즐겁게 놀지 않은 것이오." 그러자 자리에 있던 신하 백여 명 모두가 자신의 갓끈을 뜯어냈다. 그런 뒤 불을 밝히고 즐겁게 논 다음 연회를 끝냈다. 나중에 진(晉)나라와 초나라가 전쟁을 할 때 항상 선두에 서서 달려나가는 신하가 한 명 있었다. 그는 다섯 번 싸움에 다섯 번 모두 적장의 머리를 베고 적군을 무찔러 마침내 진나라 군대를 물리쳤다. 장왕이 의아해 까닭을 물으니 그는 언젠가 밤에 갓끈을 뜯겼던 자로서 왕의 은혜를 갚은 것이라고 대답했다.

041

| 원문 |

獨生^①者는 亡하고 博愛^②者는 存하나니 寧欺於人
독생 자 망 박애 자 존 영기어인

이언정 愼勿欺人이니 欺人則亦欺하며 惠人則人亦惠
신물기인 기인즉역기 혜인즉인역혜

하나니라.

吾太宰伯嚭^③ 獨生取賂而滅於句踐^④ 晉文公重耳^⑤ 博愛
오태재백비 독생취뇌이멸어구천 진문공중이 박애

九賢⑥而終覇天下. 晉使解揚⑦ 被楚所獲 莊王曰 "汝反書中
구현 이종패천하 진사해양 피초소획 장왕왈 여반서중

之言 封汝縣公" 解揚曰 "諾." 遂登樓高呼曰 "晉大軍卽
지언 봉여현공 해양왈 락 수등루고호왈 진대군즉

至" 莊王曰 "汝許而北是 爾自無信." 解揚曰 "若全信於楚
지 장왕왈 여허이배시 이자무신 해양왈 약전신어초

必失信於晉 假使楚有臣而背主之言 君以爲信乎?" 莊王曰
필실신어진 가사초유신이배주지언 군이위신호 장왕왈

"忠臣不懼死 子之謂矣" 縱之歸. 龐涓⑧以僞書 欺孫賓⑨則
충신불구사 자지위의 종지귀 방연 이위서 기손빈 즉

足 孫賓以減竈⑩ 欺龐涓殺之. 蘇秦 大出金帛 資張儀⑪得秦
족 손빈이감조 기방연살지 소진 대출금백 자장의 득진

相 張儀以不言 伐趙報之.
상 장의이불언 벌조보지

| 해역 |

　홀로 살려는 자는 망하고 널리 사랑하는 자는 존재하나니, 차라리
사람에게 속을지언정 삼가 사람을 속이지 말지니, 사람을 속이면 사람
도 또한 속이며 사람을 은혜롭게 하면 사람도 또한 은혜롭게 하나니라.

　오태재인 백비는 홀로 살려고 뇌물을 취하여 구천을 멸망하게 하였
다. 진문공인 중이는 널리 아홉 어진이를 사랑하여 마침내 천하를 쟁
패하였다. 진나라 사신인 해양은 초나라에 잡힌 바를 입었는데 장왕이
말하기를 "그대가 글 가운데서 말한 것과 반대로 하면 그대를 현공으
로 봉하리라."하니, 해양이 말하기를 "그렇게 하겠다."고 하였다. 드
디어 누대의 높은데 올라 부르짖어 말하기를 "진나라 대군이 곧 이르
리라"하였다. 장왕이 말하기를 "그대가 허락해놓고 이를 배반하니 그
대는 스스로 믿음이 없는 것이라." 해양이 말하기를 "만일 온전히 초
나라를 믿으면 반드시 믿음을 진나라에 잃게 될 것이라 가령 초나라의

신하가 임금의 말을 배신함이 있다면 임금은 믿겠습니까?" 장왕이 말하기를 "충신은 죽음을 두려워하지 않는다 하니 그대를 이름이로다." 하고 놓아주어 돌아가도록 하였다. 방연이 거짓 글로써 손빈을 속이는 것은 족하려니와 손빈은 감조로써 방연을 죽였다. 소진이 크게 금과 비단을 내어 장의에게 밑천을 대서 진나라 재상을 얻게 하고 장의는 말하지 않음으로써 조나라를 쳐서 보답하였다.

| 주석 |

① 獨生 : 홀로 살려고 발버둥 치는 것.

② 博愛 : 모든 것을 널리 평등하게 사랑함.

③ 伯嚭 : 태재비(太宰嚭). 춘추 시대 말기 초(楚)나라 사람. 자는 자여(子餘)다. 백희(帛喜) 또는 백희(白喜)로도 쓰인다. 초나라 대부(大夫) 백주려(伯州犁)의 손자다. 백주려가 피살되자 오(吳)나라로 달아나 오왕 합려(闔閭)의 신임을 얻었다. 손무(孫武), 오자서(伍子胥) 등과 함께 군대를 이끌고 초(楚)나라의 수도 영(郢)을 공격하고, 그 공으로 태재가 되었다. 오왕 부차(夫差) 2년 부초(夫椒)에서 월(越)나라를 패배시켰다. 월나라의 사신 대부 문종(文種)이 뇌물을 주면서 월나라와의 화의를 부탁하자 부차를 설득시켰고, 참언을 하여 오자서를 죽였다. 월나라가 오나라를 멸망시킨 뒤 월왕 구천(句踐)에게 살해되었다. 일설에는 항복하여 신하가 되었다고도 한다.

④ 句踐 : 중국 춘추시대 말기 월(越)나라의 왕[재위 B.C. 496-465]. 성은 사(姒). 월왕 윤상(允常)의 아들. 부왕 윤상의 사후, 이를 틈타 공격해 온 이웃 오(吳)나라 왕 합려(闔閭)를 부상케 하여 병사시킴으로써 오나라와 월나라의 오랜 갈등의 계기가 되었다. 합려의 아들 부차(夫差)가 부왕의 유지를 받들어 장작개비(薪) 위에 잠자리를 차리는 등 절치부심 복수를 준비하고 있다는 소문을 들은 구천은 충신 범려의

만류에도 불구하고 오를 먼저 공격하였으나 부초산(夫椒山 : 현 장쑤성 [江蘇省] 우현[吳縣] 서남 타이후[太湖]에 있는 산)에서 패하고 회계산(會稽山 : 현 저장성[浙江省] 샤오싱[紹興])에서 항복하였다. 이때 오나라의 충신 오자서(伍子胥)가 구천을 죽이고 월나라를 멸망시키자고 간언하였으므로 위기에 빠졌으나 범려가 오의 간신 백비를 회유하여 가까스로 목숨을 부지해 부차에게 신하의 예를 갖추기로 하고 간신히 귀국했다. 그는 회계산에서의 수치를 잊지 않기 위해 짐승의 쓸개를 핥는 쓰디쓴 복수의 칼을 갈고 있으면서 20년간 백성들과 고락을 같이하며 부국강병을 이루고 있었다. 부차가 패권의 야망을 달성하기 위해 정예 병사를 동원해 황지(黃池)에서 제후와 회맹하고 있었으므로 그 수도에는 노약한 병사들만 남아있음을 알게 된 구천은 군사를 동원해 오나라를 침공해 대파하고 그 태자를 잡아 죽였다. 부차는 황급히 군사를 돌려 돌아와 구천에게 강화를 청했으므로 일단 이를 수락한 구천은 4년 후 다시 오나라를 공격하여 3년 후인 B.C. 473년 부차를 고소산(姑蘇山)에 몰아넣었다. 부차가 구천에게 항복하므로 구천은 그를 100호의 통치자로 보내려 했으나 부차는 자신이 연로함을 들어 사양하고 자살하여 오(吳)가 멸망됨으로써 고사 와신상담(臥薪嘗膽)의 유래인 오와 월의 갈등은 막을 내렸다. 그 뒤 구천은 세력을 뻗쳐 북진하여 서주(徐州)에서 제(齊) · 진(晉)과 회맹하고 양쯔장[揚子江]과 화이허[淮河] 동쪽 일대를 주름잡았으므로 패왕(覇王)의 칭호를 받는 등 승승장구했다.

⑤ 重耳 : 춘추시대 진(晉)의 공자(公子). 후에 문공(文公, 636=B.C. 628)이 되었음. 그가 적국(狄國)으로 도망가서 12년 만에 떠나 위(魏) 나라 오록(五鹿)에 가서 들에 사는 농부에게 먹을 것을 청하니 야인이 흙 한 덩어리를 주므로, 중이는 화가 나서 그를 채찍으로 때리려 하니 함께 도망 다니던 자범(子犯, 狐偃)이 '하늘이 주신 것이오.' 하매, 다시 머리 숙여 절하며 그 흙을 받아 수레에 실었음. 흙을 얻는 것은 곧 땅

[영토=나라을 얻는 것을 뜻하니, 후에 중이는 문공이 되어 위나라를 복속시켰다.

⑥ 九賢 : 어진 아홉 사람을 말한다. 곧 요순(堯舜)시대의 아홉 사람이니 우(禹), 고요(皋陶), 설(契), 후직(后稷), 백이(伯夷), 기(夔), 용(龍), 수(倕), 익(益)이다.

⑦ 解揚 : 초나라 군사가 송나라를 포위했을 때의 일이다. 송나라에서는 진(晉)나라에 구원을 요청하였다. 진나라에서는 송나라에 해양을 보내 초나라에게 항복하지 말고 기다리라고 했다. 해양은 임무를 띠고 가던 중 정(鄭)나라 사람들에게 잡혀 초 장왕에게 바쳐졌다. 초장왕은 해양에게 뇌물까지 주어가며 진나라에서 송나라에게 전하는 말을 반대로 말하게 하였다. 해양은 듣지 않다가 세 번 만에 이를 받아들이겠다고 했다. 초장왕은 해양을 믿고 그를 누거(樓車)에 올라가서 자기가 시킨 대로 송나라 사람들에게 말을 전하도록 하였다. 그런데 웬걸. 해양은 초장왕의 기대와는 달리 진나라에서 원래 송나라에게 전하도록 하는 말을 그대로 외쳤던 것이다. 그러니 초장왕이 머리끝까지 화가 날 수밖에. 초장왕이 해양을 죽일 생각을 갖고 그에게 왜 자기의 말을 듣기로 하고 따르지 않았느냐고 그의 무신함을 질타했다. 그러자 해양은 의연히 말하기를, '(임금의) 명령을 받고 나왔으면 죽더라도 다른 생각을 할 수 없는 법'이라며, '초장왕이 시킨 것을 따르겠다고 한 것은 본래 (임금으로부터) 받은 명령을 완수하기 위한 것'이었다고 하였다. 이제 자기로서는 죽음으로서 명령을 완수하였으니 죽음을 달게 받겠다는 의사를 밝혔다. 이 말을 들은 초장왕은 그를 의롭게 여기고 본래 죽이려던 마음을 바꾸어 그를 살려서 돌려보냈다.

⑧ 龐涓 : 태어난 해는 알 수 없고 기원전 341년에 죽은 전국 때 위(魏)나라 장군이다. 처음에 손빈(孫臏)과 함께 귀곡자(鬼谷子)로부터 병법을 공부했다. 후에 하산하여 위나라로 들어가 위혜왕(魏惠王)에 의해 장

군에 임명되었다. 그러나 손빈의 재주가 자기보다 뛰어난 것을 시기한 방연은 사람을 손빈에게 보내 위나라로 들어오게 한 후 간첩으로 모함하여 슬개골을 제거하는 형을 받게 하여 앉은뱅이로 만든다. 위혜왕 16년 기원전 354년 그는 위나라의 대군을 이끌고 출전하여 조나라를 공격하여 그 다음 해에 그 도성인 한단성을 함락시켰다. 그러나 전기(田忌)와 손빈이 이끈 제군(齊軍)이 펼친 소위 위위구조(圍魏救趙) 작전에 말려든 방연의 위군(魏軍)은 계릉에서 전멸하고 방연 자신은 간신히 목숨을 건져 달아날 수 있었다. 양혜왕 28년 기원전 342년 제나라는 한나라를 구원하기 위해 손빈을 군사로 삼아 군사를 일으켰다. 이에 방연과 위나라의 태자 신(申)이 위나라 군사 10만을 이끌고 손빈의 제군을 막기 위해 출전했다. 그 다음 해인 기원전 341년 방연의 위군은 손빈의 감조지계(減竈之計)에 걸려 마릉(馬陵)에서 복멸되어 태자 신은 포로가 되고 방연 자신은 스스로 목숨을 끊었다. 방연이 싸움에 진 것은 스스로 오만하여 적을 얕본 나머지 발이 빠른 정예병만을 이끌고 제군을 추격하다가 마릉의 계곡에서 매복한 제군의 기습을 받아 대패한 것이다.

⑨ 孫賓 : 제나라 출신의 전략가인데, 귀곡 선생의 문하생 중에서 가장 재능이 뛰어난 수제자였다. 손무가 죽은 후 백 년이 지나 손빈이라는 병법가가 출현하였다. 손빈 또한 제나라 출신인데 손무의 후손으로, 어릴 적부터 방연과 함께 병법을 배웠다. 귀곡 선생의 제자들 중엔 위나라 사람 방연과 장의, 낙양 사람 소진, 그리고 제나라 사람 손빈이 특히 출중했다. 병학을 배웠던 손빈과 방연은 처음부터 결의형제를 맺고 친하게 지낸다. 방연은 손빈을 불러 간첩으로 몰아 그의 두 다리를 자르고 죄인이라 문신을 새겼다. 손빈은 제나라 사신에게 비범한 인물로 인정을 받아 후일 제의 장수가 되었다. 손빈은 제나라로 와서 장군 전기(田忌)의 빈객(賓客)이 되었다. 위나라의 무분별한 침공으로 위도 한도 쇠퇴하기 시작한다. 위나라에 병가 방연은 제나라

손빈의 계략에 의해 조나라, 한나라 원정에 실패한다. 방연이 이끄는 10만 대군을 앞세워 이번에는 한나라를 공격하게 되었는데, 역시 한(韓)나라의 구원요청을 받은 제나라는 손빈을 다시 군사(軍師)로 삼아 5만 병력을 출동하였다. 위나라는 마릉과 계릉 전투에서 방연이 제나라의 손빈에게 박살 난 이후 국력이 날로 쇠퇴하였다. 손무의 기록이 손자병법의 원본이고, 손빈의 것은 제나라의 손빈 병법이라는 것이 현재까지 주류 학계의 추정이다.

⑩ 減竈 : 감조란, 곧 감조지계(減竈之計)이다. 손빈은 평소 위의 군사들이 제의 군사들을 얕잡아보고 있다는 것을 알고 있었다. 게다가 손빈 자신이 직접 참전했다면, 방연은 무슨 수를 써서라도 자신을 죽이려 할 것이라는 것 또한 잘 알고 있었다. 손빈은 전기에게 곧 계책을 낸다. 병법에 이르기를 '백 리를 추격하여 승리를 얻고자 하는 군사들은 그 장수를 잃게 되며, 오십 리를 추격하여 승리를 얻고자 하는 군사들은 그 군사의 반만이 목적지에 당도하게 된다.'고 하였다. 옛적 스승님과 함께 수학할 때에, 방연은 군사의 수를 계산하는 방법으로 병사들이 식사를 한 아궁이의 숫자를 세는 방법을 사용하여 적 병력의 수를 계산했다. 오늘 저녁, 군사들이 취사할 때에는 10만 명이 밥을 먹을 아궁이를 만들고 다음날부터는 그 숫자를 절반으로 줄이면 방연은 필시 우리 군사들이 적지에 들어와서 겁을 먹고 탈주하고 있다 생각하고 추격할 것이다. 손빈의 계책을 '아궁이를 줄여 적의 눈을 속인다.'는 뜻이다. 그러나 이러한 상황은 제의 척후병들에 의해 수시로 보고되었고, 곧 손빈은 이들이 곧 마릉에 도착할 것이라고 예측하였다. 마릉은 계곡이 깊고 숲이 험준하여 매복을 두기에 적합한 곳이었다. 손빈은 마릉의 계곡에 있는 나무들을 모두 베어 길목을 막으라고 지시하고 큰 나무의 껍질을 벗기고는 직접 숯으로 다음과 같이 기록했다. "'龐涓死于此樹之下(방연은 이 나무 밑에서 죽는다)' 軍師 孫示(군사 손빈이 적다)" 손빈은 계곡 양쪽에 궁사 일만을 배치하고, 이

나무에서 불빛이 비치는 순간, 그곳을 집중 사격하라고 지시를 내렸다. 저녁이 되자, 방연이 이끄는 군사들은 계곡에 도착했다. 그러나 계곡 곳곳에는 나무들이 어지럽게 잘려 넘어져 있었다. 방연은 이는 제군이 퇴로를 뚫은 흔적이라 여겼다. 그런데, 유독 한 그루의 나무만이 서 있었고, 하얀 속살을 드러내고 있는 것이 아닌가. 호기심이 발동한 방연은 그 나무를 향하여 갔다. 어두워서 잘 보이지는 않지만, 무슨 글자가 새겨져 있었다. 방연은 글자를 읽기 위하여 횃불에 불을 피웠다. 글자를 읽은 그는 흠칫 놀랐다. 이 모든 것이 손빈의 계략이었다. 그 순간, 사방에서 무수히 많은 화살이 날아왔고, 위군은 화살을 맞고 쓰러지기 시작했다. 방연 역시 화살을 맞고 중상을 입었다. 방연은 "遂成豎子之名(드디어 그자의 명성을 떨치게 해주었구나)"하고 자결했다.

⑪ 張儀 : 중국 전국시대(戰國時代) 위(魏)나라의 정치가 · 유세가(遊說家) · 소진(蘇秦)과 더불어 종횡(縱橫)의 술책을 귀곡 선생에게서 배운 뒤에 진(秦)나라 혜문왕(惠文王)의 신임을 받아 재상(宰相)이 되어, 연횡의 책(策)으로 한(韓) · 제(齊) · 조(趙) · 연(燕) 등 연횡책을 유세하여 열국으로 하여금 진(秦)나라에 복종하게 하기에 노력하였다. 혜문왕이 죽은 후 참(讒)을 당하여 그 뜻을 이루지 못하고 위(魏)나라에서 객사하였다.

042

| 원문 |

欲人愛己^①인대 必先愛人^②이요, 欲人從己인대 必
욕 인 애 기   필 선 애 인   욕 인 종 기   필

先從人이요, 欲人勿惡인대 必先自美이요, 欲人勿疑
선종인   욕인물오   필선자미   욕인물의

인대 必先自信③이니 自信不疑人④이요, 自疑不信人
      필선자신   자신불의인   자의불신인

이니라.

呼之强而無順對 呼之順而無强對也.
호 지 강 이 무 순 대 호 지 순 이 무 강 대 야

| 해역 |

　남이 자기를 사랑하도록 하고자 할진대 반드시 먼저 남을 사랑할 것
이요, 남이 자기를 따르도록 하고자 할진대 반드시 먼저 남을 따를 것
이요, 남이 미움을 말도록 하고자 할진대 반드시 먼저 스스로 아름다울
것이요, 남이 의심하지 말도록 하고자 할진대 반드시 먼저 스스로 믿을
지니 스스로 믿으면 남이 의심하지 않을 것이요, 스스로 의심하면 남이
믿지 아니 하나니라.

　부르기를 강하게 하면 순하게 대함이 없고, 부르기를 순하게 하면
강하게 대함이 없다.

| 주석 |

　① 愛己 : 자기를 사랑함.
　② 愛人 : 남을 사랑함. 열애의 상대자.
　③ 自信 : 자기의 능력이나 가치를 확신함.
　④ 疑人 : 사람을 의심하는 것.

| 원문 |

約而棄之則不信이요, 與同患難則不智이요, 進
약 이 기 지 즉 불 신   여 동 환 난 즉 부 지   진

嘉言①於愚則不仁이니 仁者는 雖怨不忘親이요, 雖
가 언 어 우 즉 불 인   인 자 는   수 원 불 망 친   수

怒不棄禮니라.
노 불 기 례

晉將智甖出軍 悼公之弟楊干 自將本部成隊 司馬魏絳②
진 장 지 앵 출 군 도 공 지 제 양 간 자 장 본 부 성 대 사 마 위 강

將僕御伐斬. 悼公③ 愛弟之心 不暇致祥. 往取魏絳 大夫士
장 복 어 벌 참 도 공 애 제 지 심 불 가 치 상   왕 취 위 강 대 부 사

魴 入奏其事悼公 跣足出門 執魏絳之手曰 "寡人 不能教弟
방 입 주 기 사 도 공 선 족 출 문 집 위 강 지 수 왈 과 인 불 능 교 제

於卿無與" 大罵楊干 押往韓無忌④處 學禮三月 方見.
어 경 무 여 대 매 양 간 압 왕 한 무 기 처 학 례 삼 월 방 견

| 해역 |

　약속을 하고 버리면 믿지 않는 것이요, 환난으로 더불어 함께하면 지혜롭지 못한 것이요, 아름다운 말을 어리석은 사람에게 나아가면 어질지 못한 것이니 어진 사람은 비록 원망을 하지만 친함을 잊지 않는 것이요, 비록 성을 내지만 예를 버리지는 않나니라.

　진나라 장군 지앵이 군대를 출발시키는데 도공의 아우 양간이 스스로 장군이 되어 본부에서 무리를 이루거늘 사마위강이 장군의 말을 모는 노복을 쳐서 베었다. 도공은 아우를 사랑하는 마음은 상서로움을 이를 겨를이 없었으나 가서 위강을 취하라 하니 대부인 사방이 들어가

그 일을 도공에게 아뢰니 맨발로 문을 나와서 위강의 손을 잡고 말하기를 '과인이 능히 아우를 가르치지 못하여 경을 따를 수 없게 되었다.' 하고 크게 양간을 꾸짖으며 잡아다 한무기의 처소에 가도록 해서 예를 배운 석 달 만에 바야흐로 보았다.

| 주석 |

① 嘉言 : 본받을 만한 좋은 말. 교훈이 될 좋은 말.

② 魏絳 : 시호는 위장자(魏莊子)다. 춘추 때 당진(唐晉) 사람이다. 그의 조부 필만(畢萬)은 진헌공(晉獻公)의 중신이었다. 진헌공이 멸한 위(魏)의 땅에 필만을 봉했다. 그 아버지 위주(魏犫)는 또한 진문공(晉文公) 때의 중신으로 고성(苫城)이 식읍이었다. 고성은 지금은 운성시(運城市)다. 위강은 안읍(安邑)을 식읍으로 받았는데 그가 즐긴 풍요로움은 관중(管仲)이 누린 것과 같았다고 했다.

③ 悼公(기원전 587년-기원전 559)과 楊干과 司馬魏絳 : 『춘추시대에 진(晉) 나라의 도공(悼公)에게는 사마위강(司馬魏絳)이라는 유능한 신하가 있었는데 그는 법을 엄히 적용하는 것으로 이름이 났다. 그런 그가 도공의 동생인 양간(楊刊)이 군법을 어기자 그의 마부를 대신 잡아다 목을 베어 죽인 적이 있었다. 양간이 형에게 호소하기를, '지금 사마 위강에게는 눈에 뵈는 것이 없나 봅니다. 감히 제 마부의 목을 베어 죽여 우리 왕실을 욕보였습니다.' 도공은 자초지종을 듣지도 않고 사마위강을 잡아 오라고 하였다. 이때 곁에 있던 양설이라는 신하가 위강을 변호하였다. '위강은 충신으로 그가 그런 일을 했다면 반드시 연유가 있었을 것입니다.' 이 말을 듣고 도공이 내막을 알게 되어 위강은 더욱 신임을 받게 되었다. 어느 해 정 나라가 출병하여 송(宋)나라를 침략하자 송은 진 나라에 구원을 요청하였다. 진의 도공은 즉시 노(魯)와 제(齊), 조(曹) 나라 등 12개국에 사신을 보내 연합

군을 편성하여 위강의 지휘로 도성을 에워싸고 항복을 요구하여 마침내 정나라는 연합국과 불가침조약을 맺게 되었다. 한편 초(楚)나라는 정나라가 북방과 화친을 맺자 이에 불만을 품고 정나라를 침공하였다. 초나라의 군대가 강성함을 안 정 나라는 초나라와도 화의를 맺었다. 이러한 정의 태도에 화가 난 12개국이 정나라를 다시 쳤으나 이번에도 진의 주선으로 화의를 맺자 정나라는 도공에게 감사의 뜻으로 값진 보물과 궁녀를 선물로 보내왔고 도공은 이것을 다시 위강에게 하사하려고 했다. 사마위강은 이를 거절하면서 이렇게 말했다. '편안할 때에 위기를 생각하십시오(居安思危). 그러면 대비를 하게 되며(思則有備), 대비태세가 되어 있으면 근심이 사라지게 됩니다(有備則無患).' 도공은 이러한 사마위강의 도움을 얻어 마침내 천하통일의 패업을 이루게 되었다.』

④ 韓無忌 : 춘추시대(春秋時代) 진(晉)나라에 한기(韓起)의 형이며, 시호(諡號)는 목자(穆子)이다. 기원전 533년 춘추시대 때의 일이다. 주나라와 진(晉)나라가 손바닥만 한 땅을 가지고 다투었다. 이 사이에 진(晉)나라가 병력을 동원해 주(周)나라를 치자 경왕(景王)이 신하를 보내 점잖게 꾸짖었다. "지금 우리와 그대는 임금과 백성의 관계로 이를 비유하자면 마치 의복과 모자, 나무의 뿌리와 물의 샘과 같다고 하겠소. 그럼에도 갓을 찢어버린다거나 관을 부수고 나무의 뿌리를 뽑아내며 샘물의 원천을 틀어막아 버린다면 이는 근본을 송두리째 허무는 행위로 비록 오랑캐라도 우리를 섬기겠소?" 이 말을 들은 진(晉)의 대부 한선자(韓宣子)는 부끄러움을 느끼고 땅을 되돌려주어 양국의 관계가 회복되었다고 한다.

044

| 원문 |

　幸人^①之災는 非仁^②也요, 背人之施는 非義^③也니
　　행 인 지 재　　비 인 야　　　배 인 지 시　　비 의 야

仁者는 不乘危以邀利하고 義者는 不僥倖^④以成功이
　인 자　　불 승 위 이 요 리　　　의 자　　불 요 행　이 성 공

니라.

　楚靈王^⑤將殺吳使蹶繇 使人問曰 "汝來時曾卜吉凶^⑥
　초 영 왕　장 살 오 사 궐 요　사 인 문 왈　　여 래 시 증 복 길 흉

否?"繇曰"卜之甚吉."使者曰"君將取汝血釁鼓^⑦ 何吉之
부?　요 왈　복 지 심 길　　사 자 왈　　군 장 취 여 혈 흔 고　　하 길 지

有"繇曰"吳所卜 社稷^⑧之事 豈爲一人也哉? 以待使者之
유　요 왈　오 소 복　사 직 지 사　기 위 일 인 야 재　　이 대 사 자 지

厚薄察王怒之疾徐 而爲守禦之緩急 吉孰大焉." 靈王曰
후 박 찰 왕 노 지 질 서　이 위 수 어 지 완 급　길 숙 대 언　　영 왕 왈

"賢士也"赦之歸.
　현 사 야　사 지 귀

| 해역 |

　행복한 사람의 재앙은 인이 아니요, 배반한 사람의 베풂은 의가 아
니니 인자는 위기를 타서 이익을 구하지 아니하고, 의자는 요행으로 공
을 이루지 않나니라.

　초나라 영왕이 오나라 사신 궐요를 죽이려 하면서 사람을 시켜 물
어 말하기를 '네가 올 때에 일찍이 길흉을 점쳐보았는가?' 하니, 요가
말하기를 '점을 치니 매우 길합니다.' 하였다. 심부름한 자가 말하기
를 "임금이 장차 너의 피를 취하여 북의 틈을 바르려 하니 어찌 길함이

있으리요" 하니, 요가 말하기를 '오나라는 점치는 바가 사직의 일이라 어찌 한 사람을 위함이겠는가? 사자를 두텁고 엷게 대접함과 왕의 성내는 빠르고 느림을 살펴봄과 지키고 막는 늦고 급함을 다스려가니 길하기가 무엇이 이보다 크다 하리오' 하였다. 영왕이 말하기를 '어진 선비로다' 하고 놓아주어 돌아가도록 하였다.

| 주석 |

① 幸人 : 행복(幸福)한 사람.

② 仁 :《설문(說文)》에 따르면, 인은 '인(人)'과 '이(二)'의 두 글자가 합해서 된 것이며, '친(親)하다.'는 뜻이다. 그런데 공자가 인을 실천윤리의 기본 이념으로 삼으면서부터 그 의미는 일체의 덕목을 포괄하는 광의의 개념을 갖게 되었다. 공자는 인을 설명할 때에 어떻게 하는 것이 인하는 것이라고 그 방법론을 주로 했을 뿐, 인이란 무엇이다라고 구체적으로 언급하지는 않았다. 그 때문에 후세 학자들이 공자의 인 사상을 이해하는 데에서 견해의 차이가 나타나게 되었다. 공자가 인을 논할 때 다양한 용어들이 그에 대응된다. 그중에서 주요한 것들을 간추려 보면, 효(孝)·제(悌)·예(禮)·충(忠)·서(恕)·경(敬)·공(恭)·관(寬)·신(信)·민(敏)·혜(惠)·온량(溫良)·애인(愛人) 등이 있다. 그런데 이러한 덕목들은 인을 형성하는 일부분일 뿐, 인자체는 아니다. 공자가 구상하는 인의 개념은 이것들보다 더 근원적이요, 공자가 추구하는 인의 이상은 이것들을 초월하고 있다. 공자는 어느 제자도 인하다고 인정하지 않았고, 자신도 인하다고 자처하지 않았다. 그러므로 후대 학자들은 인을 전덕(全德)이니 달덕(達德)이라고 표현하기도 하고, 중선(衆善)의 근원이니 백행(百行)의 근본이라고 묘사하기도 하였다.

③ 義 : 공자는 "군자는 천하에 생활함에 있어 이렇게 해야만 한다든지,

이렇게 하지 말아야 한다든지 하는 고정된 행동 원리를 갖지 않고 오직 의를 따라 행동해야 한다.〔君子之於天下也, 無適也. 無莫也, 義之與比.〕"고 함으로써 의를 인간의 실천 원리로 설명하고 있다. 그러나 그의 중심 사상은 어디까지나 인(仁)이었으며 그 내용은 인간의 본래 모습을 의미하는 것이었다. 인간의 본래 모습은 천명사상(天命思想)을 배경으로 하고 있는데, 그것은 사람[人]과 사람[人]이 고립된 상태에서 서로 대립하는 관계로서가 아니라 존재의 본질에서 서로 하나가 되는 관계로 나타난다. 인간의 본래 모습에서 나타나는 대표적인 행위는 남을 나처럼 생각하고 사랑하는 것이다. 이러한 의미에서 공자는 인을 '애인(愛人)'이라고 하여 남을 사랑하는 것이라고 설명하기도 하였다. 공자는 이와 같이 인을 실현, 즉 인간의 본래 모습을 회복함으로써 사회적 질서를 확립하고자 하였다. 그런데 맹자가 생을 누린 전국시대(戰國時代)로 접어들면서 사람들은 이익 추구에 몰두해 쟁탈을 일삼게 되었고, 이단(異端)이 득세해 사상적 혼잡을 초래하는 등 사회가 더욱 혼란해짐으로써, 공자의 인에 대한 더욱 구체적이고 명석한 실천 방안이 요구되었다. 맹자의 의사상(義思想)은 바로 이러한 시대적 요구에 부응한 인의 실천 방안이었다. 그리하여 맹자는 공자의 인에 의를 덧붙여 인의(仁義)라고 하였던 것이다.

④ 僥倖 : (1) (거의 가능성이 없는 어려운 일이) 우연히 잘 되어 다행함.
(2) 뜻밖에 얻는 행복.

⑤ 楚靈王(B.C. 540-529 재위) : 춘추 시대 초나라의 국군(國君). 웅씨(熊氏)고, 이름은 위(圍)인데, 나중에 건(虔)으로 고쳤다. 공왕(共王)의 둘째 아들이다. 영윤(令尹)이었을 때 병사(兵事)를 관장했는데, 조카 겹오(郟敖)를 살해하고 왕위에 올랐다. 즉위한 뒤 처음에는 제후의 병사로 오(吳)나라를 공격하여 주방(朱方)을 격파하고 제경봉(齊慶封)을 살해했다. 나중에 진채(陳蔡)를 멸망시키고, 또 서(徐)나라를 공격하여 오나라를 위협하니 나라사람들이 몹시 고통스러워했다. 공자비(公子

比)와 공자기질(公子棄疾) 등이 태자를 공격해 죽이고 공자비를 세워 왕으로 삼자 군심(軍心)이 동요되어 싸워보지도 않고 궤멸되었다. 건계(乾豁)를 따라 서쪽으로 달아나 미윤(芊尹) 신해(申亥)의 집에 들어가 목을 매 자살했다. 12년 동안 재위했고, 시호는 영(靈)이다.

⑥ 吉凶 : 좋은 일과 언짢은 일.

⑦ 釁鼓 : 사람 또는 희생의 피를 북에 발라 제를 지냄.

⑧ 社稷 : 토지신(土地神)과 곡식신(穀食神)이라는 뜻으로서, 옛날에 임금이 국가의 무사 안녕을 기원하기 위하여 사직단(社稷壇)에서 토지의 신과 곡식의 신에게 제사를 지냈으므로 '사직'은 '국가의 기반', 또는 '국가' 라는 뜻으로 변했음.

045

| 원문 |

以强凌弱하고 恃貴侮賤하고 貪利忘義者-雖有
이 강 능 약   시 귀 모 천   탐 리 망 의 자   수 유

一時豪나 惡不保身①이요, 盜不成家②니라.
일 시 호   악 불 보 신   도 불 성 가

寶鑑③曰 "富貴如將智力求 仲尼年少合封侯 世人不解
보 감 왈   부 귀 여 장 지 력 구 중 니 연 소 합 봉 후 세 인 불 해

靑天意 空使身心半夜愁.④" 邵子⑤曰 "爽口物多終作疾 快
청 천 의 공 사 신 심 반 야 수   소 자 왈   상 구 물 다 종 작 질 쾌

心事過必有殃." 惡無忌憚而無所不爲則似可以橫行天下
심 사 과 필 유 앙   악 무 기 탄 이 무 소 불 위 즉 사 가 이 횡 행 천 하

無保身之地 盜不費時而一獲千萬金則似可以富有四海 無
무 보 신 지 지 도 불 비 시 이 일 획 천 만 금 즉 사 가 이 부 유 사 해 무

成家之故 有天地公正之理也.
성 가 지 고 유 천 지 공 정 지 리 야

　강으로써 약을 능멸하고 귀를 믿어 천함을 업신여기고 이익을 탐하여 의를 잊는 자는 비록 한때의 호협(豪俠)이 있는 것이지만 악으로는 몸을 보전하지 못하는 것이요, 도적질로는 집안을 이루지 못 하나니라.

　보감에 말하기를 "부귀를 만일 지혜와 힘으로 구한다면 중니(공자)도 젊어서 마땅히 제후에 봉해졌을 것이라 세상 사람들은 푸른 하늘의 뜻을 알지 못하고 공연히 몸과 마음으로 하여금 한밤중에 근심을 하나니라." 하였다. 소자가 말하기를 "입이 상쾌하여 많이 먹으면 마침내 병을 짓고 마음에 상쾌한 일이 지나치면 반드시 재앙이 있게 되나니라." 하였다. 악을 꺼려함이 없이 하지 아니한 바가 없다면 가히 써 천하를 횡행할지라도 몸을 보전할 땅이 없게 되는 것이요, 도적은 시간을 허비하지 아니하고 한 번에 천만금을 얻으려 한다면 가히 써 부유가 사해를 두었을지라도 집안을 이룰 연고가 없는 것이니 하늘땅에는 공정한 이치가 있는 것이다.

| 주석 |

　① 保身 : 몸을 보전(保全)함.
　② 成家 : (1) 따로 하나의 가정을 구성함. (2) 학문이나 기술이 뛰어나서 일가를 이룩함.
　③ 寶鑑 : "명심보감(明心寶鑑)"을 말하는데 한문 학습을 돕기 위해 한글 토를 달지 않았다. 명심보감은 대학·논어·맹자·중용 중에서 핵심적인 글만을 발췌(拔萃)하여 고려 충렬왕 때 예문관 제학을 지낸 추적(秋適)이 24부문으로 나누어 편찬하였다고 전하기도 하고 한편은 중국에서 전래되었다고도 한다.

④ 이 시는 "격양시(擊壤詩)"이다.

⑤ 邵子=邵康節 : 중국 북송(北宋)의 성리학자(性理學者)며 상수학자(象數學者). 자는 요부(堯夫), 자호(自號)는 백원(百源), 시호는 강절(康節), 안락선생(安樂先生)이라고 불리었다. 그의 선조는 범양(范陽)에서 살았으나 아버지를 따라 공성(共城, 지금의 하북성 범양현)으로 옮겼다가 후에 하남(河南)에서 살았다. 청년시절에 사방을 주유(周遊)하다가 북해(北海)의 이지재(李之才)에게서 도서선천상수학(圖書先天象數學)을 전수받았다. 역에 정통했으며, 문왕(文王)이 지은 역을 후천역이라 하고, 복희씨(伏羲氏)가 지은 역을 선천역이라고 하여 선천괘위도(先天卦位圖)를 작성했다. 주역은 상과 수로 귀결되며, 상수학으로써 우주가 발생하고 자연이 이루어진다고 하였으며, 우주 만물의 발생 순서를 상수에 의하여 연역(演繹)하는 원리를 선천학이라고 하였다. 소문산(蘇門山)의 백원(百源) 위에서 독서를 하였으므로 그의 학파를 백원학파(百源學派)라 하며, 그 거처를 안락와(安樂窩)라고 하였으므로 안락선생이라고 불렀다. 신종(神宗) 때 저작랑(著作郞)으로 부름을 받아 벼슬길에 오른 것 외에는 평생 관직에 나가지 않았다. 도종(度宗) 초에 공묘(孔廟)에 종사(從祀)되고 신안백(新安伯)에 추봉되었으며, 명나라 세종(世宗) 때 선유소자(先儒邵子)라고 높여 칭하였다.

046

| 원문 |

挾私^①廢公은 仁義之悖逆^②이요, 福善禍惡은 天地之公正^③이니라.
협 사 폐 공　　　인 의 지 패 역　　　　복 선 화 악　　천
지 지 공 정

韓相俠累④ 與嚴遂⑤ 有八拜之友⑥ 累貧遂富 自其日用
한 상 협 루   여 암 수   유 팔 배 지 우   누 빈 수 부   자 기 일 용

復以千金 助遊費 得至相國. 遂 欲見不得 資以家財 賂見左
부 이 천 금   조 유 비   득 지 상 국   수 욕 견 부 득   자 이 가 재   뇌 견 좌

右 得見烈侯⑦ 俠累毀阻. 遂 聞之大恨 求勇士聶政 刺殺俠
우 득 견 열 후   협 루 훼 조   수 문 지 대 한   구 용 사 섭 정   자 살 협

累.
루

| 해역 |

사사를 지녀서 공을 폐함은 인의의 거슬림이요, 복은 선이고 재앙은
악임은 천지의 공정이니라.

한나라 상국인 협루는 엄수로 더불어 팔배의 벗으로 있었는데 협루
는 가난하고 엄수는 부자로 그 일용으로부터 다시 천금으로써 노니는
비용을 보조하여 상국에 이름을 얻게 되었다. 엄수가 보고자 하였지만
얻지 못하니 집안 재물을 바탕하여 보려고 좌우에 뇌물을 주어 열후를
얻어 보게 되었는데 협루가 훼방하고 막았다. 엄수는 그것을 듣고 크
게 원통해하며 용사인 섭정을 구하여 협루를 찔러 죽였다.

| 주석 |

① 挾私 : 사정(私情)을 둠.
② 悖逆 : 도리(道理)에 어그러져 패악(悖惡)하고 불순(不順)함.
③ 公正 : 공평(公平)하고 올바름.
④ 俠累 : 전국시대 한(韓)나라 사람. 이름은 괴(傀)다. 한애후(韓哀侯) 때
   상(相)을 지냈다. 엄수(嚴遂)와 원한이 있었는데, 엄수가 섭정(聶政)을
   사서 살해했다.
⑤ 嚴遂 : 임금이 중요하게 여긴 사람으로 협루(俠累)와 원한이 있어서

서로 해치는 사이이다. 결국 엄수가 섭정(聶政)을 사서 협루를 살해
하였다.

⑥ 八拜之友=八拜之交 : 의형제 관계. 결의형제. 의자매 관계.

⑦ 列侯 : 여러 나라.

047

| 원문 |

我虧人則隱嫌이 在人하고 事逢機處^①難廻避이
아 휴 인 즉 은 혐   재 인   사 봉 기 처   난 회 피

요, 人虧我則宿嫌이 在我하니 何往而致疑哉리요.
인 휴 아 즉 숙 혐   재 아   하 왕 이 치 의 재

失利者必忿 得利者必慢 慢則衆叛 忿則相親. 晉大夫智
실 리 자 필 분 득 리 자 필 만 만 즉 중 반 분 즉 상 친   진 대 부 지

伯^② 有代晉之地 欲削韓^③魏^④趙^⑤三家之勢. 假以晉侯之命
백   유 대 진 지 지 욕 삭 한   위   조   삼 가 지 세   가 이 진 후 지 명

各獻地百里 韓虎 魏駒 與之 趙無郵怒曰 "土地 先世所傳
각 헌 지 백 리 한 호   위 구   여 지   조 무 휼 노 왈   토 지   선 세 소 전

安敢媚人也" 智伯大怒 邀韓魏共攻趙氏 圍晉陽一年. 忿其
안 감 미 인 야   지 백 대 노 요 한 위 공 공 조 씨 위 진 양 일 년   분 기

割地 反與趙氏 攻智伯 三分其地 所獻地 各自收回.
할 지 반 여 조 씨 공 지 백 삼 분 기 지 소 헌 지 각 자 수 회

| 해역 |

내가 남을 이지러지게 하면 숨겨진 혐의가 남에게 있고 일이 기처를
만나면 회피하기가 어려운 것이요, 남이 나를 이지러지게 하면 묵은 혐
의가 나에게 있으니 어디 간들 의심을 보내리요.

이익을 잃은 자는 반드시 분한 마음이고 이익을 얻은 자는 반드시 거만하나니 거만하면 대중이 배반하고 분발하면 서로 친하게 된다. 진나라 대부인 지백이 대대로 진나라 땅에 살았는데 한나라, 위나라, 조나라 삼가의 세력이 (땅을) 깎고자 하였다. 거짓 진후의 명으로써 각각 땅 백 리를 바치거늘 한호와 위구는 함께했지만 조무휼은 성질을 내며 말하기를 '토지는 선세로 전해온 바이니 어찌 감히 남에게 아첨하리요' 하니, 지백이 크게 성질을 내어 한나라 위나라와 함께 조씨를 치면서 진양을 일 년간이나 둘러쌌다. 분한 마음에 그 땅을 짜개서 도리어 조씨에게 주고 지백을 쳐서 그 땅을 셋으로 나누어 바쳤던 땅을 각자가 회수하였다.

| 주석 |

① 機處 : 세상일.

② 智伯 : 중국 춘추시대(春秋時代) 진(晉)나라의 대부. 이름은 요(瑤), 지양자(智襄子)라고 함.

③ 韓 : 한이라는 나라는 주무왕(서기전 1122년-1116년)의 아들이 봉해진 한후(韓侯)의 자손으로서 나라가 없어졌다가 서기전 640년경에 진(晉)나라에서 한무자(韓武子)가 봉해져 다시 한이라는 나라가 생긴 것이 된다. 서기전 453년에 진(晉)나라가 한위조의 세 제후에게 사실상 망하였다. 한경후(韓景侯) 때인 서기전 403년에 진나라는 한, 위, 조로 삼분되었고 서기전 378년에 진나라는 완전히 망하였다.

④ 魏 : 위나라는 주문왕(서기전 1183년-서기전 1134년)의 아들 필공고의 후손으로서 한동안 나라가 없어졌다가 서기전 520년경 진(晉)나라에서 필만(畢萬)이라는 자가 위(魏)에 봉해져 다시 생긴 것이 된다. 서기전 426년에 위문후(魏文侯)가 즉위하였고 서기전 403년에 진나라를

삼분하였다. 여기서 주문왕의 아들 필공고는 주무왕(서기전 1122년-서기전 1116년)의 동생이라는 말이며 아무리 빨라도 서기전 1122년경에 생긴 나라가 된다. 주문왕은 추봉된 왕호이고 주무왕이 주나라 1대 왕이 된다.

⑤ 趙 : 주목왕(周穆王)의 신하인 조보(造父)가 조성(趙城)으로 봉해졌다. 그 이후에 조씨(趙氏)를 칭하였고, 조씨 가문의 역사가 시작된다. 그 후 조씨 일족들은 진나라(晉)의 신하가 되었다. 진문공(晉文公)의 측근인 조성자 조최(趙成子 趙衰)가 높은 관직에 올랐고, 조씨 가문은 크게 번성하였다. 춘추 시대 말기에는 진나라를 실질적으로 다스리는 육경(六卿) 중에 하나가 되었다. 그러나 재상 조선자 조순(趙宣子 趙盾) 사후에는, 조씨 가문은 여러 가문들에게 견제와 숙청을 당하고 조선자의 손자 조 문자 조무(趙文子 趙武)가 등장할 때까지 몰락한다. 기원전 456년 육경 중에 세력이 강했던 지씨 일족의 수장인 지양자 지요(智襄子 智瑤)가 한씨, 위씨 일족을 거느리고 조씨 가문을 멸족을 시키려고 하였다. 조씨 가문의 수장인 조양자 조무휼(趙襄子 趙無恤)은 한호(韓虎), 위구(魏駒)에게 말하기를 "지씨는 탐욕스러워, 우리 조씨가 멸족된 뒤에는 당신들 차례다."라고 말하면서 설득에 성공한다. 세 가문의 역공에 당하여 지씨 가문은 멸망하고 진나라의 영토를 조씨, 한씨, 위씨의 세 가문이 나누었고 각각 독립하였다. 그 후에 기원전 403년에 조나라, 한나라, 위나라는 정식으로 제후국이 되었다.

| 원문 |

蚋蟻蜂蠆^①는 猶能報嫌이거든 而況人乎아?
예 의 봉 채　　유 능 보 혐　　　　이 황 인 호

秦王政^②之假文 嫪毒^③與中大夫顔洩飮酒 醉不覺打顔
진 왕 정　지 가 문　노 애　여 중 대 부 안 설 음 주　취 불 각 타 안

洩. 洩密告嫪毒之謀于秦王 殺嫪毒.
설　설 밀 고 노 애 지 모 우 진 왕　살 노 애

| 해역 |

　독충과 개미와 벌과 전갈은 오히려 능히 불만스러움을 보복하는 것이거든 하물며 사람이겠는가?

　진나라 왕인 정이 거짓 글로 노애가 중대부인 안설로 더불어 술을 마셨는데 취함을 깨닫지 못하고 안설을 때렸다. 안설이 노애의 역모를 진왕에게 은밀히 고하여 노애를 죽게 하였다.

| 주석 |

① 蚋蟻蜂蠆 : 예(蚋)는 파리매, 의(蟻)는 개미, 봉(蜂)은 벌, 채(蠆)는 독을 지닌 해충을 말한다.
② 秦始皇(이름 政. B.C. 259~210) : 진나라의 36대 군주로 장양왕의 아들이며, 본명은 정(政). B.C. 247년에 부친 장양왕이 서거한 후 열세 살의 어린 나이로 즉위하여 초기에는 승상(丞相) 여불위의 보필을 받았으나 장성하면서부터 점차 강력한 통치력을 발휘했음. 중국 역사상 가장 의욕적이고 명민하며 위대한 군주의 한 사람으로서 내노라 하

는 문무 관료들을 적재적소에 잘 활용하면서 전국 말의 혼란상을 종
식시키고 6국을 각개 격파하여 마침내 B.C. 221년에 중국 역대 황제
들의 업적 중에서도 가장 뛰어나다고 할 만한 천하통일을 달성했음.
통일을 이룬 직후 스스로의 공업(功業)을 상고(上古) 황금시대의 신화
적 성군(聖君)들인 삼황오제(三皇五帝)의 업적과 견줄 만하다고 자부
하면서 '황제(皇帝)'라는 새로운 칭호를 제정하고 '시황제(始皇帝)'라
자칭했음.

③ 嫪毒 : 전국 시대 말기 진(秦)나라 사람. 환관. 선태후(宣太后)의 총애
를 받아 장신후(長信侯)에 봉해졌다. 문하에 식객(食客)이 1천 명이었
고, 가동(家僮)도 수천 명을 두었다. 진시황 정(政)의 즉위식 때 반란
(叛亂)을 일으켰다가 실패한 뒤 피살되었다.

049

| 원문 |

德爲本者는 利濟①之호대 利爲本者는 不能德濟
덕 위 본 자   이 제 지   이 위 본 자   불 능 덕 제
之니라.
지

百里奚②相秦穆公③也 三置④晉君 幷國二十. 及其自奉
백 리 해 상 진 목 공 야 삼 치 진 군 병 국 이 십   급 기 자 봉
也 暑不張蓋 勞不坐乘 死之日 百姓墳壑⑤ 如喪考妣.⑥
야 서 부 장 개 노 부 좌 승 사 지 일 백 성 전 학   여 상 고 비

| 해역 |

덕을 근본으로 하는 사람은 이익으로서 구제하지만, 이익을 근본으

로 하는 자는 능히 덕으로 구제하지 못 하나니라.

백리해가 진나라 목공의 재상이 되어 세 번 진나라 임금을 사면하였고 나라 20개를 병합하였다. 그 자신을 봉양함에 미쳐서는 더위에 덮개를 펴지 않았고 수고로워도 수레에 앉지 아니하였으니 죽은 날에 백성들이 골짜기를 메우듯 하여 아버지나 어머니의 초상같이 여겼다.

| 주석 |

① 利濟 : 이로움을 주며 구제한다는 뜻이다.
② 百里奚 : 춘추 시대 때 사람. 자는 정백(井伯)이고, 우(虞)나라 출신이다. 백리씨(百里氏)로도 불린다. 일설에는 성이 백(百)씨고, 이름은 해(奚)며, 자가 리(里)라고도 한다. 또는 자가 정백(井伯)이라고도 한다. 우나라의 대부(大夫)로 있다가 진헌공(晉獻公)이 우나라를 멸망시키자 포로가 진나라에 들어왔다. 진나라가 목희(穆姬)를 진(秦)나라에 시집보낼 때 배신(陪臣)으로 따라갔다가 초(楚)나라 완(宛) 땅으로 달아났다는데 초나라 사람에게 잡혔다. 진목공(秦穆公)이 소식을 듣고 오고양피(五羖羊皮, 검은 양 다섯 마리의 가죽)을 주고 사와 국정을 맡겼다. 이로 인해 '오고대부(五羖大夫)'로도 불린다. 이때 그의 나이 일흔이었다. 건숙(蹇叔)을 목공에게 추천하고, 유여(由餘) 등과 함께 목공의 패업 성취를 도왔다. 일설에는 우공(虞公)이 간언을 듣지 않자 진(秦)나라로 갔다고도 하며, 본래 초나라 비인(鄙人)인데 진목공이 현명하다는 말을 듣고 자신을 진나라에 팔아 소를 키우다가 목공의 눈에 띄었다고도 한다.
③ 秦穆公 : 춘추(春秋)시대 진(秦)나라의 군주(君主)로 진덕공(秦德公)의 작은 아들이자 진선공(秦宣公), 진성공(秦成公)의 아우이다. B.C. 659년부터 B.C. 621년까지 재위에 있으면서 백리혜(百里奚), 건숙(蹇叔),

유여(由余), 맹명시(孟明視), 서걸술(西乞術), 백을병(白乙丙) 등의 인재들을 등용하였다. 또한 진(晉)나라를 격퇴시키고, 진혜공(晋惠公)을 포로로 잡았으며 양(梁), 예(芮)나라를 멸망시켰다. 그리고 진문공(晋文公)을 후원하여 진진연맹(秦晋聯盟)을 실현시켰다. 더불어 촉국(蜀國) 및 기타 함곡관(函谷關) 서쪽의 국가를 정벌하여 영토를 천 리나 넓혔다. 이 때문에 주양왕(周襄王)이 그를 서방제후(西方諸侯)의 백(伯)으로 삼고, '패서융(霸西戎)'으로 일컬었다. 후에 진(秦)나라가 중국을 통일하는 터전을 다진 인물로 춘추오패(春秋五霸) 중에 한 사람이 되었다.

④ 置 : 사면하다. 석방하다.

⑤ 塡壑 : 골짜기를 메우다.

⑥ 考妣 : 돌아간 아버지와 어머니.

050

| 원문 |

利有害人之利하고 亦有利人之利하니 果能此道
이 유 해 인 지 리   역 유 이 인 지 리   과 능 차 도
면 可謂聖人①이니라.
    가 위 성 인

害人者 乘人之灾而得利也. 病死憂三者 人之大灾而無
해 인 자 승 인 지 재 이 득 리 야   병 사 우 삼 자   인 지 대 재 이 무
救恤②之心 反以此爲利 是實積惡也. 故 術士③之令終. 鮮矣
구 휼 지 심 반 이 차 위 리 시 실 적 악 야   고 술 사 지 령 종   선 의
利人者 士農工商④之利 人利而己亦利也.
이 인 자 사 농 공 상 지 리 인 리 이 기 역 리 야

이익에는 남을 해하는 이익이 있고 또한 남에게 이익되는 이익이 있나니 과연 이 도에 능하면 가히 성인이라 이르리라.

남을 해하는 자는 남의 재앙을 타서 이익을 얻는다. 병듦과 죽음과 근심의 세 가지는 사람의 큰 재앙인데 구휼하는 마음이 없이 이를 반대로 이익을 삼는다면 이는 실로 악을 쌓게 된다. 그러므로 술사의 영이 마쳐지기가 드물다. 남을 이익 되게 한다는 것은 사농공상의 이익이라 남이 이익되면 자기도 또한 이익이 된다.

| 주석 |

① 聖人 : 사리(事理)에 통달하고 덕과 지혜가 뛰어나 길이길이 우러러 받들어지고 만인의 스승이 될 만한 사람을 일컫는 말. 불보살·성자·인격과 덕행이 높고 뛰어난 인물. 거룩한 신도나 순교자. 특히 종교상의 뛰어난 수행을 쌓고 덕행을 베푸는 사람은 종교에 따라서 특별한 의미가 있다.
② 救恤 : 빈민이나 이재민 등에게 금품을 주어 구조함.
③ 術士 : 유학자(儒學者). 술책(術策)을 잘 꾸미는 사람. 음양(陰陽), 복서(卜筮), 점술(占術)에 정통한 사람.
④ 士農工商 : 선비·농부·공장·상인 등 네 가지 신분을 아울러 이르는 말. 봉건 시대의 계급관념을 순서대로 일컫는 말.

| 원문 |

知其爲惡有利而不知其禍隨하며 知其爲善有害
지 기 위 악 유 리 이 부 지 기 화 수　　지 기 위 선 유 해

而不知其福隱이요.
이 부 지 기 복 은

孜孜①爲惡者 天報之以殃 孜孜爲善者 天報之以福. 易②
자 자 위 악 자 천 보 지 이 앙 자 자 위 선 자 천 보 지 이 복 역

曰 "善不積 不足以成名 惡不積 不足以滅身 小人 以小善
왈 선 부 적 부 족 이 성 명 악 부 적 부 족 이 멸 신 소 인 이 소 선

爲無益而不爲也 以小惡 爲無傷而不去也. 故 惡積而不可
위 무 익 이 불 위 야 이 소 악 위 무 상 이 불 거 야 고 악 적 이 불 가

掩 罪大而不可解."
엄 죄 대 이 불 가 해

| 해역 |

　그 악을 하는데도 이익이 있다는 것만 알고 그 재앙이 따르는 것은
알지 못하며, 그 선을 하는데도 해가 있다는 것만 알고 그 복이 숨은 것
을 알지 못하는 것이요.

　악을 하는데 부지런히 힘을 쓰는 자는 하늘이 재앙으로써 갚고, 선
을 하는데 부지런히 힘을 쓰는 자는 하늘이 복으로써 갚는다. 주역에
말하기를 "선을 쌓지 않으면 족히 써 이름을 이루지 못할 것이요, 악을
쌓지 않으면 족히 써 몸을 멸하지 아니하거늘 소인은 작은 선으로서
이로움이 없다 하여 하지 아니하고 작은 악으로써 상함이 없다 하여
버리지 아니한다. 그러므로 악이 쌓이면 가히 가리지 못하는 것이요
죄가 크면 가히 풀지 못한다."고 하였다.

① 孜孜=勤勤孜孜 : 매우 부지런하고 정성스러움.

② 易=周易 : 동양에서 가장 오래된 경전인 동시에 가장 난해한 글로 일컬어진다. 공자가 극히 진중하게 여겨 받들고 주희(朱熹)가 '역경(易經)'이라 이름하여 숭상한 이래로 《주역》은 오경의 으뜸으로 손꼽히게 되었다. 《주역》은 상경(上經)·하경(下經) 및 십익(十翼)으로 구성되어 있다. 십익은 단전(彖傳) 상하, 상전(象傳) 상하, 계사전(繫辭傳) 상하, 문언전(文言傳)·설괘전(說卦傳)·서괘전(序卦傳)·잡괘전(雜卦傳) 등 10편을 말한다. 한대(漢代)의 학자 정현(鄭玄)은 '역에는 세 가지 뜻이 포함되어 있으니 이간(易簡)이 첫째요, 변역(變易)이 둘째요, 불역(不易)이 셋째다.'라 하였고, 송대의 주희도 '교역(交易)·변역의 뜻이 있으므로 역이라 이른다.'고 하였다. 이간이란 하늘과 땅이 서로 영향을 미쳐 만물을 생성케 하는 이법(理法)은 실로 단순하며, 그래서 알기 쉽고 따르기 쉽다는 뜻이다. 변역이란 천지간의 현상, 인간 사회의 모든 사행(事行)은 끊임없이 변화한다는 뜻이고, 불역이란 이런 중에도 결코 변하지 않는 줄기가 있으니 예컨대, 하늘은 높고 땅은 낮으며 해와 달이 갈마들어 밝히고 부모는 자애를 베풀고 자식은 그를 받들어 모시는 것과 같다는 것이다. 주희의 교역이란 천지와 상하 사방이 대대(對待)함을 이르는 것이고, 변역은 음양과 주야의 유행(流行)을 뜻하는 것이라 하였다. 《설문(說文)》에는 역이라는 글자를 도마뱀[蜥易, 蝘蜓, 守宮]이라 풀이하고 있다. 말하자면, 易자는 그 상형으로 日은 머리 부분이고 아래쪽 勿은 발과 꼬리를 나타내고 있다. 도마뱀은 하루에도 12번이나 몸의 빛깔이 변하기 때문에 역이라 한다고 하였다. 또, 역은 일월(日月)을 가리키는 것이고 음양을 말하는 것이라고도 하였다. 이상 여러 설을 종합해 보면 역이란 도마뱀의 상형으로 천변만화하는 자연·인사(人事)의 사상(事象)을 뜻하는 것이

라고 할 수 있다. 《주례(周禮)》춘관편(春官篇) 대복(大卜)의 직(職)을 논하는 글에 '삼역법(三易法)을 장악하나니 첫째는 연산(連山)이요, 둘째는 귀장(歸藏), 셋째는 주역인데 그 괘가 모두 여덟이고 그 나누임이 64이다.' 라고 하였다. 이에 대해 한대의 두자춘(杜子春)은 연산은 복희(伏羲), 귀장은 황제(黃帝)의 역이라 하였고, 정현은 역을 하(夏)나라에서는 연산이라 하고 은(殷)나라에서는 귀장, 주(周)나라에서는 주역이라 한다고 하였다. 아무튼 연산·귀장은 일찍이 없어지고 지금 남아 있는 것은 주대(周代)의 역인 《주역》뿐이다.

| 원문 |

知其開口爲言而不知有言斬①하며 知其貪利爲
지 기 개 구 위 언 이 부 지 유 언 참   지 기 탐 리 위

財而不知有利劍②이요.
재 이 부 지 유 이 검

言有言斬 利有利劍 不可不愼也. 李太祖③ 居咸興時 成
언유언참 이유이검 불가불신야 이태조 거함흥시 성

石璘④ 使於太祖. 太祖 稱使輒殺故 假稱過路. 問曰 "汝非
석 린 사어태조 태조 칭사첩살고 가칭과로 문왈 여비

太宗使耶?" 石璘曰 "若使以來則子孫 皆盲目." 別太祖歸
태종사야   석린왈 약사이래즉자손 개맹목 별태조귀

其子傷一目 生孫亦盲而後生曾孫 亦蔽明. 太宗憐其忠 賜
기자상일목 생손역맹이후생증손 역폐명 태종연기충 사

爵 是言斬也. 吳將孫武⑤ 與伍員⑥ 破楚 闔閭⑦ 論功 以孫武
작 시언참야 오장손무 여오원 파초 합려 논공 이손무

爲首 武. 謂員曰 "子知天道乎? 暑往寒來 春還秋至 子今不
위수 무 위원왈 자지천도호 서왕한래 춘환추지 자금불

대인군자 수신의 길

去禍且不免" 員 不以爲然. 吳王夫差 賜劍 是利劍也.
거 화 차 불 면　원 불 이 위 연　오 왕 부 차 사 검　시 이 검 야

| 해역 |

그 입을 열어서 말을 할 줄만 알고 말에 베임이 있음을 알지 못하며 그 이익을 탐함이 재물이 되는 줄만 알고 이익에 칼이 있음을 알지 못하는 것이요.

말에는 "언참"이 있고 이익에는 "이검"이 있는 것이니 가히 삼가지 않을 수 없다. 이태조는 함흥에 살 때에 성석린이 태조에게 심부름을 갔다. 태조가 심부름을 왔다 하면 문득 죽이기 때문에 거짓으로 길을 지나가는 것이라 일컬었다. 물어 말하기를 '그대는 태종의 심부름을 온 것이 아니냐?' 석린이 말하기를 '만일 심부름을 왔다면 자손이 다 눈이 청맹과니가 될 것입니다.' 하였다. 태조와 이별하고 돌아오니 그 아들의 한쪽 눈이 상하였고 낳은 손자도 또한 청맹과니며 뒤에 낳은 증손도 또한 밝음이 가려졌다. 태종이 그 충성을 가엾게 여겨 벼슬을 주었으니 이것이 언참이다. 오나라 장군 손무가 오원으로 더불어 초나라를 격파하고 공을 논하는데 손무로써 으뜸을 삼았다. 손무가 오원에게 일러 말하기를 '자네는 하늘의 도를 아는가? 더위가 가면 추위가 오고 봄이 돌아가면 가을이 이르나니 자네가 지금 가지 아니하면 재앙을 또한 면하지 못할 것이네' 하였으나 오원은 그렇지 않을 것이라 하였다. 오왕인 부차가 칼을 주었으니 이것이 이검이다.

| 주석 |

① 言斬 : 말로 참수하는 것.

② 利劍 : 날이 날카로워 잘 드는 칼.

③ 李太祖 : 조선 태조(朝鮮 太祖, 1335년 10월 27일(음력 10월 11일)-1408년 6월 18일(음력 5월 24일), 재위 1392년 8월 5일(음력 7월 17일)-1398년 10월 14일(음력 9월 5일)]은 고려 말의 무신이자 조선의 초대 왕이다. 함경도 영흥 출신이며, 성(姓)은 이(李), 본관은 전주, 휘는 단(旦), 초명은 성계(成桂), 초자는 중결(仲潔), 자는 군진(君晋), 호는 송헌(松軒)·송헌거사(松軒居士)이다. 고려에서 관직은 문하시중에 이르렀고, 고려 우왕 때, 우군도통사(右軍都統使)로서 요동정벌을 위해 북진하다가 위화도에서 회군하여 문하시중으로서 전권을 장악하고 고려 공양왕으로부터 양위의 형식으로 조선을 개국하였다. 원래 이름은 성계였으나 조선 건국 후 단으로 이름을 개명하였다. 막강한 권력으로 전제개혁을 단행하였고, 신진세력의 경제적 토대를 구축했으며, 도읍을 한양으로 옮겨 조선의 기틀을 다졌다. 시호는 태조강헌지인계운성문신무대왕(太祖康獻至仁啓運聖文神武大王)이며 이후 존호를 더하고 대한제국 때 명나라에서 내린 시호 강헌(康獻)을 폐지하고 고황제(高皇帝)로 추존하여 정식 시호는 태조지인계운응천조통광훈영명성문신무정의광덕고황제(太祖至仁啓運應天肇統廣勳永命聖文神武正義光德高皇帝)이다. 재위 기간은 6년 2개월이며, 상왕위(上王位)에는 약 10년 동안 있었다. 향년은 74세이고 능은 경기도 구리시에 있는 건원릉(健元陵)이다.

④ 成石璘 : 본관은 창녕. 자는 자수(自修), 호는 독곡(獨谷). 아버지는 창녕부원군 여완(汝完)이다. 1357년(공민왕 6) 과거에 급제한 뒤 국자학유(國子學諭)·사관(史官)·전의주부(典儀注簿)·전리좌랑(典理佐郎)·전교부령(典校副令)·전리총랑(典理摠郎) 등을 역임했으나 신돈(辛旽)의 미움을 받아 해주목사로 나갔다. 다시 성균사성(成均司成)·밀직대언(密直代言)·지신사(知申事) 등을 지내고, 1380년(우왕 6) 밀직제학(密直提學)으로 있을 때 승천부(昇天府)에 왜구가 침입하자 조전원수(助戰

元帥)로 임명되어 양백연(楊伯淵) 등과 함께 싸워 이긴 공으로 수성좌리공신(輸誠佐理功臣)이 되고 동지밀직사사(同知密直司事)로 승진되었다. 양백연의 옥사에 연루되어 함안으로 유배되었다가 풀려나 창원군(昌原君)에 봉해졌으며 정당문학(政堂文學)을 지냈다. 양광도도관찰사로 나갔을 때 흉년이 들자 주·군에 의창(義倉)을 설치할 것을 건의하여 실행하게 했다. 1389년 이성계가 창왕을 폐하고 공양왕을 세운데 협력한 9공신의 한 사람으로서 태조가 즉위한 뒤 문하시랑찬성사·개성부판사·한성부판사 등을 지내고 원종공신(原從功臣)에 책록되었다. 정종 때 서북면도순찰사·평양부윤·문하우정승·좌정승을 역임하고, 1401년(태종 1) 좌명공신(佐命功臣)으로 창녕부원군에봉해졌다. 1403년 우의정, 1407년 좌의정, 1415년 영의정을 지냈다. 시를 잘 짓고, 초서를 잘 썼다. 시호는 문경(文景)이다.

⑤ 孫武: 손무는 춘추시대 제(齊)나라 사람으로, 자는 장경(長卿)이다. 일찍이 〈병법〉 13편을 오왕(吳王) 합려(闔閭)에게 보이고 그의 장군이되었으며, 대군을 이끌고 초(楚)나라를 무찔렀다. 군대를 중시했으며 "적과 나를 알면 백 번 싸워도 위태롭지 않다(知彼知己百戰不殆)"고 주장했다. 즉 적과 나의 상황을 파악하고 군사의 많고 적음, 강약(强弱)·허실(虛實)·공수(攻守)·진퇴(進退) 등의 형세를 잘 분석하여 적을 제압하면 승리를 얻는다는 것이다. 또한 전략전술을 활발하게 운용할 것을 주장했다. 그의 저서 〈손자병법〉은 중국 최초의 병서이다. 1972년 산둥성[山東省] 린이현[臨沂縣] 인췌산[銀雀山]에 있던 한묘(漢墓)에서 죽간 〈손자병법〉 13편이 출토되었는데, 기본적으로 당시 통행되던 송본과 같다. 손빈은 전국시대의 병가이며 일찍이 방연(龐涓)과병법을 공부했다. 방연은 위(魏)나라 혜왕(惠王)의 장군이 되었는데, 손빈의 재주를 시기해서 위나라로 그를 불러들여 빈형(臏刑: 슬개골을 자르는 형벌)에 처했다. 이로 인해 손빈이라는 이름을 얻었다. 손빈은 후에 제나라 위왕(威王)의 군사(軍師: 참모)가 되었는데, 위왕은 계릉

(桂陵)과 마릉(馬陵)에서 위군(魏軍)을 차례로 무너뜨릴 계획을 세우고
있었다. 손빈은 전쟁을 수단으로 삼아 중국을 통일할 것을 주장했고,
전쟁 중에 특히 사람의 주관적인 능동작용을 중시하여 "천지간에 사
람보다 귀한 것은 없다(天地之間莫貴於人)"고 했다. 단지 좋은 무기
에만 의지하는 것으로 강대하다고 할 수는 없으므로, "갑옷의 견고
함이 병사를 이롭게 하나, 강하게 할 수 있는 것은 아니다.〔甲堅利兵
不得以爲强.〕"라고 했다. 저서 〈손빈병법〉은 당나라 이후에 유실되
었는데, 1972년 인췌산 한묘에서 그 죽간이 발굴되었다.

⑥ 伍員 : 오자서(伍子胥)이다. 초(楚)나라 초읍(椒邑) 사람으로 이름은 원
(員), 자는 자서(子胥)이다. 춘추전국시대 오(吳)나라 대부(大夫)이자
군사가이다. 그의 부친은 오사(伍奢)로 초나라 평왕(平王) 자건(子建)
의 태부(太傅)였는데, 비무극(費無極)의 모함을 받아 큰아들 오상(伍尙)
과 동시에 피살되었다. 이에 오자서는 오나라로 망명하여 오왕(吳王)
합려(闔閭)의 신하가 되었다. B.C. 506년에 오자서는 손무(孫武)와 더
불어 군대를 이끌고 초나라의 도성을 함락시켰고, 그는 초평왕(楚平
王)의 무덤을 파헤쳐서 그 시신에 채찍 3백 대를 쳐서 부친과 형의 복
수를 했다. 그는 오나라로 하여금 서쪽으로 초나라를 격파하고, 북쪽
으로 서(徐), 노(魯), 제(齊)나라를 물리쳐서 패자(覇者)가 되는데 큰 공
헌을 했다.

⑦ 闔閭 : 성은 희(姬)이고, 씨(氏)는 오(吳), 이름은 광(光), 공자광(公子光),
합려(闔廬)로도 불려진다. 춘주(春秋) 말기 오(吳)나라의 군주(君主)로
오왕(吳王) 제번(諸樊)의 아들이다. 재위 기간은 B.C. 515년부터 B.C.
496년까지였다. B.C. 515년에 합려가 자객을 보내 오왕(吳王) 요(僚)
를 살해하고 왕위를 탈취했다. 집정 기간 중에 오자서(伍子胥)를 재상
으로 삼고, 손무(孫武)를 장군으로 임명하여 국세(國勢)가 갈수록 강
성했다. B.C. 506년에 손무와 오자서로 하여금 오군(吳軍)을 이끌고
초(楚)나라를 공격하여 수도 영도(郢都)를 함락시킨다. 이에 초소왕

(楚昭王)은 도피하고 초나라의 신하 신포서(申包胥)가 진(秦)나라에 구원을 요청하여 간신히 나라를 수복하였다. B.C. 496년에 합려는 월(越)나라와 취리(檇李)의 전투에서 중상을 입고 사망했다.

053

| 원문 |

知其誓言爲信而不知其爲運하며 知其辱言爲快
지 기 서 언 위 신 이 부 지 기 위 운　　　　지 기 욕 언 위 쾌

而不知其歸己니라.
이 부 지 기 귀 기

己者身也. 諸葛亮① 入蜀託荊州②於關雲長③ 曰 "死不辱
기 자 신 야　제 갈 량　　입 촉 탁 형 주　어 관 운 장　　왈　　사 불 욕

命." 亮聞死字 心甚不快 雲長 竟死於呂蒙④之計 魏將龐德⑤
명　　양 문 사 자 심 심 불 쾌 운 장　경 사 어 여 몽　지 계 위 장 방 덕

與關雲長戰 載棺出陣曰 "殺汝入此棺" 云矣 龐德被殺 入
여 관 운 장 전 재 관 출 진 왈　　살 여 입 차 관　　운 의　방 덕 피 살　입

于其棺辱言 如是其懼也.
우 기 관 욕 언　여 시 기 구 야

| 해역 |

그 맹세한 말이 믿음이 되는 줄은 알면서 그것이 운용되는 줄은 알지 못하며, 그 욕된 말이 상쾌함이 되는 줄은 알면서 그것이 몸에 돌아오는 줄은 알지 못 하나니라.

몸이라는 것은 자신이다. 제갈량이 촉나라에 들어가 형주에 의탁하였는데 관운장이 말하기를 '죽을지라도 명령을 욕되게 않겠습니다.'

하였다. 제갈량이 '죽을 사'의 글자를 듣고 마음이 매우 상쾌하지 아
니하였는데 관운장은 끝내 여몽의 계략에 죽고 말았다. 위나라 장수
방덕이 관운장과 더불어 싸움에 관을 싣고 전진에 나와서 말하기를
'너를 죽여서 이 관에 넣으리라'고 일렀는데 방덕은 죽임을 입어서 그
관에 들어갔으니 그 두려움이 이와 같다.

| 주석 |

① 諸葛亮(181년 음력 7월 23일-234년 음력 8월 28일) : 자는 공명(孔明), 시호
   는 충무후(忠武侯)이며, 낭야군 양도현(瑯琊郡 陽都縣 ; 山東省 沂南縣)에
   서 태어났다. 호족(豪族) 출신이었으나 어릴 때 아버지를 여의고 형
   주(荊州 ; 湖北省)에서 숙부 제갈현(諸葛玄)의 손에서 자랐다. 후한(後
   漢) 말의 전란을 피하여 출사(出仕)하지 않았으나 명성이 높아 와룡선
   생이라 일컬어졌다. 207년(건안 12) 조조(曹操)에게 쫓겨 형주에 와 있
   던 유비로부터 '삼고초려(三顧草廬)'의 예로써 초빙되어 '천하삼분지
   계(天下三分之計)'를 진언(進言)하였다. 유비는 제갈량을 얻은 것을 물
   고기가 물을 만난 것[水魚之交]에 비유하였다. 이듬해 오나라의 손
   권(孫權)을 설득하여 유비와 연합하게 하여 적벽의 싸움에서 조조의
   대군을 물리쳤다. 소설인 《삼국지연의(三國志演義)》에서는 신기묘산
   (神機妙算)으로 조조의 대군을 격파하는 데 결정적 공을 세운 것으로
   묘사되지만, 역사서인 《삼국지(三國志)》에는 별다른 활약상을 찾아볼
   수 없으며, 형주와 익주 등 강남을 손에 넣은 유비가 제갈량을 군사
   중랑장(軍師中郎將)으로 삼아 영릉(零陵)·계양(桂陽)·장사(長沙) 등 3
   군(郡)을 감독하게 하였다고 기록되어 있다. 이처럼 세간에 구전하는
   제갈량의 초인적 지략은 대부분 소설 《삼국지연의》에서 기인하지
   만, 유비의 신임을 받아 중용된 것은 소설과 역사서의 기록이 일치한
   다. 214년(건안 16) 유비는 성도(成都)를 평정하고 나서 그를 군사장군

(軍師將軍)으로 삼아 자신이 출병한 뒤 군량과 병사를 대도록 하였고, 촉한의 황제에 오른 뒤에는 그를 승상(丞相)으로 삼았으며, 죽음을 앞두고는 자신이 이루지 못한 대업을 이루도록 당부하였다. 유비는 제갈량에게 자신의 아들 유선(劉禪)을 보좌하되, 아들이 무능하면 몰아내고 황제의 자리를 취하여도 좋다고 유언하였으나 제갈량은 끝까지 후주(後主) 유선을 보필하였다. 재차 오나라와 연합하여 위나라와 항쟁하였으며, 생산을 장려하여 민치(民治)를 꾀하고, 윈난[雲南]으로 진출하여 개발을 도모하는 등 촉한의 경영에 힘썼다. 그러나 상승하는 위나라에 비하여 국력의 열세가 뚜렷한 가운데 오장원(五丈原)에서 위나라의 사마의(司馬懿)와 대치하다가 병이 들어 사망하였다. 위나라와 싸우기 위하여 출진할 때 올린 《전출사표(前出師表)》와 《후출사표(後出師表)》는 이를 읽고 눈물을 흘리지 않는 자는 충신이 아니라고 할 정도로 충정으로 가득한 천고의 명문으로 꼽힌다. 후인들이 중국 곳곳에 무후사(武侯祠)를 지어 그의 충절을 기리고 있다.

② 荊州 : 동한의 주(州) 이름. 7개 군(郡)과 117개 현(縣)을 관할했다. 치소는 한수현(漢壽縣)이며, 그 성터는 지금의 호남성 한수현 북쪽에 있다. 한말에 치소를 양양현(襄陽縣)으로 옮겼는데, 그 위치는 지금의 호북성 양번시(襄樊市)이다. 관할 지역은 지금의 호북성과 호남성 대부분 및 하남성 · 귀주성 · 광동성 · 광서자치구(廣西自治區) 등의 일부에 해당한다. 삼국 시기에 위와 오는 각기 형주를 두었는데, 관할 지역은 원래의 형주에 상당했다. 위나라 형주의 치소는 신야이며, 그 성터는 지금의 하남성 신야(新野)에 있다. 오나라 형주의 치소는 강릉(江陵)인데, 그 성터는 지금의 호북성 강릉에 있다.

③ 關雲長 : 관우(關羽 162년?-219년 음력 12월)는 중국 후한 말의 무장으로, 자(字)는 운장(雲長)이며 본래의 자는 장생(長生)이다. 사례(司隸) 하동군(河東郡) 해현(解縣) 사람이다. 동생 장비(張飛)와 더불어 유비(劉備)를 오랫동안 섬기며 촉한(蜀漢) 건국에 지대한 공로를 세웠다.

충성심과 의리, 당당한 성품으로 인해 동아시아에서 가장 잘 알려진 장수로 손꼽히며, 한대(漢代) 이후로 남송(南宋)의 악비(岳飛)가 등장하기 이전까지 각 중국 사서(史書)에 등장하는 후세 사람들은 '용맹한 자'에 대해 이야기할 때 반드시 관우(關羽), 장비(張飛)의 경우를 들어 말하였다고 한다. 하지만 관우는 장비와는 달리 진짜로 용맹하다기보다는 특정한 목적에 의해 용맹한 것으로 묘사되었을 뿐이다. 본디 관우가 일자무식이고 장비가 문과 무를 겸비한 장수였으나 삼국지연의에서는 관우를 숭배대상으로 삼아야 했기 때문에 이를 뒤바꿔서 관우가 문과 무를 겸비했고 장비가 일자무식으로 묘사되었다. 의리(義理)의 화신(化身)으로 중국의 민담(民譚)이나 민간전승(民間傳承), 민간전설(民間傳說)에서 널리 이야기되었고 나중에는 신격화(神格化)되어 관제묘(關帝墓)가 세워졌다.

④ 呂蒙 : 삼국 시대 오(吳)나라 여남(汝南) 부피(富陂) 사람. 자는 자명(子明)이다. 젊어서 손책(孫策)의 부장 등당(鄧當)에게 의지했는데, 등당이 죽자 대신 무리를 지휘하면서 별부사마(別部司馬)에 오르고, 손권(孫權)을 따라 단양(丹陽)을 정벌했다. 건안(建安) 13년(208) 황조(黃祖)를 공격해 공을 세우고 횡야중랑장(橫野中郎長)에 발탁되었다. 또 주유(周瑜) 등과 함께 조조(曹操)를 적벽(赤壁)에서 격파하고, 남군(南郡)에서 조인(曹仁)을 포위해서 편장군(偏將軍)에 올랐다. 손권의 가르침을 받아 역사와 병법서를 많이 읽어 노숙(魯肅)이 "옛날 오하의 아몽이 아니구나.〔非復吳下阿蒙.〕"라며 칭송하게 만들었다. 이것이 유명한 괄목상대(刮目相對) 고사성어다. 노숙이 죽자 군대를 이끌고 공안(公安)을 습격하여 남군을 함락하고 관우(關羽)를 격파하는 등 형주(荊州)를 차지하여 남군태수(南郡太守)에 오르고 잔릉후(孱陵侯)에 봉해졌다. 어린 시절 불우하게 자랐지만 후일에 대성한 대기만성형(大器晩成型)의 대표적인 인물이다. 노숙의 뒤를 이어 군사권을 장악하자 오나라의 숙원이었던 형주 탈환에 착수하여 지략으로 관우를 안심시

킨 뒤, 기습 공격하여 형주를 점령하고 관우 부자를 생포했다.

⑤ 龐德 : 후한 말기 남안(南安) 훤도(狟道) 사람. 은사(隱士). 자는 영명(令明)이다. 젊었을 때 군리(郡吏)와 주종사(州從事)를 지냈다. 후한 말에 마등(馬騰)을 따라 강저(羌氐)를 공격하여 여러 차례 공을 세우고, 교위(校尉)가 되었다. 건안(建安) 중에 마초(馬超)를 따라 원담(袁譚)의 군대를 막아 중랑장(中郞將)에 오르고 도정후(都亭侯)에 봉해졌다. 조조(曹操)가 마초를 공격할 때 마초를 따라 한중(漢中)으로 달아났다. 나중에 조조에게 귀순하여 입의장군(立義將軍)에 오르고 관문정후(關門亭侯)에 봉해졌다. 건안(建安) 24년(219) 번성(樊城)에 주둔하면서 조인(曹仁)이 관우(關羽)를 공격하는 것을 도왔는데, 활을 쏘아 관우의 이마를 맞추었다. 마침 장맛비가 열흘 동안 내려 한수(漢水)가 불어나 위쪽 제방으로 물을 피했다가 관우에게 포위당했다. 악전고투하며 수비하다 작은 배를 타고 조인의 진영으로 돌아오려다가 배가 뒤집혀 관우에게 사로잡혔다. 끝까지 항거하다 죽임을 당했다. 시호는 장(壯)이다.

054

| 원문 |

利害는 自然有皆報니 知其有報則誰能貪利也리
이 해   자 연 유 개 보   지 기 유 보 즉 수 능 탐 리 야

요마는 莫見乎隱하며 莫見乎微니 君子는 戒愼乎其
      막 현 호 은   막 현 호 미   군 자   계 신 호 기

所不覩하며 恐懼乎其所不聞①이니라.
소 부 도   공 구 호 기 소 불 문

衛人吳起^② 爲楚相 盡廢不急之官 疎遠之族. 楚悼王^③薨
위 인 오 기　　위 초 상　진 폐 불 급 지 관　소 원 지 족　　초 도 왕　홍

失祿者 乘喪殺之 其報可懼也.
실 록 자　승 상 살 지　기 보 가 구 야

| 해역 |

　이로움과 해로움은 자연히 모두 갚음이 있는 것이니 그 갚음이 있다
는 것을 알면 누가 능히 이익을 탐하리오마는 숨겨진 것보다 더 잘 드
러나는 것은 없으며, 작은 것보다 더 잘 나타나는 것은 없으니 군자는
그 보지 않은 바를 경계하고 삼가며 그 들리지 않는 바를 저어하고 두
려워 하나니라.

　위나라 사람인 오기가 초나라 재상이 되어서 급하지 않은 벼슬과
소원한 친족을 다 폐하였다. 초나라 도왕이 죽음에 벼슬(녹)을 이른 자
가 임금의 죽음을 틈타서 죽였으니 그 갚음이 가히 두렵다.

| 주석 |

① 莫見乎隱 莫見乎微 君子 戒愼乎其所不覩 恐懼乎其所不聞 :《중용(中
　庸)》에 모두 실려 있다.
② 吳起 : 전국시대 초기 위(衛)나라 사람으로 대략 기원전 440년에 태어
　나 기원전 381년에 세상을 떠났다. 그는 일찍이 노(魯)·위(魏)·초
　(楚)에서 벼슬하면서 많은 공을 세우고 남다른 업적을 남겼다. 오기
　가 살았던 시대는 중국 사회가 노예제에서 봉건제로 급변하던 격변
　기였다. 당시 제·초·연·한·조·위·진 등 제후국들은 너나 할
　것 없이 변법(變法) 혁신에 나서 부국강병을 외치며 천하를 서로 다투
　었다. 약육강식과 합병전쟁이 하루도 쉴 날이 없었다. 오기는 이런
　시대에 살았고 또 이 시기에 꽃을 피웠다. 영웅에게는 자신의 능력을

발휘할 곳이 있는 법이다.

③ 悼王 : 전국시대 초(楚)나라 제32대 왕. 기원전 402년부터 기원전 381년까지 재위했다. 말년에 오기를 등용해 정치 개혁과 부국강병에 힘썼다.

055

| 원문 |

翠鵠犀象①이 其處勢非不遠于死而竟以死者는
취 곡 서 상   기 처 세 비 불 원 우 사 이 경 이 사 자

惑于餌也요, 名賢達士②-其志謀非不足以自庇而
혹 우 이 야   명 현 달 사   기 지 모 비 부 족 이 자 비 이

竟以死者는 貪于利也니라.
경 이 사 자   탐 우 이 야

　越大夫范蠡③ 與文種④ 輔句踐⑤破吳覇東方 而范蠡送書
　월 대 부 범 여   여 문 종   보 구 천 파 오 패 동 방   이 범 여 송 서

文種曰 "狡兔死走狗烹 飛鳥盡良弓藏 敵國破謀臣亡 子今
문 종 왈   교 토 사 주 구 팽   비 조 진 양 궁 장   적 국 파 모 신 망   자 금

不去 禍必不免" 文種猶未深信. 句踐素知文種之才而破吳
불 거 화 필 불 면   문 종 유 미 심 신   구 천 소 지 문 종 지 재 이 파 오

之後 無所用之 遂賜劍 是貪利之致也.
지 후 무 소 용 지   수 사 검   시 탐 리 지 치 야

| 해역 |

　물총새나 따오기나 물소나 코끼리가 그 처한 형세가 죽음과 멀지 않는 것은 아니지만 끝내 죽게 되는 것은 먹이에 현혹이 되어서이요, 명현이나 달사가 그 뜻을 꾀함이 만족하지 않는 것은 아니지만 마침내 죽

게 되는 것은 이익을 탐해서니라.

월나라 대부 범여가 문종으로 더불어 구천을 도와 오나라를 부수고 동방의 패자가 되었다. 범여가 문종에게 글을 보내서 말하기를 '교활한 토끼가 죽으면 달리는 개를 삶아 먹고 나는 새가 다하면 좋은 활을 갈무리며 적국이 부서지면 꾀하는 신하를 없애는 것이니 자네가 지금 가지 아니하면 재앙을 반드시 면하지 못하리라' 하였는데 문종은 오히려 깊이 믿지 않았다. 구천은 평소에 문종의 재주를 알았고 오나라가 부서진 뒤라 쓸 바가 없다 하고 드디어 칼을 주었으니 이것은 이익을 탐하여 이른 것이다.

| 주석 |

① 翠鵠犀象 : 물총새. 따오기. 물소. 코끼리를 이름.

② 名賢達士 : 이름난 어진 사람과 사물에 정통한 사람을 아울러 이르는 말.

③ 范蠡(?-?) : 자가 소백(少伯)으로 춘추시대 월의 상장군(上將軍)이다. 본래는 초의 완(宛)의 삼호(三戶) 출신이다. 문종(文種)과 함께 월나라 왕 구천(句踐)을 받들었다. 구천을 춘추오패에 설 수 있게까지 기여한 공로가 가장 크다. 토사구팽(兎死狗烹)이라는 유명한 고사를 남겼다. 즉 교활한 토끼가 잡히고 나면 충실했던 사냥개도 쓸모가 없어져 잡아먹게 된다는 뜻이다.

④ 文種 : 범려와 함께 월왕 구천을 도와 구천이 오나라를 멸망시키고 중원의 패권을 잡게 한 공신이었으나 후에 구천의 의심을 받아 자결을 강요받아 죽었다. 범려는 구천에게 화를 당할 것을 알고 미리 달아나 화를 면했으나 문종은 계속 구천 곁에 남아 있다가 화를 당했다. 문종은 구천에게 오나라를 이길 수 있는 계책 일곱 가지를 권했

는데 그 내용은 다음과 같다. 첫째, 재물을 보내어 오나라의 임금과 신하들의 마음을 기쁘게 해 주는 것이며〔捐貨幣 以悅其君臣〕, 둘째, 곡식의 가격을 올려 그들의 창고를 비우게 하는 것이며〔貴糶粟槁 以 虛其積聚〕, 셋째, 아름다운 미녀를 보내어 그들의 마음과 의지를 빼 앗는 것이며〔遣美女 以惑其心志〕, 넷째, 솜씨 좋은 목공과 좋은 재목 을 보내어 그들의 궁실을 크게 짓게 하여 그 나라의 재물들을 탕진하 게 만드는 것이며〔遣之巧工良材 使作宮室 以罄其財〕, 다섯째, 아첨 을 잘하는 신하를 보내어 그들의 생각을 어지럽히는 것이며〔遣之諛 臣 以亂其謀〕, 여섯째, 직간하는 충신들을 구석으로 몰아 스스로 죽 게 만들어 그 나라의 임금을 보좌할 수 있는 인재의 벽을 얇게 만들 고〔強其諫臣使自殺 以弱其輔〕, 일곱째, 그들로 하여금 사사로이 재 물을 축적하게 하며 한편으로는 군사를 동원하여 대외원정하게 하 여 그 나라의 재정을 피폐하게 만드는 것입니다〔積財練兵 以承其 弊〕.

056

| 원문 |

以餌取魚면 魚可盡이요, 以利取人이면 人可竭이
이 이 취 어   어 가 진   이 리 취 인   인 가 갈

니 魚食其餌면 牽於緡하고 人食其利면 屈於謀니라.
어 식 기 이   견 어 민   인 식 기 리   굴 어 모

齊孟嘗君①田文 食客常數千人 其費用 貸償於薛②邑. 使
제 맹 상 군 전 문 식 객 상 수 천 인 기 비 용 대 상 어 설 읍. 사

馮驩③收債 馮驩至薛 多備牛酒. 審其貧富 不能償者 將貧
풍 환 수 채 풍 환 지 설 다 비 우 주. 심 기 빈 부 불 능 상 자 장 빈

券文燒矣 孟嘗君 被謠言④ 點歸於薛 末至薛 薛民 扶老携
권 문 소 의 맹 상 군 피 요 언   점 귀 어 설 말 지 설 설 민 부 로 휴

幼 問起居⑤ 孟嘗君 謂驩曰 "此先生所謂爲文收德也."
유 문 기 거 맹 상 군 위 환 왈   차 선 생 소 위 위 문 수 덕 야

| 해역 |

먹이로써 고기를 취하면 고기가 가히 다하는 것이요, 이익으로써 사람을 취하면 사람이 가히 다하는 것이니 고기는 그 먹이를 먹으면 낚싯줄에 끌려가고, 사람이 그 이익을 먹으면 계략에 굴복하게 되나니라.

제나라 맹상군인 전문은 식객이 항상 수천 사람이었는데 그 비용은 설읍에서 보상하게 하였다. 풍환을 시켜서 빚을 거두게 하였는데 풍환이 설읍에 이르러 소고기와 술을 많이 갖추었다. 그 가난하고 부유함을 살펴서 능히 갚지 못할 사람은 가난한 빚의 권문을 가져다가 불살라 버리니 맹상군이 뜬소문을 듣고 점검하려고 설읍으로 돌아오니 설읍에 이르기도 전에 늙은이를 붙잡고 어린이를 이끌고 옴으로 살아가는 형편을 물어보고 맹상군이 풍환에게 일러 말하기를 '이것은 선생이 이른바 권문으로 덕을 거두어서 된 것이라.' 고 하였다.

| 주석 |

① 孟嘗君 : 이름은 문(文)이고 성은 전(田) 씨다. 문(文)의 부 정곽군(靖郭君) 전영(田嬰)은 제위왕(齊威王)의 막내아들이며 제선왕(齊宣王)의 배다른 동생이다. 전영은 제위왕 때부터 조정에 나가 정사에 참여했으며 성후(成侯) 추기(鄒忌) 및 전기(田忌)와 함께 군대를 이끌고 출전하여 한나라를 구원하기 위해 위나라를 정벌했다. 성후와 전기가 제왕의 총애를 다투다가 마침내 성후가 전기를 모함했다. 전기는 두려워

하여 제나라의 변읍(邊邑)을 습격했으나 성공하지 못하고 나라 밖으로 달아났다. 위왕이 죽고 그 뒤를 이은 선왕(宣王)은 성후가 전기를 모함한 사실을 알고 그를 다시 불러들여 장군으로 삼았다. 선왕 2년 기원전 341년 전기와 손빈(孫臏), 그리고 전영이 위나라를 정벌하기 위해 출전하여 마릉(馬陵)에서 위군(魏軍)을 대파하고 위나라의 태자 신(太子申)은 포로로 잡고 대장 방연(龐涓)을 죽였다. 선왕 7년 기원전 336년 전영(田嬰)이 사자가 되어 한(韓), 위(魏) 두 나라를 차례로 방문하자 두 나라는 제나라에 복종했다. 한소후(韓昭侯), 양혜왕(梁惠王)이 제나라 땅인 동아(東阿)로 들어와 전영과 만나 회맹하고 자기 나라로 돌아갔다. 다음 해에 다시 전영과 양혜왕이 견(甄)에서 회견했다. 이 해에 양혜왕이 죽었다. 선왕 9년, 즉 기원전 334년 전영이 제나라의 상국이 되었다. 제선왕과 위양왕(魏襄王)이 서주(徐州)에서 서로 만나 서로 왕호를 칭하기로 했다. 초위왕(楚威王)이 듣고 전영에 대해 원한을 품었다. 다음 해에 초나라가 제나라를 정벌하여 서주에서 제군을 격파하고 사자를 제왕에게 보내 전영을 쫓아내라고 했다. 전영이 장축(張丑)을 세객으로 보내 초위왕을 설득하게 하자 초위왕은 생각을 바꿨다. 전영은 제나라의 상국 자리에 11년 동안 있었다. 제선왕 19년 기원전 301년 선왕이 죽고 태자 지(地)가 그 뒤를 이었다. 이가 제민왕(齊湣王)이다. 민왕 3년 기원전 298년 전영을 설(薛)에 봉했다.

② 薛 : 지금의 산동성 등현(滕縣) 남쪽.

③ 馮驩 : 중국 전국시대의 제(齊)나라 사람. 맹상군(孟嘗君)의 문객으로 있을 때 자신을 알아주지 않자 밥을 먹을 때 고기가 나오지 않고 외출할 때 수레가 없으며, 노모를 봉양할 집이 없다며 노래를 불러 한탄했더니 이를 들은 맹상군이 요구를 들어주었다. 이후 자신의 재주와 정성을 다해 맹상군을 보좌했는데, 특히 맹상군에게 빚을 진 설(薛) 땅 주민들의 채무증서를 불태워 민심을 얻게 한 고사로 유명하다. 나중에 맹상군이 제왕(齊王)의 신뢰를 잃고 봉국으로 돌아갔을

때 설 땅 주민들이 백 리나 나와 환영했다고 한다. 그가 진왕(秦王)과
제왕을 설득해 맹상군이 다시 복위하도록 했다. 그의 이야기는 자신
의 재능을 알아주지 않는 주군이나 상관에게 자신을 알아달라는 비
유로 널리 쓰인다.

④ 謠言 : 뜬소문.

⑤ 起居 : (1) 살아가는 형편. (2) 손님을 맞으러 일어남.

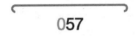

057

| 원문 |

故로 魚不食餌면 無牽緡之理요, 人不食利면 無
고 어불식이 무견민지리 인불식리 무

從人之恥也니라.
종인지치야

宋人墨翟① 雲遊②天下 不食人利故 行止自若③ 南襄水
송인묵적 운유 천하 불식인리고 행지자약 남양수

鏡④ 不應劉備⑤之請故 高吟山中.
경 불응유비 지청고 고음산중

| 해역 |

　그러므로 고기가 먹이를 먹으려 아니하면 낚싯줄에 끌릴 이유가 없
는 것이요, 사람이 이익을 먹으려 아니하면 사람을 좇는 부끄러움이 없
나니라.

　송나라 사람 묵적은 천하를 뜬구름처럼 놀면서 남의 이익을 먹지
아니하였기 때문에 행하고 그침에 태연하였고, 남양의 수경은 유비의

청함에 응하지 아니하였기 때문에 고상하게 산중에서 읊조렸다.

| 주석 |

① 墨翟 : 춘추(春秋) 말엽 전국(戰國) 초기의 송나라(지금의 허난[河南] 상치우[商丘]) 사람으로서(일설에는 노(魯)나라 즉 지금의 산둥[山東] 텅저우[滕州]이라고도 함) 묵가(墨家) 사상의 창시자이다. 그의 저서 『묵자(墨子)』는 겸애(兼愛)를 바탕으로 전쟁에 반대하고 근검절약과 현인(賢人)에 대한 존중 등을 강조했다. 또한 그는 당시에 이미 기하학과 물리학, 광학(光學) 등의 과학 분야를 개척한 것으로도 유명하며, 당시에는 유가(儒家)와 더불어 '현학(顯學)'으로 불리며 사회적인 영향력이 컸다. 그러나 그가 죽은 후 묵가 학파는 상리씨(相里氏), 상부씨(相夫氏), 등릉씨(鄧陵氏)로 구별되는 3개의 학파로 분화되었고, 한(漢)나라 이후 중앙집권적인 통일국가 체제에서 종교적 색채가 강한 묵가의 집단성을 위협 요소로 간주하여 박해하고 자체의 내분으로 인해 급격히 소멸되었다.

② 雲遊 : 뜬구름처럼 돌아다니며 놂.

③ 自若 : 큰일을 당하여도 아무렇지 않고 침착(沈着)함. 태연(泰然)함.

④ 水鏡 : 중국 삼국 시대 촉한의 유비(劉備)에게 제갈량을 천거한 사람. 영청인. 성명은 사마휘(司馬徽), 자는 덕조(德操). 성품이 청아(淸雅)하고 지인지감(知人之感)을 지녔다고 함.

⑤ 劉備 : 삼국 시대 촉한(蜀漢)의 초대 황제(재위, 221-223). 자는 현덕(玄德)이고, 묘호는 소열제(昭烈帝)며, 전한 경제(景帝)의 황자(皇子) 중산정왕(中山靖王)의 후손이다. 선주(先主)로도 불린다. 탁군(涿郡) 탁현(涿縣) 누상촌(樓桑村) 사람이다. 일찍 아버지를 여의고 짚신을 파는 등 어려운 환경에서 자랐다. 15살 때 노식(盧植)에게 사사하여, 공손찬(公孫瓚)과 교의를 맺었다. 그러나 학문을 즐겨하지 않고 호협들과

교유하는 한편, 관우(關羽), 장비(張飛)와 결의형제했다. 후한 말기 황건적(黃巾賊)의 난이 일어나자 무리를 모아 토벌에 참가하여 벼슬길에 올랐다. 그 뒤 공손찬(公孫瓚)과 도겸(陶謙), 조조(曹操), 원소(袁紹), 유표(劉表) 등에게 의탁했다. 원소(袁紹)와의 대전에서 공을 세웠다. 적벽대전(赤壁大戰) 중에 손권(孫權)과 연합하여 조조를 대파하고, 형주(荊州)에 거점을 마련했다. 건안(建安) 24년(219), 자립하여 한중왕(漢中王)이 되었다. 조비(曹丕)가 한나라를 대신한 다음 해 칭제(稱帝)하고, 국호를 한(漢), 성도(成都)를 도읍으로 삼았다. 장무(章武) 초에 군사를 이끌고 오(吳)나라를 정벌하다 이릉(夷陵) 전투에서 대패하고, 백제성(白帝城)에서 후사를 제갈량에게 맡긴 뒤 병사했다. 3년 동안 재위했다.

058

| 원문 |

人而不富則無以爲仁이요, 不施則無以合親이니
인 이 불 부 즉 무 이 위 인   불 시 즉 무 이 합 친

爲己而貪利者는 不知子孫者也니라.
위 기 이 탐 리 자   부 지 자 손 자 야

金思齋[1] 爲洪州牧時 有老嫗 子死來怨 思齋逐出. 其兄
김 사 재   위 홍 주 목 시 유 노 구 자 사 내 원 사 재 축 출 기 형

慕齋[2]聞之曰 "城主 民之父母 以解其惑 可也." 卽召郡內
모 재 문 지 왈 성 주 민 지 부 모 이 해 기 혹 가 야   즉 소 군 내

孝子一人欲殺之 閻羅王[3]恐殺孝子來謂曰 "其嫗少時 殺牛
효 자 일 인 욕 살 지 염 라 왕 공 살 효 자 래 위 왈   기 구 소 시 살 우

商奪財故 其鬼 報仇[4]也." 其嫗服罪.
상 탈 재 고 기 귀 보 구 야   기 구 복 죄

사람이 부유하지 아니하면 인을 할 수가 없는 것이요, 베풀지 아니하면 친척과 합할 수 없는 것이니 자기만을 위해서 이익을 탐하는 자는 자손을 알지 못하는 자이니라.

김사재가 홍주 목사가 되었을 때에 늙은 할미가 있어서 자식이 죽어 와서 원망을 하니 사재가 쫓아내었다. 그의 형인 모재가 듣고 말하기를 '성주는 백성의 부모이니 그 의혹을 풀어주는 것이 옳으니라.' 하였다. 바로 군내의 효자 한 사람이 죽게 생겼다고 알려주었는데 염라대왕이 효자를 죽일까 두려워하여 와서 이르기를 '그 할미가 젊었을 때에 소를 죽이고 장사에게 재물을 빼앗았기 때문에 그 귀신이 원수를 갚은 것이라' 하였다. 그 할미의 앙갚음을 하게 되었다.

| 주석 |

① 思齋 : 본관은 의성(義城). 자는 국필(國弼), 호는 사재(思齋)·은휴(恩休). 아버지는 예빈시참봉(禮賓寺參奉) 연(璉)이며, 어머니는 양천허씨(陽川許氏)로 군수 지(芝)의 딸이며, 안국(安國)의 동생이다. 김굉필(金宏弼)의 문인이다. 10세와 12세에 부모를 다 여의고, 이모부인 조유형(趙有亨)에게서 양육되었다. 1509년(중종 4)에 별시문과에 장원으로 급제하고, 1514년에 사가독서(賜暇讀書)하였으며, 이조정랑·사간·승지 등을 역임하고, 1518년 황해도관찰사가 되었다. 다음 해 기묘사화로 삭탈관직되어 고양(高陽)에 내려가 팔여거사(八餘居士)라 칭하고, 학문을 닦으며 저술과 후진교육에 전심, 많은 선비들이 문하에 모여들었다. 1537년에 복직, 다음 해 전라도관찰사가 되어 수십조에 달하는 백성을 편하게 하는 정책을 건의, 국정에 반영하게 하였으며,

그 뒤 병조참의·공조참의를 역임하고, 경상도관찰사가 되어 선정을 베풀었다. 1540년 병으로 관직을 사퇴하였다가 뒤에 예조·병조·형조의 참판을 지냈다. 성리학과 역사·의학 등에 밝았다. 문인으로는 정지운(鄭之雲) 등이 있다. 좌찬성에 추증되었으며, 장단(長湍)의 임강서원(臨江書院), 용강(龍岡)의 오산서원(鰲山書院), 고양의 문봉서원(文峰書院) 등에 제향되었다. 저서로는 시문집인『사재집』을 비롯하여,『성리대전절요(性理大全節要)』·『역대수수승통지도(歷代授受承統之圖)』·『촌가구급방(村家救急方)』·『기묘당적(己卯黨籍)』·『사재척언(思齋摭言)』·『경민편(警民篇)』등이 있다. 시호는 문목(文穆)이다.

② 慕齋 : 이름은 김안국(金安國). 본관 의성(義城). 자 국경(國卿). 호 모재(慕齋). 시호 문경(文敬). 김굉필(金宏弼)의 문인으로 사림파(士林派)의 학통을 계승하였다. 1501년(연산군 7) 생원진사시에 합격하고, 1503년 별시문과에 을과로 급제하였다. 이후 부수찬·부교리 등을 지내다가 1507년 문과중시에 병과로 급제하여 지평(持平)·장령(掌令)·대사간·공조판서 등을 거쳐, 1517년 경상도관찰사가 되었다. 이때 성리학의 실천·보급에 주력하여 각 고을의 향교(鄕校)에《소학(小學)》을 보급하고, 각종 농서와 의서(醫書)도 널리 간행하여 향촌민들을 교화시키는 데 힘을 썼다. 1519년 기묘사화가 일어나 성리학의 실천적 입장을 중시한 조광조(趙光祖) 일파가 실각하자 이에 연루되어 파직되었다. 1537년 재 등용되어 이후 예조판서·대사헌·병조판서·대제학 등의 요직을 두루 거쳤다. 천문과 병법에 대해서 해박한 지식을 가지고 있었으며, 닥나무를 이용하여 종이를 만드는 방법도 연구하였다. 성리학을 이념으로서만이 아닌 실천적 학문으로서의 의미를 중시한 학자였으나, 조광조와 같은 급격한 정치개혁에는 반대하는 입장에 있었다. 인종(仁宗)의 묘정에 배향되고, 여주(驪州) 기천서원(沂川書院), 이천(利川) 설봉서원(雪峰書院), 의성 빙계서원(氷溪書院) 등에 제향 되었다. 문집에《모재집》, 편서에《창진방(瘡疹方)》

등이 있다.

③ 閻羅王 : 죽은 사람의 왕. 염라국(幽冥界)의 통솔자. 이명(異名)은 염마(閻摩). 염가노자(閻家老子). 염마왕(閻摩王). 최초에는 베다(Veda) 신화 속에서 여동생 야미(Yami)와 쌍둥이로서 광명·녹음·잔치·가무·음악으로 가득 찬 천상낙원의 죽은 사람들의 왕이었으나 뒤에 지옥의 관념이 강하게 결부되어 무서운 죽음의 신, 지옥의 주인이라고 생각되고 그 영토도 지하(地下)로 옮겨졌다. 그는 거기서 18장관과 8만 옥졸을 거느리고 죽어서 지옥에 떨어지는 인간들의 생전의 선악을 다스려 악을 방지한다고 한다. 불교에 들어와서 발달하다가 중국에 전승되자 도교(道敎)의 사상과 섞여 10왕의 하나가 되고 한국에 전파되었다. 불교에서는 최초의 관념을 받아들여 상계의 광명 세계를 다스리는 온화한 야마천(夜摩天)과 하계인 암흑세계를 다스리는 염마왕으로 변용되었다.

④ 報仇 : 앙갚음.

059

| 원문 |

遺子千金이 不如敎一經이요, 敎子千經이 不如
유 자 천 금　　불 여 교 일 경　　　　교 자 천 경　　불 여

積陰德①也니라.
적 음 덕　야

良田萬頃② 未必子孫能盡守 積書萬卷 未必子孫能盡讀
양 전 만 경　　미 필 자 손 능 진 수　적 서 만 권　미 필 자 손 능 진 독

陰德 子孫不知而受耳. 晉將魏犨③ 每出征④ 囑其子顆錡兄
음 덕　자 손 부 지 이 수 이　진 장 위 주　매 출 정　촉 기 자 과 기 형

弟曰 "若死戰場 愛妾祖姬 善擇良配以嫁之" 及至病篤曰
제왈   약사전장 애첩조희 선택양배이가지   급지병독왈

"必以殉葬⑤ 使吾泉下有伴也." 顆 營葬其父 不以祖姬爲殉
필 이 순 장 사오천하유반야   과 영장기부 불이조희위순

錡曰 "不記父臨終⑥囑乎?" 顆曰 "父 平日分付 必嫁此女
기왈   불기부임종 촉호?   과왈   부 평일분부 필가차녀

臨終 乃昏亂之言 孝子從治命 不從亂命." 後顆 與秦將杜
임종 내혼란지언 효자종치명 부종난명.   후과 여진장두

回⑦戰 大敗入靑草坡 見一老人 靑草挽結 以攀杜回之足 活
회 전 대패입청초파 견일노인 청초만결 이반두회지족 활

捉. 是夜夢 日所見老人 乃揖曰 "吾乃祖姬之父也 感子活
착 시야몽 일소견노인 내읍왈   오내조희지부야 감자활

女之恩 結草以報.⑧"
여지은 결초이보

| 해역 |

　자식에게 일천 금을 끼쳐주는 것이 하나의 경전을 가르침만 같지 못
한 것이요, 자식에게 일천 경전을 가르치는 것이 음덕을 쌓아주는 것만
같지 못 하나니라.

　좋은 밭 만 이랑이라도 반드시 자손이 능히 다 지키지 못하는 것이
요, 책 만권을 쌓았을지라도 반드시 자손이 다 읽지 못하는 것이지만
음덕은 자손이 알지 못하게 받을 따름이다. 위나라 장군 위주는 매번
출정을 함에 그 자식이 과와 기 형제에게 부촉하여 말하기를 '만일 전
장에서 죽으면 애첩인 조희를 좋은 배필을 잘 가려서 시집을 보내라'
하였는데 병이 도타워짐에 이르러서 말하기를 '반드시 순장을 해서
내가 황천 아래에 반려가 있게 하여라.' 고 하였다. 과가 그 아버지 장
례를 다스려감에 조희를 순장하지 않으니 기가 말하기를 '아버지 임
종의 부촉을 기억하지 못합니까?' 하니 과가 말하기를 '아버지가 평

일에 반드시 이 여자를 시집보내라 분부하셨는데 마침에 이르러 이에 혼란스러운 말이라 효자는 평정의 말씀을 좇고 어지러운 명은 좇지 않는 것이라'고 하였다. 뒤에 위과가 진나라 장수 두회와 더불어 싸워 크게 패하여 청초파에 들어가니 한 노인이 푸른 풀을 가지고 당겨서 맺는 것을 보게 되었는데 두회의 발이 달라붙어 사로잡았다. 이날 밤 꿈에 낮에 본 노인이 와서 읍하고 말하기를 '나는 이에 조희의 아비이라 그대가 자식을 살려준 은혜에 감읍하여 풀을 맺어 은혜에 보답한 것이라'고 하였다.

| 주석 |

① 陰德 : 남에게 알려지지 아니하게 행하는 덕행.

② 萬頃 : 지면이나 수면(水面)이 아주 넓음을 일컫는 말.

③ 魏犨 : 춘추시대(春秋時代) 진(晉) 나라의 장수.

④ 出征 : 군대에 입대하여 정벌하러 나감. 군대가 나가서 정벌함.

⑤ 殉葬 : 순장풍습은 죽은 뒤에도 피장자(被葬者)의 평상시 생활이 재현된다는 믿음에서 나온 것으로, 왕후 또는 귀족 등이 사망했을 경우에 첩(妾)·신하·종자(從者) 등을 함께 매장하는 것이 보통이다. 이러한 풍습은 세계적으로 분포한다. 그러나 그 중심은 신분계층이 존재하는 사회, 가부장제(家父長制)가 확립된 사회, 그리고 수메르·이집트·상(商) 등과 같은 절대왕권이 확립된 초기 고대 문명 지역 및 그 영향권에 있던 지역이다. 중국에서는 상대(商代)에 다수의 청동기의 부장과 함께 순장을 동반한 묘제(墓制)가 시작된 것으로 보인다. 하남성(河南省) 안양(安陽) 부근의 무관촌(武官村) 북쪽 대묘(大墓)에서는 79체의 인골(人骨)이, 후강(後崗)의 순장갱(殉葬坑)에서는 54체의 인골이 발견되었다. 중국에서 순장이 성행했던 것은 서주(西周)까지이며, 그

이후에는 급격히 감소해 명기(明器)로 대치되는 경향을 보이고 있다.

⑥ 臨終 : (1)사람의 목숨이 끊어지려 할 때. (2)부모가 돌아갈 때에 모시고 있음.

⑦ 杜回 : 진(秦)나라 사람으로 역사(力士)였는데 진(晉)나라의 위과(魏顆)에게 잡혔다.

⑧ 結草報恩 : 풀을 묶어서 은혜를 갚는다는 의미이다. 진문공(晉文公, B.C. 636-628 재위)의 주유천하를 보필한 충신 위주(魏犨)에게는 조희(祖姬)라는 애첩이 있었는데, 평소에 틈틈이 장남 위과(魏顆)에게 자신이 죽으면 첩을 좋은 혼처로 개가시키라고 당부하였다. 그러나 임종 시 정신이 혼미해지자 정반대로 그녀를 순장(殉葬)하라고 명했는데, 위과는 부친이 생전에 정신이 맑았을 때 하던 말씀을 중시해 서모를 개가시켰다. 후에 위과가 진(秦)나라와의 전투(B.C. 593)에 출전하여 진(秦)의 용장 두회(杜回)에게 밀려 고전하고 있을 때 서모 부친의 혼령이 나타나 두회의 발을 풀로 묶어 움직이지 못하게 해 그를 손쉽게 사로잡고 대승을 거두게 도와주었다. 즉 위과가 베푼 음덕(陰德)에 감읍한 친정아버지가 혼령으로 나타나 '결초보은(結草報恩)' 한 것이다. 위과의 후손들은 이후 계속 부귀하게 되어 결국 전국 시대에 위(魏)나라의 군주가 되었다.

060

| 원문 |

丁亥^①建築에 有人이 盜材三回라 漢英이 訪得其
정해 건축   유인   도재삼회   한영   방득기

人하야 負二只械欲搬이어늘 余-往止其行謂漢英曰
인   부이지계욕반   여 왕지기행위한영왈

"若搬材則此人－不留於此地矣리니 舍之何如오"
약 반 재 즉 차 인　　불 유 어 차 지 의　　　　사 지 하 여

漢英曰"謹惟命이리다."하니 余－喜勝於不失이니라.
한 영 왈　근 유 명　　　　　　여　희 승 어 불 실

漢英 敏公長子之名. 不搬其材則隣人 不知如何.
한 영　민 공 장 자 지 명　 불 반 기 재 즉 인 인　부 지 여 하

| 해역 |

정해년에 건축을 함에 어떤 사람이 자재를 세 번 도둑질하는지라 한영이 그 사람을 찾아 얻어서 두 번 지게에 짊어지고 운반하려 하거늘 내가 가서 그런 행동을 그치게 하고 한영에게 일러 말하기를 '만일에 자재를 운반하면 이 사람이 이 땅에 머물지 못하리니 놓아주는 것이 어떠하냐?' 한영이 말하기를 '삼가 명령대로 하겠습니다.' 하니 내가 실수하지 않음에 수승한 것을 기뻐하니라.

한영은 민공 장자의 이름이다. 그 자재를 운반하지 아니하면 이웃 사람들이 어떠했는지를 알지 못한다.

| 주석 |

① 丁亥 : 1947년을 말함.

061

| 원문 |

觀朝夕之早晏하야 卜人家之興替①하고 觀善惡
관 조 석 지 조 안　　　복 인 가 지 흥 체　　　관 선 악

之優劣②하야 知其人之禍福③이니라.
지 우 열　　　지 기 인 지 화 복

宰予④畫寢 孔子曰 "朽木 不可彫也 糞土之墻 不可圬
재 여 주 침 공 자 왈　후 목 불 가 조 야　분 토 지 장 불 가 오

也." 智徐吾⑤ 問嗣於智果曰 "立瑤如何?" 果曰 "不如宵也
야　 지 서 오　 문 사 어 지 과 왈　입 요 여 하?　과 왈　불 여 소 야

瑤有五長過人 然有一短 貪殘不仁也 若立瑤 智宗必滅."
요 유 오 장 과 인　연 유 일 단　탐 잔 불 인 야　약 입 요 지 종 필 멸

徐吾 不以爲然 立瑤爲嫡. 智果曰 "吾不別族 復其趙波也"
서 오 불 이 위 연　입 요 위 적　지 과 왈　오 불 별 족 복 기 조 파 야

私謁太史 求改氏譜爲輔氏. 後趙襄子滅 智瑤 免其緣坐.⑥
사 알 태 사 구 개 씨 보 위 보 씨　후 조 양 자 멸 지 요 면 기 연 좌

| 해역 |

아침과 저녁의 이르고 늦음을 보아서 사람 집안의 일어나고 쇠퇴함
을 점치고, 선과 악의 우수하고 용렬함을 보아서 그 사람의 재앙과 복
을 아나니라.

재여가 낮에 잠을 자거늘 공자가 말씀하기를 '썩은 나무는 가히 아
로새기지 못하고 똥 흙의 담은 가히 흙손질하지 못 하나니라' 하였다.
지서오가 후사를 지과에게 물어 말하기를 '요를 세움이 어떻겠습니
까?' 과가 말하기를 '소만 같지 못하니 요는 다섯 가지 장점이 사람에
지남이 있지만 그러나 한 가지 단점이 있으니 탐욕하고 잔인함은 어질
지 못한 것이라 만일 요를 세우면 지씨의 종가가 반드시 멸할 것입니

다.' 고 하였다. 서오가 그렇지 않을 것이라 하여 요를 세워 적자로 삼았다. 지과가 말하기를 '나는 별족이 아니니 그 조파에게로 돌아가리라' 하고 사사로 태사에게 아뢰어 성씨의 족보 고치기를 구하여 보씨라 하였다. 뒤에 조양자에게 소멸이 되었지만 그는 연좌를 면하였다.

| 주석 |

① 興替=盛衰 : 성하고 쇠퇴함.

② 優劣 : 우수(優秀)함과 열등(劣等)함.

③ 禍福 : 재앙(災殃)과 복(福).

④ 宰予(B.C. 522년-B.C. 458년) : 춘추시대 말기 노(魯)나라 사람. 자는 자아(子我) 또는 재아(宰我)라 했다. 공자(孔子)의 제자로, 언어에 뛰어났다. 일찍이 제(齊)나라에서 벼슬하여 임치대부(臨淄大夫)가 되었다. 공자가 3년상을 지내도록 한 것에 대해 이의(異議)를 제기해 공자로부터 불인(不仁)하다는 비난을 들었다.

⑤ 〈명군현신론(名君賢臣論)〉에 이야기의 대체(大體)가 실려 있다. 춘추 말기부터 점점 쇠미해지기 시작한 진(晉)나라 조정은 전국 초기로 들어오면서부터 여섯 명의 세도 대신들에 의해 겨우 구 이름만을 유지해오고 있는 실정이었다. 그 뒤 여섯 대신들 중 범(范)씨와 중행(中行)씨가 망하고 네 대신들이 나라를 나누어가지고 있었으니 그들이 바로 조(趙), 위(魏), 한(韓)의 세 집안과 이 집안에 의해 망해버린 지(智)씨였다. 이들 중 세력이 가장 강력한 집안이 지씨였는데 이 집안을 망쳐버린 자가 바로 지요(智瑤)이다. 지씨만은 백작(伯爵)으로 지백(智伯)이라 불렀고 나머지는 자작(子爵)이라 불렀다. 처음 지요의 아버지 지서오(智徐吾)가 여러 아들 중 자게의 후계자를 정하기 위해 집안사람을 모아놓고 말하기를 "나는 요(瑤)를 세자로 세울까 하는데 어떻습니까?" 하고 말하였으나 다른 사람들은 아무 말이 없는데 지과(智

果)만이 요보다는 소(宵)가 낫다고 천거하였다. "소는 재주나 지혜가 요만 못하니 요를 세우는 것만 못할 것 같은데…" 하며 고집하였다. 이에 "요는 남보다 뛰어난 점이 다섯이 있으나 오직 하나만이 부족하오. 키가 크고 수염이 아름다운 것이 남보다 뛰어나고, 활을 잘 쏘는 것이 남보다 뛰어나며, 재주를 두루 가지고 있는 것이 남보다 뛰어나고, 강인하고 과감한 것이 남보다 뛰어나며, 생각이 빠르고 말재주가 있어 사람과의 변론에 능한 것이 남보다 뛰어나오. 그런데 욕심이 많고 잔인하여 남을 사랑할 줄 모르는 것이 그의 단점이요. 이 다섯 가지 뛰어난 점으로 남을 업신여기며 게다가 나쁜 마음까지 이에 곁들이면 누가 그를 용납할 수 있겠소? 만일 요가 뒤를 잇게 되면 우리 지씨 종족은 반드시 망하고 말 테니 깊이 생각하시오." 하였다. 지과의 이러한 인물평은 퍽 유명한 걸로 전해지고 있다. 착하지 못한 사람이 재주와 힘을 갖게 되면 갖은 만큼 해독이 크다는 이론이다. 서오는 지과는 충고를 받아들이지 않고 다만 자기 생각대로 후계자를 삼았다. 지과는 먼 장래를 내다보며 앞이 캄캄하였다. "내가 지씨 문중에서 떨어져 나오지 않으면 나까지 물결에 휩쓸려 함께 빠져 죽게 될 거다." 하고 그는 가만히 태사(太史)를 찾아가 성을 보 씨로 고쳐 지씨 집안에서 빠져나왔다. 훗날 지요로 인해 화를 당했을 때 지과만은 성은 바꾼 관계로 무사하였다.

⑥ 緣坐 : 부자(父子), 형제(兄弟), 숙질(叔姪)의 죄(罪)로 죄 없이 벌(罰)을 당함.

| 원문 |

天不生無祿之人이요, 地不長無名之草니 雖有
천불생무록지인　　　　지부장무명지초　　수유

困苦①나 自有幸運②이니라.
곤고　　　자유행운

姜太公③年至六十 無託身之處 寄留於義兄安氏. 而安
강태공　연지육십　무탁신지처　기유어의형안씨　이안

氏憐其孤獨 娉馬氏④以妻之. 馬氏謂太公曰 "吾天婦不能
씨연기고독　빙마씨　이처지　마씨위태공왈　오천부불능

自給 依於義兄甚爲不安 經營職業何如?" 太公似爲其然
자급　의어의형심위불안　경영직업하여　　태공사위기연

營南瓜⑤商 驚馬盡踏 與安氏 約饋午餐于鍊兵 天雨盡飫.
영남과　상　경마진답　여안씨　약궤오찬우연병　천우진어

營牛商適齊 戒令盡驅去 更欲捕牛商. 馬氏曰 "汝 無福之
영우상적제　계령진구거　갱욕포우상　마씨왈　여　무복지

人 不可以同居出家" 太公無如之何 釣魚于渭瀨十餘年 遇
인　불가이동거출가　태공무여지하　조어우위빈십여년　우

文王⑥爲師.
문왕　위사

| 해역 |

　하늘은 녹이 없는 사람을 내지 않는 것이요, 땅은 이름이 없는 풀을
자라게 않는 것이니 비록 곤궁하고 괴로움이 있으나 저절로 행운도 있
나니라.

　강태공의 나이 60에 이르도록 몸을 의탁할 곳이 없이 의형인 안씨에
게 붙여 머물렀다. 안씨가 그의 고독을 가엾게 여겨 빙씨에게 장가들게
해서 아내를 삼았다. 마씨가 태공에게 일러 말하기를 '나는 천부로 능

히 자급하지 못하고 의형에게 의지하니 심히 불안한지라 직업을 경영해 보는 것이 어떠합니까?' 하였다. 태공이 그렇게 하겠다 하고 호박장사를 경영하는데 놀란 말이 다 밟아버렸고, 안씨로 더불어 낮밥을 연병장에서 먹자고 약속하였는데 하늘이 비를 내려 물려버렸다. 소 장사를 경영하며 제나라에 갔는데 경계령이 내려 다 몰고 가버렸고 소 장사를 한다 하여 체포가 되었다. 마씨가 말하기를 '그대는 복이 없는 사람이라 가히 동거할 수 없다.' 하고 집을 나가버리니 태공은 어찌할 수가 없었다. 위수 물가에서 낚시한 지 10여 년에 문왕을 만나 스승이 되었다.

| 주석 |

① 困苦 : (처지나 형편 따위가) 고생스럽고 딱함. 곤란(困難)하고 고통(苦痛)스러움.

② 幸運 : 행복한 운수(運數). 좋은 운수.

③ 姜太公(생몰미상) : 본명은 강상(姜尚)이다. 그의 선조가 여(呂)나라에 봉하여졌으므로 여상(呂尚)이라 불렸고, 태공망이라고 불렸지만 강태공이라는 이름으로 알려져 있다. 주나라 문왕(文王)의 초빙을 받아 그의 스승이 되었고, 무왕(武王)을 도와 상(商)나라 주왕(紂王)을 멸망시켜 천하를 평정하였으며, 그 공으로 제(齊)나라 제후에 봉해져 그 시조가 되었다. 강태공은 동해(東海)에서 사는 가난한 사람이었고, 집안을 돌보지 않아 그의 아내가 집을 나갔다고 전한다. 하루는 웨이수이강[渭水]에서 낚시를 하고 있는데, 인재를 찾아 떠돌던 주나라 서백(주나라 문왕이 됨)을 만났다. 서백은 노인의 범상치 않은 모습을 보고 그와 문답을 통해 인물됨을 알아보고 주나라 재상으로 등용하였다고 전해진다. 그를 태공망이라고 불렀는데 이는 주나라 무왕의 선군인 태공(太公)이 바랐던(望) 인물이었기에 그렇게 불렀다고 전해

진다. 강태공에 대한 전기는 대부분이 전설적이지만, 전국시대부터 경제적 수완과 병법가(兵法家)로서의 그의 재주가 회자되기도 하였다. 병서(兵書)《육도(六韜)》(6권)는 그의 저서라 하며, 뒷날 그의 고사를 바탕으로 하여 한가하게 낚시하는 사람을 강태공 혹은 태공이라 하는 속어가 생겼다.

④ 娉馬氏 : 주(周)의 무왕(武王)을 도와 殷의 주왕을 몰아내는데 큰 공을 세워 후에 제(齊)나라의 왕이 된 강태공(姜太公)이 벼슬하지 아니했을 때 그의 아내 마씨(馬氏)는 남편이 학문에만 열중하고 가정을 돌보지 않는다는 이유로 집을 나가 버렸다. 그 뒤 문왕에게 등용되어 공을 세우고 제나라 왕이 되자 마씨가 강태공의 앞에 나타나 거두어 줄 것을 원했다. 그러자 물 한 동이를 길어오게 한 다음 그 물을 땅에 쏟아 담아 보라고 했으나 담지 못했다. 태공이 말하기를 "그대는 이별했다가 다시 결합할 수 있다고 생각하겠지만 이미 엎질러진 물은 다시 담을 수 없는 것이다."〈약능이갱합 복수정난수(若能離更合 覆水定難水)〉라 하고 마씨를 아내로 맞아들이지 않았다.

⑤ 南瓜 : 박과에 딸린 한해살이 덩굴 풀. 잎은 염통꼴로 다섯 갈래로 얕게 째졌으며, 암수 한그루로 여름에 노란 홑성 꽃이 피고 둥근 열매를 맺음. 잎, 어린줄기, 열매를 다 먹음. 호박.

⑥ 文王 : 주 문왕 희창(周 文王 姬昌, 기원전 12세기?-기원전 11세기?)은 기원전 12세기 중국 주나라(周)의 창건자인 무왕(武王)의 아버지이다. 성은 희(姬). 이름은 창(昌). 서백(西伯)은 그의 직위이다. 유리(羑里)라고 불리는 감옥에서 유교의 고전인 주역(周易)의 괘사(卦辭)를 지었으며, 복희 선천 팔괘를 연역(演易)하여 문왕 후천 팔괘를 지었다고 전해지나, 괘사나 효사는 점(占)의 전문가들 사이에서 생겨 고정된 것으로, 후대에 문왕을 찬미하기 위한 서술로 지적된다. 오늘날에는 주역이 기원전 403년 이후 사이에 체제가 갖추어진 것으로 보고, 문왕, 주공, 공자가 주역을 나누어지었다는 설은 근거가 부족하다고 보고 있다.

| 원문 |

富友는 雖過門而稱忙하고 貧友는 雖疎遠①而相
부우 수과문이칭망 빈우 수소원 이상

訪이니 故로 曰 "貧能愛人호대 富難愛人이니라."
방 고 왈 빈능애인 부난애인

蘇東坡②曰 "富不親兮貧不疎 此是人間大丈夫 富則進
소동파 왈 부불친혜빈불소 차시인간대장부 부즉진

兮貧則退 此是人間宵小輩③"
혜빈즉퇴 차시인간소소배

| 해역 |

　부자의 친우는 비록 문을 지나면서 바쁘다 일컫고, 가난한 벗은 비록 소원하지만 서로 찾는 것이니, 그러므로 말하기를 '가난하면 능히 사람을 사랑하되 부유하면 사람을 사랑하기 어렵나니라.' 하니라.

　소동파가 말하기를 '부유하다고 친하지 않으며, 가난하다고 성글지 않음은 이것이 인간에서 대장부이요, 부유하면 나아가고 가난하다고 물러남은 이것이 사람 중에서 소갈머리가 좁은 무리이라.' 고 하였다.

| 주석 |

①疎遠 : (1) 지내는 사이가 두텁지 않고 버성김. (2) 서먹서먹함.

②蘇東坡 : 1037년 1월 8일 지금의 쓰촨성[四川省] 메이산[眉山]에서 당송 팔대가의 한 사람인 소순(蘇洵)의 아들로 태어났다. 그는 본명이 식(軾)이고 호가 동파인데 본명보다는 호로 더 잘 알려져 있다. 스물두 살 되던 해인 1057년에 진사 시험에 합격했지만 거기서 만족하지 않

고 공부를 계속하여 스물여섯 살 되던 해인 1061년에는 제과(制科)에
합격했다. 그러나 신법파의 모함으로 그의 관직생활은 고단하기 짝
이 없었다. 그는 일생의 대부분을 유배생활과 각지의 지방관 생활로
보내다가 1101년 7월 28일 딴쪼우에서 돌아오는 도중에 얻은 병으
로 끝내 세상을 떠나고 말았다. 향년 예순여섯 살이었다. 그는 사상
의 폭이 매우 넓어서 유가사상을 근간으로 했지만 도가사상(道家思
想)과 불가사상(佛家思想)에도 심취해 있었다. 유가사상은 그로 하여
금 끝까지 관직을 지키며 지식인으로서의 사명을 다하게 하는 원동
력이 되었고 도가사상과 불가사상은 곤경에 처할 때마다 쓰러지지
않도록 그를 붙잡아주는 버팀목이 되었다. 그리고 이러한 그의 폭넓
은 사상은 다양한 작풍을 형성하는 토대가 되었다.

③ 宵小輩 : 간사(奸邪)스럽고 소갈머리가 좁은 못된 무리.

064

| 원문 |

見己生者는 愼將生하며 惡其跡者는 須避之니 能
견 이 생 자   신 장 생   오 기 적 자   수 피 지   능
有其有者는 仁也요 貪人之有者는 殘也니라.
유 기 유 자   인 야   탐 인 지 유 자   잔 야

以己生之事 察將來也. 有吾之有則心逸而身安 貪人之
이 이 생 지 사 찰 장 래 야   유 오 지 유 즉 심 일 이 신 안   탐 인 지
有則人不甘①也.
유 즉 인 불 감   야

이미 생을 본 사람은 장래의 삶을 삼가며 그 자취를 미워하는 자는 모름지기 피하나니 능히 그 있는 것을 넉넉히 여김은 어짊이요, 사람의 있는 것을 탐하는 것은 잔혹이니라.

이미 살아간다는 일은 장래를 살피는 것이다. 나의 있는 것을 넉넉하게 여기면 마음이 편안하고 몸이 편안하며, 사람의 있는 것을 탐하면 사람들이 달갑게 여기지 않는다.

| 주석 |

① 不甘 : 달갑게 여기지 않는다. 달가워하지 않는다.

065

| 원문 |

尊卑^①-相上下하고 利害^②-相反覆^③이니 能爲謙
존비   상상하   이해   상반복   능위겸
讓^④을 謂之聖人^⑤이니라.
양   위지성인

我尊人卑 人尊我卑 是曰相上下 我利人害 人利我害 是
아존인비 인존아비 시왈상상하 아리인해 인리아해 시
曰相反覆.
왈상반복

높고 낮음이 서로 위와 아래 되고, 이로움과 해로움이 서로 반복하는 것이니 능히 겸양하는 것을 일러서 성인이라 하니라.

나는 높고 남은 낮으며, 남은 높고 나는 낮음, 이것을 서로 위와 아래라 말하는 것이요, 나는 이롭고 남은 해로우며 남은 이롭고 나는 해로운, 이것을 서로 반복이라 말하는 것이다.

| 주석 |

① 尊卑 : 〔지위(地位) · 신분(身分) 따위의〕 높음과 낮음.
② 利害 : 이익(利益)과 손해(損害).
③ 反復 : (1) (줏대가 없이) 언행을 늘 이랬다저랬다 하여 자꾸 고침. (2) 먼저 상태로 도로 되돌림.
④ 謙讓 : 겸손한 태도로 사양함.
⑤ 聖人 : 사리(事理)에 통달하고 덕과 지혜(智慧)가 뛰어나 길이길이 우러러 받들어지고 만인의 스승이 될 만한 사람을 일컫는 말.

066

| 원문 |

山清無獸이요 水清無魚이요, 人清無徒이니 居處
산 청 무 수　　　수 청 무 어　　　　인 청 무 도　　　거 처

衣食을 不可奢侈也니라.
의 식　　불 가 사 치　　야

凡治産②之要 淨潔勤儉③ 若過其分則不免流離④
범 치 산 지 요 정 결 근 검   약 과 기 분 즉 불 면 유 리

| 해역 |

산이 맑으면 짐승이 없는 것이요 물이 맑으면 고기가 없는 것이요, 사람이 맑으면 무리가 없는 것이니 거처와 옷과 음식을 가히 사치하지 않아야 하나니라.

무릇 살림을 다스리는 요점은 정결과 근검이니 만일 그 부분을 지나치면 유리됨을 면하지 못한다.

| 주석 |

① 奢侈 : 필요 이상으로 돈이나 물건을 씀.
② 治産 : (1) 생활의 수단을 세움. 가업에 힘씀. (2) 재산을 관리 · 처분함.
③ 勤儉 : 부지런하고 검소함.
④ 流離 : (1) 정처 없이 떠도는 것. (2) 유리표박(流離漂泊)의 준말.

067

| 원문 |

故로 君子①는 衣不重采하며 食不加肉이니라.
고   군 자   의 부 중 채   식 불 가 육

一采之衣 能裝其身而重采 未足尤光 一肉之味 能悅其
일 채 지 의 능 장 기 신 이 중 채 미 족 우 광 일 육 지 미 능 열 기

□而加肉 未足尤貴也.
구 이 가 육 미 족 우 귀 야

| 해역 |

그러므로 군자는 옷에 채색을 중요하게 여기지 않으며 먹는 것에 고
기를 더하지 않나니라.

한번 채색의 옷은 능히 그 몸을 꾸미려고 채색을 중요하게 여기지
만 족히 더욱 빛이 나는 것이 아니요, 한번 고기의 맛은 능히 그 입을
기쁘게 하려고 고기를 더하는 것이지만 족히 더욱 귀한 것은 아니다.

| 주석 |

① 君子 : (1) 학식과 덕행이 높은 사람. (2) 벼슬이 높은 사람.

0068

| 원문 |

人無經歷智不明이요, 謀惟求舊器取新이니 秤錘①
인 무 경 력 지 불 명   모 유 구 구 기 취 신   칭 추

雖小壓千鈞②이요, 舟槳③雖長終水沒이니.
수 소 압 천 균   주 장 수 장 종 수 몰

周文王之姜太公 秦穆公④之百里奚⑤ 是求舊也. 趙大夫
주 문 왕 지 강 태 공 진 목 공 지 백 리 해 시 구 구 야 조 대 부

藺相如⑥ 無縛鷄之力 觀秦君臣如草芥⑦ 吳公子慶忌⑧ 筋骨⑨
인 상 여 무 박 계 지 력 처 진 군 신 여 초 개 오 공 자 경 기 근 골

如鐵 步擊猛虎 終死於一臂之人要離⑩之手.
여 철 보 격 맹 호 종 사 어 일 비 지 인 요 리 지 수

사람이 경력이 없으면 지혜가 밝지 않는 것이요, 계획은 오래도록 구하기를 생각했고 그릇은 새것을 취하나니 저울추가 비록 작으나 천균을 누르는 것이요, 배의 상앗대가 비록 길지만 마침내 물에 빠지나니라.

주나라 문왕의 강태공과 진나라 목공의 백리해가 이에 오래도록 구한 것이라. 조나라 대부인 인상여는 닭을 묶을 힘이 없지만 진나라 군신을 초개같이 보았고, 오나라 공자 경기는 근골이 쇠와 같아서 걸어가 사나운 호랑이를 공격하였지만 마침내 한 팔뚝의 사람인 요리의 손에 죽었다.

| 주석 |

① 秤錘 : 저울 추(저울대 한쪽에 걸거나 저울판에 올려놓는, 일정한 무게의 쇠).

② 千鈞 : 매우 무거운 무게 또는 그런 물건을 비유적으로 이르는 말. '균'은 예전에 무게의 단위로 1균은 30근이다.

③ 檣(상앗대 장) : (1) 상앗대(물가에서 배를 떼거나 언덕에 댈 때 배를 미는 장대). (2) 작은 노. (3) 돛대.

④ 秦穆公(B.C. 682년-B.C. 621년) : 진(秦)나라의 14대 군주로 본명은 임호(任好). 진나라의 진흥의 터전을 마련한 영명한 군주로 공자 칩ㆍ백리해ㆍ건숙ㆍ서걸술(西乞術)ㆍ건병(蹇丙, 건숙의 아들)ㆍ공손지ㆍ요여 등 내로라하는 현신, 책사들의 보필을 받아 서융[西戎, 서방 이족(異族)에 대한 통칭] 지역의 많은 부락들을 정벌해 진나라의 영토와 영민(領民)을 대폭 증가시킴으로써 진을 무시 못 할 서방 강국으로 융성시켰음. 이 때문에 진목공을 춘추오패에 포함시키는 이도 있는데, 오패(五覇)로까지 간주하지는 못하더라도 서융의 패자(覇者)였던 점은 확실함. 진(晉) 공자 이오(夷吾)를 진혜공(晉惠公, B.C. 650-638 재위)으로

세우는 데 적잖은 원조를 했으나 진혜공이 즉위 후 이전의 약조들을
번번이 어기고 신의 없는 정치를 일삼자 대노하여 진나라를 공격해
진혜공을 포획했음. 부인 목희(穆姬)의 탄원과 다수 신하들의 충간으
로 진혜공을 석방해주었으나 진혜공이 석방된 후 곧 사망하자 진혜
공의 이복형인 중이(重耳)를 사위로 삼아 그가 귀국해 진문공(晉文公)
으로 즉위할 수 있도록 온갖 지원을 아끼지 않았음.

⑤ 白里奚 : 춘추 시대 때 사람. 자는 정백(井伯)이고, 우(虞)나라 출신이
다. 백리씨(百里氏)로도 불린다. 일설에는 성이 백(百)씨고, 이름은 해
(奚)며, 자가 리(里)라고도 한다. 또는 자가 정백(井伯)이라고도 한다.
우나라의 대부(大夫)로 있다가 진헌공(晉獻公)이 우나라를 멸망시키
자 포로가 진나라에 들어왔다. 진나라가 목희(穆姬)를 진(秦)나라에
시집보낼 때 배신(陪臣)으로 따라갔다가 초(楚)나라 완(宛) 땅으로 달
아났다는데 초나라 사람에게 잡혔다. 진목공(秦穆公)이 소식을 듣고
오고양피(五羖羊皮, 검은 양 다섯 마리의 가죽)을 주고 사와 국정을 맡겼
다. 이로 인해 '오고대부(五羖大夫)'로도 불린다. 이때 그의 나이 일
흔이었다. 건숙(蹇叔)을 목공에게 추천하고, 유여(由餘) 등과 함께 목
공의 패업 성취를 도왔다. 일설에는 우공(虞公)이 간언을 듣지 않자
진(秦)나라로 갔다고도 하며, 본래 초나라 비인(鄙人)인데 진목공이
현명하다는 말을 듣고 자신을 진나라에 팔아 소를 키우다가 목공의
눈에 띄었다고도 한다.

⑥ 藺相如 : 전국 시대 조(趙)나라 사람. 원해 조나라의 환자(宦者) 영무현
(令繆賢)의 사인(舍人)이었다. 혜문왕(惠文王) 때 진소왕(秦昭王)이 유명
한 구슬인 화씨벽(和氏璧)을 가지고 진나라의 성 15개와 바꾸자고 요
구해 왔다. 이때 영무현의 천거로 왕명을 받들고 진나라에 사신으로
가서 기지를 발휘하여 구슬과 함께 무사하게 돌아왔다. 이 공으로 상
대부(上大夫)가 되었다. 혜문왕 20년 진나라의 왕과 조나라의 왕이 민
지(澠池)에서 회담하는 자리에서 조나라 왕이 수모를 당하지 않도록

한 공으로 상경(相卿)의 지위에 올랐는데, 장군 염파(廉頗)보다 높은
지위였다. 염파가 이를 모욕이라 여겨 단단히 별렀는데, 이를 안 그
가 염파를 피했다. 조나라의 안전을 위해 그랬다는 사실을 안 염파가
자신의 잘못을 뉘우치고 사죄하여 문경지교(刎頸之交)를 맺었다.

⑦ 草芥 : 풀과 티끌이라는 뜻으로, 하찮은 사물(事物)을 이르는 말.

⑧ 慶忌 : 오나라 공자의 이름.

⑨ 筋骨 : (1) 근육과 뼈. (2) 체력(體力). 신체.

⑩ 要離 : 오(吳)나라의 협객(俠客). 오자서(伍子胥)의 천거로 오왕 합려(闔
閭)의 신하가 된 뒤 합려의 최대 우환이자 정적(政敵)인 공자 경기를
죽이기 위해 계략으로 자신의 처자를 죽이고 경기에게 접근하여 목
적을 달성했음. 목적을 위해서는 수단을 가릴 줄 모르며 더구나 가족
에 대한 최소한의 도리까지도 돌아보지 못했기 때문에 어리석은 용
협(勇俠)의 전형으로 꼽힌다.

069

| 원문 |

莫恃其强하라 弱亦有助이요, 莫驕其權하라 賤亦
막 시 기 강   약 역 유 조   막 교 기 권   천 역
有友니라.
유 우

忠勇將金德齡① 可謂萬古名將. 而都制察使尹根壽②之
충 용 장 김 덕 령   가 위 만 고 명 장   이 도 제 찰 사 윤 근 수   지
奴長釗. 在軍根壽 請還不送 上京時率去德齡 怒殺長釗之
노 장 쇠   재 군 근 수   청 환 불 송   상 경 시 솔 거 덕 령   노 살 장 쇠 지
父矣. 李夢鶴③ 鴻山作名簿 德齡之名在其中 滿朝知其虛
부 의   이 몽 학   홍 산 작 명 부   덕 령 지 명 재 기 중   만 조 지 기 허

僞. 但根壽 以長釗之嫌 打殺之.
위 단 근 수 이 장 쇠 지 혐 타 살 지

| 해역 |

그 강함을 믿지 말라 약해도 또한 도움이 있는 것이요, 그 권력에 교만하지 말라 천해도 또한 벗이 있나니라.

충용장인 김덕령은 가히 만고의 명장이라 이른다. 그런데 도제찰사인 윤근수의 노비가 군대에 있었다. 근수가 돌려보내기를 청했지만 보내지 않다가 상경할 때에 거느리고 가다 성질이 나서 장쇠의 아버지를 죽였다. 이몽학이 홍산에서 명부를 작성했는데 덕령의 이름이 그 가운데 있었으나 온 조정이 그것이 허위임을 알았다. 다만 근수는 장쇠의 혐의스러움으로 때려서 죽였다.

| 주석 |

① 金德齡(1567-1596) : 본관은 광산. 자는 경수. 아버지는 붕섭(鵬燮)이다. 형 덕홍(德弘)과 함께 성혼(成渾)의 문하에서 공부했다. 1592년(선조 25) 임진왜란이 일어나자 형과 함께 의병을 일으켰다. 고경명과 연합하여 전라도로 침입하는 왜적을 물리치기 위해 전주에 이르렀다가 어머니를 공양하라는 형의 권유에 따라 귀향했다. 1593년 다시 담양에서 의병을 일으켜 세력을 떨쳤다. 1594년 전주에 있던 세자 광해군으로부터 호익장군의 호를 받고, 이어서 선조로부터 초승장군(超乘將軍)의 군호를 받았다. 그 뒤 남원에 머물다가 진주로 옮겼는데 조정에서 의병을 통합하여 충용군에 속하도록 하여 곽재우와 함께 권율의 휘하에서 영남 서부지역의 방어 임무를 맡았다. 곽재우와 협력하여 수차에 걸쳐 적의 대군을 무찔렀고, 1595년에는 고성에 상

류하려는 일본군을 기습하여 격퇴시켰다. 1596년 도체찰사 윤근수 (尹根壽)의 노속(奴屬)을 장살(杖殺)하여 투옥되었으나 왕명으로 석방 되었다. 그해 다시 의병을 모집하여 반란을 일으킨 이몽학(李夢鶴)을 토벌하려 했으나 오히려 이몽학과 내통했다는 충청도순찰사 종사관 신경행(辛景行)의 무고로 서울에 압송되어 옥사했다. 작은 체구에도 불구하고 민첩하며 신용(神勇)이 있었다고 하여 용력에 대한 전설적 인 이야기가 많다. 1661년(현종 2) 신원(伸寃)되었다. 1668년 병조참 의에 추증되었으며, 1681년 병조판서가 더해졌다. 광주 벽진서원(碧 津書院)에 제향 되었는데, 의열사(義烈祠)로 사액되었다. 시호는 충장 이다.

② 尹根壽(1537년-1616년 8월 17일) : 조선시대 중기의 문신(文臣)·시 인·화가이며, 서인(西人)의 일원이다. 본관은 해평(海平), 자는 자고 (子固), 호는 월정(月汀)·외암(畏菴), 시호는 문정(文貞)이다. 영의정 윤두수의 동생이다. 1558년 과거 급제 후 승정원 주서, 춘추관 기사 관, 연천 군수 등을 지내다가 1563년 이량의 탄핵을 받고 파직되었 으나 이듬해 윤원형, 심통원 등의 상소로 복직되었다. 그 뒤 명종실 록 편찬에 참여하였고, 1575년의 을해당론으로 동인, 서인으로 분당 될 때 이황에게서 수학한 동문들을 따르지 않고 서인(西人)이 되었 다. 1589년 공조 참판으로 종계변무사에 임명되어 명나라에 파견, 명나라 공식 기록인 대명회통의 이인임의 아들로 된 이성계의 가계 를 이자춘의 아들로 수정하게 하는 데 성공, 1590년 종계변무의 공 으로 광국공신(光國功臣) 1등관에 녹훈되고 해평부원군(海平府院君)으 로 봉해졌고, 1606년 선조가 죽자 왕의 묘호를 조(祖)로 칭할 것을 주 장하여 이를 실현시켰다. 1604년에는 임진왜란 때 선조를 호종한 공 로로 호성공신(扈聖功臣) 2등관에 책록되었다. 사후 의정부 영의정에 추증되었다. 임진왜란 때의 장군 원균의 인척이기도 하다. 당색으로 는 서인이며, 서인 중 몇 안 되는 이황학파 사람이었다. 김덕수(金德

秀), 이황(李滉)의 문인이다.

③ 李夢鶴(~1596) : 본관은 전주(全州). 왕족의 서얼 출신으로 서울에 살았으나, 성품이 불량하고 행실이 좋지 않으므로 그 아버지에게 쫓겨나서 충청도·전라도 사이를 전전하였다. 임진왜란 중에 장교(將校)가 되었다가, 국사가 어지러움을 보고 모속관(募粟官 : 식량을 모으는 임무를 맡은 관리) 한현(韓絢) 등과 함께 홍산(鴻山) 무량사(無量寺)에서 모의를 하고 의병을 가장하여 조련을 실시하였으며, 동갑회(同甲會)라는 비밀결사를 조직하여 친목회를 가장, 반란군 규합에 열중하였다. 한현은 어사 이시발(李時發) 휘하에서 호서(湖西)의 조련을 관리하라는 시발의 명을 받았으나, 민심이 이반되고 방비가 없음을 알아채고 이몽학과 함께 거사할 것을 꾀하였다. 김경창(金慶昌)·이구(李龜)·장후재(張後載), 사노(私奴) 팽종(彭從), 승려 능운(凌雲) 등과 함께 승속군(僧俗軍) 600~700명을 거느리고 홍산 쌍방축(雙防築)에 모였다. 1596년(선조 29) 7월 일당이 야음을 틈타 홍산현을 습격하여 이를 함락하고, 이어 임천군(林川郡)·정산현(定山縣)·청양현(靑陽縣)·대흥현(大興縣)을 함락한 뒤 그 여세를 몰아 홍주성(洪州城)에 돌입하였다. 그러나 목사 홍가신(洪可臣), 무장 박명현(朴名賢)·임득의(林得義) 등의 훌륭한 방어와 반란군 가운데 이탈하여 관군과 내응하는 자가 속출, 반란군의 전세가 불리하게 되자 그의 부하 김경창·임억명(林億命)·태근(太斤) 3인에 의하여 피살되었다.

제3편

군자의
사귐

君
子
之
交

군자지교君子之交

070

| 원문 |

官危於宦成^①하며 責生於熟親^②이니 相救는 難하고 報嫌은 易라 與其熟親而惹其嫌으로 初若泛交而避其責이니라.

若非君子 宦成而驕生 熟親而責生. 責其過則嫌生 長其驕則積惡.^③ 積惡而不亡 嫌生而不報者.

| 해역 |

　관은 벼슬로 출세함에서 위태로워지고 꾸짖음은 오래 사귐에서 나오는 것이니 서로 구원하기는 어렵고 혐의를 판가름함은 쉬운 것이라 그 오래 사귐으로 함께하기보다는 그 혐의를 끌어낼지니 처음부터 널리 사귀면 그 꾸짖음을 피하게 되나니라.

　만일 군자가 아니라면 벼슬을 이룸에 교만이 생기고 오래 사귐에

책무가 생긴다. 그 허물을 꾸짖으면 혐의가 생기고 그 교만이 길어지면 악이 쌓인다. 악이 쌓이면 없애지 못하고 혐의가 생기면 판가름하지 못한다.

| 주석 |

① 宦成 : 벼슬하여 출세함.

② 熟親 : (1) 오래 사귀어 아주 가까움. (2) 서로 오래 사귀어 사이가 아주 가깝다.

③ 積惡 : 못된 일을 많이 하여 죄악(罪惡)을 쌓음.

071

| 원문 |

故로 君子之交는 淡如水하고 小人之交는 甘若蜜
고   군자지교   담여수   소인지교   감약밀
이니라.

君子 不道非禮①之言故 相對如瓶 小人 不擇善惡之事故
군자 부도비례 지언고 상대여병 소인 불택선악지사고
談笑自若.② 蓋泛交之地 無責善③之人.
담소자약   개범교지지 무책선 지인

| 해역 |

그러므로 군자의 사귐은 맑기가 물과 같은 것이요, 소인의 사귐은 달기가 꿀과 같나니라.

군자는 예가 아닌 말을 이르지 않음으로 상대하기가 떡과 같고, 소인은 선악의 사태를 가리지 않음으로 말하고 웃음이 아무렇지 않다. 대개 널리 사귀는 처지라면 책선하는 사람은 없다.

| 주석 |

① 非禮 : 예의가 아님. 또는, 예의에 어긋남.

② 自若 : 큰일을 당하여도 아무렇지 않고 침착함. 태연함.

③ 責善 : 친구 사이에 옳은 일을 하도록 서로 권함.

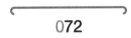

072

| 원문 |

君子-居其室出其言이라, 千里之外-應之故로
군자 거기실출기언 천리지외 응지고

默念而言하고 默思而動이니라.
묵념이언 묵사이동

默者 沈潛①也. 柳西厓② 將赴皇后病 問議於其兄謙菴③
묵자 침잠야 유서애 장부황후병 문의어기형겸암

無一言寒溫 但吟 "雪墮吟脣詩欲凍④" 之句而已. 西厓 想
무일언한온 단음 설타음순시욕동 지구이이 서애 상

爲無愛矣. 旅宿之夜 燭滅復明而一人立曰 "吾以詩不得配
위무애의 여숙지야 촉멸부명이일인입왈 오이시부득배

句 死作怨鬼 請先生敎之." 西厓曰 "其詩何如?" 鬼曰 "梅
구 사작원귀 청선생교지 서애왈 기시하여 귀왈 매

飄歌扇曲生香." 西涯 想起其兄之吟曰 "雪墮吟脣詩欲凍
표가선곡생향 서애 상기기형지음왈 설타음순시욕동

可也.”其鬼 大悅曰 “誠解吾怨也.” 遂敎往返處事 其兄 作
가야 기귀 대열왈 성해오원야 수교왕반처사 기형 작

詩以待則豫知而不言 其沈潛之義 萬古一人也.
시이대즉예지이불언 기침잠지의 만고일인야

| 해역 |

군자가 그 집에 살며 그 말이 나가는 것이라, 천 리의 밖에서 응하기 때문에 묵묵히 생각하여 말하고 묵묵히 사색하여 움직일지니라.

묵묵함이란 침잠하는 것이다. 유서애가 장차 황후의 병문안을 가면서 그 형에게 물어 의론하니 묵암이 한마디 말의 차갑고 더움이 없이 다만 읊조리기를 '눈송이 읊조리는 입술에 떨어지니 시가 얼었어라.'는 글귀뿐이었다. 서애는 사랑함이 없나 보다고 생각하였다. 여관에서 자는데 밤에 촛불이 소멸하고 다시 밝히려는데 한 사람이 서서 말하기를 '내가 시의 짝귀를 얻지 못하고 죽어서 원귀가 되었는데 선생에게 가르쳐주기를 청합니다.' 하였다. 서애가 말하기를 '그 시가 무엇인가?' 귀신이 말하기를 '매화가 노래하는 부채에 나부끼니 곡조에 향기가 나네.' 라 하였다. 서애가 그 형의 읊조림을 상기하여 '"눈송이 읊조리는 입술에 떨어지니 시가 얼었어라"함이 가하리라.' 하였다. 그 귀신이 크게 기뻐하며 말하기를 '진실로 나의 원한이 풀리었다.' 하였다. 드디어 가고 오며 처사하는 것을 가르치는데 그 형은 시를 지어 대할 것을 미리 알고 말은 아니 하였으니 그 침잠의 뜻이 만고에 한사람이다.

| 주석 |

① 沈潛 : 성정이 가라앉아서 겉으로 드러나지 않음.

② 西厓 柳成龍(1542[중종 37]~1607[선조 40]). 조선 중기의 문신이다. 본관은 풍산(豊山). 자는 이현(而見), 호는 서애(西厓). 의성 출생. 자온(子溫)의 증손으로, 할아버지는 공작(公綽)이고, 아버지는 황해도관찰사 중영(仲郢)이며, 어머니는 진사 김광수(金光粹)의 딸이다. 이황(李滉)의 문인이다. 김성일(金誠一)과 동문수학했으며 서로 친분이 두터웠다. 1564년(명종 19) 생원·진사가 되고, 다음 해 성균관에 들어가 수학한 다음, 1566년 별시 문과에 병과로 급제해 승문원권지부정자가 되었다. 이듬해 정자를 거쳐 예문관검열로 춘추관기사관을 겸직하였다. 1568년(선조 1) 대교, 다음 해 전적·공조좌랑을 거쳐 감찰로서 성절사(聖節使)의 서장관(書狀官)이 되어 명나라에 갔다가 이듬해 돌아왔다. 이어 부수찬·지제교로 경연검토관(經筵檢討官)·춘추관기사관을 겸한 뒤, 수찬에 제수되어 사가독서(賜暇讀書)를 하였다. 그 뒤 정언(正言)·병조좌랑·이조좌랑·부교리·이조정랑·교리·전한·장령·부응교·검상·사인·응교 등을 역임한 뒤, 1578년 사간이 되었다. 이듬해 직제학·동부승지·지제교로 경연참찬관(經筵參贊官)·춘추관수찬을 겸하고, 이어 이조참의를 거쳐 1580년 부제학에 올랐다. 1582년 대사간·우부승지·도승지를 거쳐 대사헌에 승진해 왕명을 받고 〈황화집서(皇華集序)〉를 지어 올렸다. 1583년 다시 부제학이 되어 〈비변오책(備邊五策)〉을 지어 올렸다. 그해 함경도관찰사에 특별히 임명되었으나 어머니의 병으로 사양하고 나가지 않았다. 이어 대사성에 임명되었으나 역시 사양하고 부임하지 않다가 경상도관찰사에 임명되었다. 다음 해 예조판서로 동지경연춘추관사(同知經筵春秋館事)·제학을 겸했으며, 1585년 왕명으로 〈정충록발(精忠錄跋)〉을 지었고, 다음 해 《포은집(圃隱集)》을 교정하였다. 1588년 양관대제학에 올랐으며, 다음 해 대사헌·병조판서·지중추부사를 역임하고 왕명을 받아 〈효경대의발(孝經大義跋)〉을 지어 바쳤다. 이해 정여립(鄭汝立)의 모반사건으로 기축옥사가 있자 여러 차례 벼슬

을 사직했으나 왕이 허락하지 않자 소(疏)를 올려 스스로 탄핵하였다. 1590년 우의정에 승진, 광국공신(光國功臣) 3등에 녹훈되고 풍원부원군(豊原府院君)에 봉해졌다. 이 해 정여립의 모반사건에 관련되어 죽게 된 최영경(崔永慶)을 구제하려는 소를 초안했으나 올리지 못하였다. 1591년 우의정으로 이조판서를 겸하고 이어 좌의정에 승진해 역시 이조판서를 겸하였다. 이 해 건저문제(建儲問題)로 서인 정철(鄭澈)의 처벌이 논의될 때 동인의 온건파인 남인(南人)에 속해 같은 동인의 강경파인 북인(北人)의 이산해(李山海)와 대립하였다. 왜란이 있을 것에 대비해 형조정랑 권율(權慄)과 정읍현감 이순신(李舜臣)을 각각 의주목사와 전라도좌수사에 천거하였다. 그리고 경상우병사 조대곤(曺大坤)을 이일(李鎰)로 교체하도록 요청하는 한편, 진관법(鎭管法)을 예전대로 고칠 것을 청하였다. 1592년 3월에 일본 사신이 우리 경내에 이르자, 선위사(宣慰使)를 보내도록 청했으나 허락하지 않아 일본 사신이 그대로 돌아갔다. 그해 4월에 판윤 신립(申砬)과 군사(軍事)에 관해 논의하며 일본의 침입에 따른 대책을 강구하였다. 1592년 4월 13일 일본이 대거 침입하자 병조판서를 겸하고 도체찰사로 군무(軍務)를 총괄하였다. 이어 영의정이 되어 왕을 호종(扈從), 평양에 이르러 나라를 그르쳤다는 반대파의 탄핵을 받고 면직되었다. 의주에 이르러 평안도도체찰사가 되고, 이듬해 명나라의 장수 이여송(李如松)과 함께 평양성을 수복, 그 뒤 충청·경상·전라 3도의 도체찰사가 되어 파주까지 진격하였다. 이 해 다시 영의정에 올라 4도의 도체찰사를 겸해 군사를 총지휘했으며, 이여송이 벽제관(碧蹄館)에서 대패해 서로(西路)로 퇴각하는 것을 극구 만류했으나 뜻을 이루지 못하였다. 그리하여 권율과 이빈(李薲)으로 하여금 파주산성을 지키게 하고 제장(諸將)에게 방략을 주어 요해(要害)를 나누어 지키도록 하였다. 그해 4월 이여송이 일본과 화의하려 하자 그에게 글을 보내 화의를 논한다는 것은 나쁜 계획임을 역설하였다. 또 군대 양성과 함께 절강기계(浙江器械)를 본떠 화포 등 각종 무기의 제조 및 성곽의 수축을 건의해 군비 확충에 노력하였다. 그리고 소금을 만들어 굶주리는 백성을 진휼할 것을 요청하였다. 10월 선조를 호위하고 서울에 돌아와서 훈련도감의 설치를 요청했으며, 변응성(邊應星)을 경기좌방어사로 삼아 용진(龍津)에 주둔시켜 반적(叛賊)들의 내통을 차단시킬 것을 주장하였다. 1594년 훈련도감이 설치되자 제조(提調)가 되어 《기효신서(紀效新書)》를 강해(講解)하였다. 또, 호서의 사사위전(寺社位田)을 훈련도감에 소속시켜 군량미를 보충하고 조령(鳥嶺)에 관둔전(官屯田)을 설치할 것을 요청하는 등 명나라와 일본과의 화의가 진행되는 기간에도 군비 보완을 위해 계속 노력하였다. 1598년 명나라 경략(經略) 정응태(丁應泰)가 조선이 일본과 연합해 명나라를 공격하려 한다고 본국에 무고한 사건이 일어났다. 이에 이 사건의 진상을 변명하러 가지 않는다는 북인들의 탄핵으로 관작을 삭탈 당했다가 1600년에 복관되었으나 다시 벼슬을 하지 않고 은거하였다. 1604년 호성공신(扈聖功臣) 2등에 책록되고 다시 풍원 부원군에 봉해졌다. 도학(道學)·문장(文章)·덕행(德行)·글씨로 이름을 떨쳤고, 특히 영남 유생들의 추앙을 받았다. 묘지는 안동시 풍산읍 수리 뒷산에 있다. 안동의 병산서원(屛山書院) 등에 제향 되었다. 저서로는 《서애집 西厓集》·《징비록 懲毖錄》·《신종록(愼終錄)》·《영모록(永慕錄)》·《관화록(觀化錄)》·《운암잡기(雲巖雜記)》·《난후잡록(亂後雜錄)》·《상례고증(喪禮考證)》·《무오당보(戊午黨譜)》·《침경요의(鍼經要義)》 등이 있다. 편서로는 《대학연의초(大學衍義抄)》·《황화집(皇華集)》·《구경연의(九經衍義)》·《문산집(文山集)》·《정충록》·《포은집》·《퇴계집》·《효경대의(孝經大義)》·《퇴계선생연보》 등이 있다. 그런데 그의 저서에 대해 문인 정경세(鄭經世)가 〈서애행장(西厓行狀)〉에서 "평생 지은 시문이 임진병화 때 없어졌으며, 이제 문집 10권과 《신종록》·《영모록》·《징비록》 등이 집에 보관되어 있다."라고 한 것을 보면 대부분이 없어졌음을 알 수 있다. 《징비록》과 《서애집》은 임진왜란사 연구에 있어 빼놓을 수 없는 귀중한 자료이다. 시호는 문충(文忠)이다.

③ 謙菴 柳雲龍(1539년~1601년)은 조선의 문신이다. 자는 응견(應見), 호는 겸암(謙菴), 본관은 풍산(豊山)이다. 경상북도 안동 하회리 출신으로 간성군수 류공작(柳公綽)의 손자이며, 황해도 관찰사 류중영(柳仲郢)의 첫째 아들이다. 조선 중기의 문신인 류성룡의 형이다. 이황(李滉)의 문하에서 수학하였다. 음관으로 출사하여 선조 때 전함사별좌를 지냈으며, 지방관을 지내면서 백성들을 어질게 다스렸으므로 존경을 받았다. 그 후 1592년 사복시첨정으로 벼슬이 올랐으며, 이듬해 풍기군수로 재임하면서 도둑 떼를 소탕하여 공을 세웠다. 1598년 홍진(洪進)의 천거로 정3품 당상인 승지로의 추천이 여러 번 있었는데 정언 송응순(宋應洵)의 반대로 무마되었다. 1601년 사망하였고 사후에 자헌대부 이조판서로 추증되었고 문경(文敬)이라는 시호를 받았다.

④ 이 시귀(詩句)에 얽힌 이야기는 다음과 같다.

서애(西崖) 유성룡(柳成龍)에게는 모자란 삼촌이 하나 있었다. 사람들은 그를 유치숙이라고 불렀다. 유씨네 집의 바보 아저씨란 뜻이다. 유치숙은 어느 날 느닷없이 서애를 찾아와 바둑을 한판 청했다. 서애는 당시 바둑계의 국수(國手)였다. 어이가 없었지만 상대가 숙부인지라 마지못해 응해 주었다. 치숙은 바둑알을 하나씩 딱딱 놓을 때마다 무슨 뜻인지 모를 소리를 뇌까려댔다. "딱!" "설타음순시욕동!" "딱!" "매표가선곡생향!" "조카 뭘 그렇게 꾸물대시나? 설타음순시욕동!" "허허 주무시나? 매표가선곡생향!" 첫판에서 겨우 한 점차로 서애가 졌다. 한 판 더 두기로 했다. "나를 모르면 죽어. 이놈아! 설타음순시욕동!" "죽긴 왜죽어? 여기 매표가선곡생향 나간다! 매표가선곡생향!" 치숙의 날궂이 같은 소리는 점입가경이었다. 서애가 또 졌다. 져도 크게 졌다. "조카 이번엔 마지막 한판이네. 설타음순시욕동, 매표가선곡생향!" 말끝마다 그놈의 소리. 귀가 마다하고 문을 닫을 지경이었다. 막판을 두는 동안에는 숫제 그 날궂이 말에 육자배기 가락까지 붙여 무당 푸닥거리하듯 흥얼대다 막판이 끝났다. 서애는 집도 못 내고 불계로 졌다. 바둑 인생 최초의 참패요 치욕이었다. 치숙에게 치욕을 당한 셈이다. 그제서야 서애는 숙부가 바보가 아니라 비범한 인물임을 알았다. 이튿날 대궐에서 급한 전갈이 왔다. 호남의 한 고을에 부임하라는 교지였다.(일설에 따르면 정읍이라고 함) 서애는 교지를 받은 순간 가슴이 철렁 내려앉았다. 그 고을은 일 년 이상 관장 자리가 비어 있는 유령의 고을이었다. 부임하는 관장마다 하룻밤을 못 넘기고 급사했다. 그러니 아무도 가려고 한 사람이 없었던 것이다. 서애는 죽을 각오로 부임했다. 영접을 나온 이속들의 표정이 시들하다. '내일 아침 송장 칠 준비를 미리 해놓자'는 표정들이다. 한밤중에 뒤가 마려워 측간에 가 쭈그리고 앉아 끙끙 힘을 쓰고 있을 때 갑자기 무엇이 불알을 꽉 움켜쥔다. "설타음순시욕동!" 못이 박히게 귀에 익은 소리! 순간! 서애의 입에서 "매표가선곡생향!" 하고 반사적으로 대구가 튀어나왔다. 그러자 주위가 환해지면서 젊은 선비 하나가 모습을 나타낸다. "사또! 소생의 한을 풀어주신 이 은혜 백골난망이옵니다. 소생은 양희라 하옵니다." 사연인즉 이러했다. 양희는 살아생전에 글을 잘 지었는데 어느 날 기발한 시구가 하나 떠올랐다. "설타음순시욕동" 그러나 이에 맞는 대구(對句)가 떠오르지 않아 그는 고민하다가 글 상사병에 걸려 죽었다. 그리하여 원귀가 되어 고을 관장에게 나타나 호소했으나 놀라서 죽어버렸다는 것이다. 서애는 죽은 선비의 원을 풀어주게 되었다.

雪墮吟脣詩欲凍(설타음순시욕동) : 눈송이가 읊조리는 입술에 지니 시가 얼어 붙는듯하고,

梅飄歌扇曲生香(매표가선곡생향) : 매화 꽃잎이 노래하는 부채에 나부

끼니 곡조에 향기가 난다.

서애는 바보 숙부가 아니었으면 목숨을 잃었음에 틀림없다. 숙부가 바둑을 두는 동안 왜 그렇게도 집요하고 철저하게 세뇌교육을 시켰는가를 알 수 있었다. 유치숙은 저자에 숨어 사는 이인(異人)이었으나 놀라운 예지력이 있었던 것이다. 이 시를 지은 사람은 양희(梁喜)이다 양희는 소싯적에 매화를 완상(玩賞)하다가 "설타음순시욕동"이라는 시구가 떠올랐으나 그 대구가 영 생각이 나지 않아서 그냥 잊어버리고 말았다. 10년이 지난 어느 날 밤 꿈속에 어떤 사람이 찾아와 왜 여태껏 그 시의 대구를 짓지 않느냐고 힐문하면서 "매표가선곡생향"이라고 지어 주었다. 양희는 꿈을 깬 후 두 귀에다 여섯 구를 보태 칠언율시를 지어 10여 년 만에 작품을 완성했다. 양희는 청나라에 동지사로 다녀오는 길에 옥하의 객관에서 병사했다. 작자(作者) 양희는 1515(중종 10)~1580(선조 13). 자는 구이(懼而). 호는 구졸암(九拙菴). 본관은 남원. 노정·이후백과 더불어 도의와 학문을 닦아 영남 3걸로 일컬어졌다. 명종 1년(1546) 문과에 을과로 급제하여 정언·지평·목사·승지를 거쳐 장례원 판결사를 역임. 1580년 동지사로 청나라에 갔다가 옥하의 객관에서 병사. 이조판서에 추증되었고 구천사(龜泉寺)에 배향되었다.

073

| 원문 |

蓋有自勝之癖①이니 然智者는 必有一失이요, 愚者도 千慮에 必有一得이니 君子는 不強이니라.
개유자승지벽　연지자　필유일실　우자　천려　필유일득　군자　불강

以諸葛亮②之智 有黃皓③讒 以張飛④之愚 有嚴顔⑤降.
이 제갈량 지지 유황호 참 이장비 지우 유엄안 항

| 해역 |

대개 자승의 버릇이 있으니 그러나 지혜로운 사람은 반드시 한 번의
잃음이 있는 것이요, 어리석은 자도 천 번을 생각함에 반드시 한 번의
얻음이 있는 것이니 군자는 억지로 하지 않나니라.

제갈량의 지혜로도 황호의 참소가 있었고, 장비의 어리석음으로도
엄안을 항복시킴이 있었다.

| 주석 |

① 自勝之癖 : 스스로가 남보다 낫다고 여기는 버릇.

② 諸葛亮(181년~234년) : 중국 삼국시대 촉한(蜀漢 : 220-263)의 정치
가 · 전략가. 자 공명(孔明). 시호 충무(忠武). 낭야군 양도현(琅句郡 陽
都縣 : 山東省 沂水縣) 출생. 호족(豪族) 출신이었으나 어릴 때 아버지와
사별하여 형주(荊州 : 湖北省)에서 숙부 제갈현(諸葛玄)의 손에서 자랐
다. 후한 말의 전란을 피하여 사관(仕官)하지 않았으나 명성이 높아
와룡선생(臥龍先生)이라 일컬어졌다. 207년(建安 12년) 위(魏)의 조조
(曹操)에게 쫓겨 형주에 와 있던 유비(劉備 : 玄德)로부터 '삼고초려(三
顧草廬)'의 예로써 초빙되어 '천하삼분지계(天下三分之計)'를 진언(進
言)하고 '군신수어지교(君臣水魚之交)'를 맺었다. 이듬해, 오(吳)의 손
권(孫權)과 연합하여 남하하는 조조의 대군을 적벽(赤壁)의 싸움에서
대파하고, 형주 · 익주(益州)를 유비의 영유(領有)로 하였다. 그 후도
수많은 전공(戰功)을 세웠고, 221년(章武 1년) 한(漢)의 멸망을 계기로
유비가 제위에 오르자 재상이 되었다. 유비가 죽은 후는 어린 후주
(後主) 유선(劉禪)을 보필하여 재차 오(吳)와 연합, 위(魏)와 항쟁하였으

며, 생산을 장려하여 민치(民治)를 꾀하고, 윈난[雲南]으로 진출하여 개발을 도모하는 등 촉(蜀)의 경영에 힘썼으나 위(魏)와의 국력의 차이는 어쩔 수 없어 국세가 기울어 가는 가운데, 위의 장군 사마의(司馬懿)와 오장원(五丈原 : 陝西省 眉縣)에서 대진 중 병몰하였다. 위와 싸우기 위하여 출진할 때 올린 '전출사표(前出師表)' '후출사표(後出師表)'는 천고(千古)의 명문으로 이것을 읽고 울지 않는 자는 사람이 아니라고까지 일컬어졌다.

③ 黃皓(생사미상) : 삼국 시대 촉한(蜀漢) 사람. 환관으로, 어리석은 유선(劉禪)의 주변에 장벽을 쌓고 눈과 귀를 가려 간사하게 굴면서 주색(酒色)에 파묻히게 했다. 처음에 황문시랑(黃門侍郎)이 되고, 나중에 중상시(中常侍)와 봉거도위(奉車徒尉)에 올랐다. 경요(景耀) 초에 처음 정치에 참여하여 권병(權柄)을 농락하면서 대장군 강유(姜維)를 파직시키려고 했다. 강유가 위나라 군대와 싸워 연전연승했을 때도 까닭 없이 불러들여 시기했고, 위나라 군대의 공격까지 속여서 알리지 않았다. 촉한이 망한 뒤 위나라 장수 등애(鄧艾)가 죽이려 했지만 등애의 측근에게 뇌물을 주고 간사한 말로 목숨을 보전했다. 그러나 유선을 따라 낙양(洛陽)으로 옮겼을 때 사마소(司馬昭)가 나라를 좀먹고 백성을 해치는 백해무익(百害無益)한 놈이라 질타하면서 무사를 시켜 능지처참시켰다.

④ 張飛(165년~221년 6월) : 후한 말, 촉한의 군인으로, 자는 익덕(益德)이며 유주(幽州) 탁군(涿郡) 사람이다. 유비(劉備), 관우(關羽)와 함께 황건적 토벌에 나서며 이름을 떨치기 시작했다. 장판교에서 기지를 발휘해서 조조(曹操)의 대군을 막았으며, 서촉 정벌 시, 엄안(嚴顏)을 회유하여 파촉정벌에 큰 공로를 세웠다. 이후 파서태수(巴西太守)의 자리에 올랐고 한중정벌 당시 위나라의 장합(張郃)과 맞서 싸워 승리하였다. 그러나 관우의 복수를 위해 출정을 준비하던 도중, 휘하 무장 범강(范疆)과 장달(張達)에게 암살당했다. 장남 장포(張苞)가 장비보다

(약간) 일찍 요절하여 차남인 장소(張紹)가 가계를 이었다. 장비의 장녀와 차녀는 둘 다 유선(劉禪)의 황후가 되었다.

⑤ 嚴顔(생몰미상): 후한 촉군(蜀郡) 임강(臨江) 사람. 유장(劉璋)의 부장(部將)으로, 파군태수(巴郡太守)로 있으면서 용감하게 싸움을 잘했다. 유비(劉備)가 사천(四川)으로 들어와 장비(張飛)가 강주(江州)를 공격했을 때 사로잡혔는데, 굴복하지 않자 장비가 작두를 가져오게 하여 협박했지만 얼굴색 하나 바뀌지 않았다. 이에 장하다 여겨 풀어 주고 빈객(賓客)으로 예우해 주었다. 유비가 익주목(益州牧)이 되고 난 뒤 전장군(前將軍)으로 삼았다. 뒷날 황충(黃忠)을 도와 조조(曹操)의 대장 장합(張郃)과 싸워 연패시켰다.

074

074

| 원문 |

入鄕循俗①하며 與世推理②하며 通達時務③를 謂
입 향 순 속　　　　여 세 추 리　　　　통 달 시 무　　　위

之俊傑④이니라.
지 준 걸

居鄕自尊⑤ 處世獨異 時務背斥 皆不智也.
거 향 자 존　처 세 독 이　시 무 배 척　개 부 지 야

| 해역 |

항리에 들어가면 풍속을 따르며 세상과 더불어 미루어 생각하며 시대의 사무에 통달하는 것을 일러서 준걸이라 하니라.

향리에 살며 스스로 높이고, 세상에 처하여 독특하고 기이하며, 시무를 배척하는 것은 모두 지혜롭지 못함이다.

| 주석 |

① 循俗 : 풍속(風俗)이나 습속(習俗)을 좇음.

② 推理 : (1) 사리(事理)를 미루어서 생각함. (2) 이미 아는 사실을 전제로 하여 미루어서 다른 사실을 알아냄.

③ 時務 : (1) 시급한 일. (2) 그 시대에 중요한 정무나 사무. 당세의 급무.

④ 俊傑 : 재주와 지혜가 뛰어남. 또는, 그런 사람.

⑤ 自尊 : (1) 스스로 자기를 높임. 제 스스로 높은 사람인 체함. (2) 자기의 품위를 높임.

075

| 원문 |

人不可戱니 戱則不敬이요, 不敬則無禮이요, 無
인 불 가 회   회 즉 불 경   불 경 즉 무 례   무

禮則悖逆①生이니라.
례 즉 패 역 생

周幽王②寵妾褒姒.③ 一不開笑 幽王 欲見其笑 大擧烽火
주 유 왕 총 첩 포 사   일 불 개 소 유 왕 욕 견 기 소 대 거 봉 화

附近諸侯 領兵騈至則作樂之戱也. 後大戒. 伐周 大擧烽火
부 근 제 후 영 병 한 지 즉 작 락 지 희 야   후 대 계   벌 주 대 거 봉 화

一無至者 幽王死 平王④東遷.⑤
일 무 지 자 유 왕 사 평 왕 동 천

| 해역 |

사람은 가히 희롱하지 아니할지니 희롱하면 공경하지 않는 것이요, 공경하지 아니하면 예의가 없는 것이요, 예의가 없으면 패역이 생기나니라.

주나라 유왕은 첩실인 포사를 총애하였다. 한 번도 웃음을 열지 않음으로 유왕이 그 웃음을 보고자 하여 크게 봉화를 드니 부근의 제후가 영내의 병사와 사납게 이른즉 즐기려 희롱하는 것이었다. 뒤에 크게 경계가 되었다. 주나라로 쳐들어옴으로 크게 봉화를 들었지만 하나도 이르지 않았다. 유왕이 죽고 평왕이 동쪽으로 옮겨갔다.

| 주석 |

① 悖逆 : 도리(道理)에 어그러져 패악(悖惡)하고 불순(不順)함.

② 幽王(?-771?) : 선왕(宣王)의 아들이며 성격이 난폭하고 주색을 좋아하였다. 그의 어머니 강후(姜后)가 죽자 그의 전횡은 더욱 심해졌다. 어느 날 포사(褒姒)라는 여인을 만나면서 여색에 빠져 정사를 돌보지 않았다. 유왕은 웃지 않는 포사를 웃기기 위하여 온갖 횡포를 저질렀다. 매일 비단 백 필을 찢기도 하였지만 포사가 웃지 않자 거짓으로 봉화(烽火)를 올리게 하여 제후들을 모이도록 하였다. 전시 상황인 줄 알고 허겁지겁 모여든 제후들을 보고 포사가 미소 짓자 유왕은 수시로 거짓 봉화를 올려 포사를 즐겁게 하였다. 결국 유왕은 왕비인 신후(申后)와 태자 의구(宜臼)를 폐하고 포사와 아들 백복(伯服)을 왕비와 태자로 책봉하였다. 이에 격분한 신후(申后)의 아버지 신후(申候)는 서쪽 이민족인 견융(犬戎)을 끌어들여 주나라를 침공하였다. 수도 호경이 포위되자 유왕은 이때 위급함을 올리는 봉화를 올렸으나, 제후들 중 아무도 출동하지 않았으며 유왕은 아들 백복과 함께 리산

[驪山] 기슭에서 살해되고 포사는 납치되어 견융의 여자가 되었다. 그가 살해됨으로써 폐위되었던 아들 의구가 태자로 복위하였고 평왕(平王)이 되었다. 이후 견융이 수도 호경으로 자주 침범하자 수도를 뤄양[洛陽]으로 옮기게 되었고, 결국 서주(西周)시대는 끝이 났다.

③ 褒姒(?~?) : 유왕(幽王)이 포국(褒國 : 陝西省褒城의 남동쪽)을 토벌하였을 때 포인(褒人)이 바쳤으므로 포사(褒姒)라 하였다. 왕의 총애를 받아 아들 백복(伯服)을 낳았는데, 이상한 출생의 전설을 지닌 그녀는 한 번도 웃는 일이 없었다. 그래서 유왕은 그녀를 웃기려고 온갖 꾀를 생각한 끝에 외적의 침입도 없는데 위급을 알리는 봉화(봉수)를 올려 제후들을 모았다. 제후들은 급히 달려왔으나 아무 일도 없었으므로 멍하니 서 있자, 그것을 본 포사는 비로소 웃었다고 한다. 뒤에 유왕은 왕비 신후(申后)와 태자 의구(宜臼)를 폐하고, 포사를 왕비로, 백복을 태자로 삼았다. 쫓겨난 왕비[신후(申后)]의 아버지 신후(申侯)는 격분하여 B.C. 771년 견융(犬戎) 등을 이끌고 쳐들어와 유왕을 공격하였다. 유왕은 위급함을 알리기 위해 봉화를 올렸으나 제후는 한 사람도 모이지 않았다. 왕과 백복은 견융의 칼에 살해되어 서주는 멸망 하였으며, 포사는 납치되어 견융의 여자가 되었다고 전한다.

④ 平王 : 중국 주(周)나라의 제13대 왕(재위 B.C. 770~B.C. 720). 서방의 이민족이 강성해져 주나라 영토를 침공하므로, 도읍인 호경(鎬京 : 西安 부근)을 버리고 동쪽의 낙읍(洛邑 : 洛陽)으로 도읍을 옮겼다. 성명 희의구(姬宜臼). 유왕(幽王)의 아들이며, 어머니는 신후(申侯)의 딸인 신후(申后)이다. 유왕이 왕비 신후와 태자 의구를 폐한 뒤, 총애하던 애첩 포사(褒姒)를 왕비로 삼고 아들 백복(伯服)을 태자로 책봉하였다. 그러자 격분한 신후(申侯)가 증(繒)·서이(西夷)·견융(犬戎)를 동원하여 유왕과 백복을 죽이고 외손자 의구를 복위시켜 왕(평왕)으로 삼았다. 이때 신후를 도왔던 서방의 이민족이 강성하여져서 주나라 영토를 침공하였으므로, 평왕은 마침내 호경(鎬京 : 西安 부근)을 버리

고 동쪽의 낙읍(洛邑 : 洛陽)으로 도읍을 옮겼다(B.C. 770년). 그러므로 이전을 서주(西周)라 하고, 그 이후를 동주(東周)라 부른다. 이 무렵부터 제후(諸侯)들의 세력이 점차로 강대해졌고, B.C. 8세기 말에는 주나라 왕의 명령에 복종하지 않는 자가 나타나 약 550년간에 걸친 춘추전국시대가 되었다.

⑤ 東遷 : 포사가 아들 백복(伯服)을 낳자 왕은 왕후인 신후(申后)와 그의 아들인 태자 의구(宜臼)를 폐위시키려 했다. 이에 신후는 태자를 데리고 그의 친정 나라인 신(申 - 하남성 남양시 북쪽)으로 도피했다. 딸이 시집에서 쫓겨오자 이에 분개한 신의 제후인 신후(申侯)는 견융(犬戎)·증(繒) 등의 나라와 연합군을 편성, 유왕을 공격했다. 유왕이 황급히 봉화를 올려 제후들에게 구원을 요청했으나 민심을 잃은 데다가 몇 번씩이나 속은 제후국에서는 또 속는 줄 알고 구원병을 보내오지 않았다. 도움의 길까지 막혀버린 유왕은 할 수 없이 여산(驪山)으로 도망갔으나 신후에게 잡혀 죽고 주왕실의 재물과 보화는 연합군에게 전부 약탈당하고 말았다. 신후는 원래의 태자이던 그의 외손자 의구를 옹립하여 왕위에 앉히니 그가 주의 13대 천자인 평왕(平王 재위: B.C. 771-720)이다. 평왕은 견융의 재침을 두려워하여 B.C. 770년에 도읍을 호경(鎬京)에서 동쪽인 낙양(洛陽)으로 옮겼다. 사가(史家)들은 이를 주실(周室, 주나라 왕실)의 동천(東遷, 동쪽으로 도읍을 옮김)이라고 부르며 이를 기점으로 이전의 주나라를 서주(西周)라 하고 이후의 주나라는 동주(東周)라고 부른다. 공자가 쓴 《춘추》는 노나라 은공(隱公 재위 : B.C. 722-712) 원년인 B.C. 722에서부터 시작되는데, 이는 주나라의 동천 이후 49년이 지난 뒤의 일이다. 역사상 주의 동천 이후의 240여 년~367년여의 시대를 보통 춘추 시대라고 부른다.

| 원문 |

彈人은 主殺하고 曹人은 主生하니 善惡이 大異나
<small>탄 인   주 살   조 인   주 생   선 악   대 이</small>

及其至也하야는 一也니라.
<small>급 기 지 야   일 야</small>

彈者 爆彈①也 曹者 甲冑②也. 無彈無制 無曹無護 推究
<small>탄 자 폭 탄 야 조 자 갑 주 야   무 탄 무 제   무 조 무 호   추 구</small>

其理則一也.
<small>기 리 즉 일 야</small>

| 해역 |

탄인은 죽임을 위주로 하고 조인은 살림을 위주로 하나니 선과 악이 크게 다르나 그 지극함에 미쳐서는 한 가지이니라.

탄은 폭탄이요, 조는 갑주이다. 폭탄이 없으면 재제할 것이 없고 갑주가 없으면 보호할 것이 없는 것이니 그 이치를 추구하면 하나이다.

| 주석 |

① 爆彈 : 금속 용기에 폭약을 채워서 손으로 던지거나 또는 공중에서 투하하여 적을 살상(殺傷)하거나 적의 구조물(構造物)을 파괴할 것을 목적으로 만든 병기의 일종. 보통, 항공기에서 낙하시키는 것을 이름.

② 甲冑 : 갑옷(甲-)과 투구를 아울러 이르는 말.

| 원문 |

天有十日이요, 人有十等이니 遞相臣①服이라야 上
천 유 십 일　　　인 유 십 등　　　체 상 신　복　　　　　상

下不亂②이니라.
하 불 란

十日 自甲至癸也 十等③ 自王至僕也. 以上制下 以下事
십 일 자 갑 지 계 야 십 등　자 왕 지 복 야　이 상 제 하　이 하 사

上 上下相維 國所以治.
상 상 하 상 유 국 소 이 치

| 해역 |

하늘에는 열흘이 있는 것이요 사람에는 열 등이 있는 것이니 상신이
갈마들어 감복하여야 위와 아래가 어지럽지 않나니라.

하늘에는 열흘이 있고 사람에는 열 등이 있어서 왕으로부터 노복에
이른다. 위에서는 아래를 재제하고 아래는 위를 섬겨야 위와 아래가
서로 벼리가 되어 나라가 다스려지게 된다.

| 주석 |

① 相臣=相國 : 영의정(領議政), 좌의정(左議政), 우의정(右議政)의 총칭.
② 不亂 : 어지럽지 아니함.
③ 十等 : 열 가지의 신분 등급(身分等級)으로서 왕(王)·공(公)·경(卿)·
　　사(士)·조(皁)·여(輿)·예(隸)·요(僚)·복(僕)·대(臺) 등을 가리키는
　　말. 이것은 《춘추좌씨전(春秋左氏傳)》 소공(昭公) 7년조(條)의 '하루[日]
　　의 수(數)는 십(十)이기 때문에 십시(十時)가 있는데 이것이 각각 십위

(十位)에 해당된다.' 에서 유래함. 이것은 하루를 첫닭이 울 때[鷄鳴]부터 한밤중[夜中]까지 10시간으로 나누어, 해가 중천에 있을 때[日中]는 왕(王), 밥 먹을 때[食時]는 공(公), 해가 떠오를 때[平旦]는 경에 해당시키는 등, 각각의 시간에 해당되는 열 가지 신분을 배치한 것임. 이는 각 계층 간의 특성을 명확히 규정하고, 귀천(貴賤)의 신분 질서를 엄격하게 하고자 한 것임.

078

| 원문 |

輕財愛民①이면 眾心②이 堅固하고 輕民愛財면 眾
경 재 애 민   중 심   견 고   경 민 애 재   중

心이 必叛이니라.
심   필 반

素書③日 "小功不賞 大功不立 小怨不赦 大怨必生." 人
소 서 왈   소 공 불 상 대 공 불 립 소 원 불 사 대 원 필 생   인

義 蓋從貧處斷 世情 便向有錢家. 人無百歲人 枉作千年計.
의 개 종 빈 처 단 세 정 변 향 유 전 가 인 무 백 세 인 왕 작 천 년 계

| 해역 |

재물을 가볍게 여기고 백성을 사랑하면 대중의 마음이 견고하고, 백성을 가볍게 여기고 재물을 사랑하면 대중의 마음이 반드시 배반하나니라.

소서에 말하기를 '작은 공을 상주지 않으면 큰 공이 세워지지 아니하고, 작은 원망을 용서하지 않으면 큰 원망이 반드시 생긴다.' 하였

다. 사람의 의는 대개 가난한 곳으로 좇아 끊어지고 세정은 문득 돈이 있는 집으로 향한다. 사람은 백세의 사람이 없지만 부질없이 천년의 계획을 짓는다.

| 주석 |

① 愛民 : 백성을 사랑함.

② 衆心 : 뭇사람의 마음.

③ 素書 : 황석공(黃石公)이 장량(張良)에게 주었다는 비결(秘訣)과 병서(兵書).

079

| 원문 |

欲護其苗인대 先去莠①草하고 欲齊其家인대 先節
욕 호 기 묘   선 거 유 초   욕 제 기 가   선 절

財用이니라.
재 용

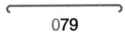
莠草 害穀草 不除則穀不登 財者勞餘得 不節則家不給.
유초 해곡초 부제즉곡부등 재자노여득 부절즉가불급

| 해역 |

그 싹을 보호하고자 할진대 먼저 강아지풀을 제거하고 그 집안을 가지런히 하고자 할진대 먼저 재물 씀을 절약할지니라.

강아지풀은 곡식을 해롭게 하는 풀이니 제거하지 아니하면 곡식이

오르지 못하고, 재물은 노력한 나머지 얻는 것이니 절약하지 아니하면
집안이 넉넉하지 않는다.

| 주석 |

① 莠 : 강아지풀은 들에 흔하게 자라며 높이가 30-40cm이다. 뿌리는
수염 모양이고 줄기는 곧게 자라거나 또는 밑 부분에서 무릎모양으
로 구부러졌고 일반적으로 비교적 가늘고 약하다. 작은 이삭은 길이
가 2-2.5cm이고 타원형 모양이며 끝은 무디다. 원추화서(圓錐花序)
는 촘촘하고 빽빽하게 모여 원기둥 모양을 이루며 길이는 2-15cm
이고 약간 꼬부라져 있거나 반듯하고 푸른색 또는 자주색이거나 황
색이고 강모에 싸여 있다.

080

| 원문 |

欲成大事者는 不拘小節①하고 欲成其事者는 先
욕 성 대 사 자   불 구 소 절   욕 성 기 사 자   선
察其難이니라.
찰 기 난

水至淸而無魚 人至察而無徒. 察細微②者 暗於大事 知
수 지 청 이 무 어 인 지 찰 이 무 도   찰 세 미 자 암 어 대 사 지
其成者 不料其敗.
기 성 자 불 료 기 패

| 해역 |

　큰일을 이루고자 하는 사람은 소절에 구애되지 아니하고, 그 일을 이루고자 하는 자는 먼저 그 어려움을 살필지니라.

　물이 지극히 맑으면 고기가 없고 사람이 지극히 살피면 무리가 없다. 세미한 것을 살피는 자는 큰일에 어둡고 그것을 이룰 줄 아는 자는 그 실패를 헤아리지 않는다.

| 주석 |

　① 小節 : (1) 작은 절조(節操). (2) 대수롭지 않은 예절(禮節).
　② 細微 : 썩 가늘고 자지레함.

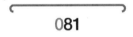

081

| 원문 |

君子는 臨事에 不輕擧①하며 將行에 必三思②니라.
군자　임사　불경거　　장행　필삼사

輕擧則必有悔 三思則不歸謬.
경거즉필유회 삼사즉불귀류

| 해역 |

　군자는 일에 다다라 경솔하게 행동하지 아니하며 장차 행함에 반드시 여러 번 생각하나니라.

경솔하게 행동하면 반드시 뉘우침이 있고, 여러 번 생각하면 그릇됨으로 돌아가지 않는다.

| 주석 |

① 輕擧 : 경솔(輕率)하게 행동함.
② 三思 : (1) 여러 차례 깊이 생각함. (2) 심려(深慮), 결정(決定), 발동(發動)을 일컬음.

082

| 원문 |

人有一念之善이면 天必祐之하나니 不可以善小
인 유 일 념 지 선　　　　천 필 우 지　　　　불 가 이 선 소

不爲요 惡小爲之니라.
불 위　　악 소 위 지

孫叔敖①野見兩頭蛇② 歸泣其母. 其母曰 "何以泣耶?"
손 숙 오　야 견 양 두 사　귀 읍 기 모　기 모 왈　하 이 읍 야

敖曰 "兒聞見兩頭蛇 而恐他人復見 殺而埋之." 母曰 "人
오 왈　아 문 견 양 두 사　이 공 타 인 부 견　살 이 매 지　모 왈　인

有一念之善 天必祐之 此則豈止一念哉? 汝非不死 大福將
유 일 념 지 선　천 필 우 지　차 즉 기 지 일 념 재　여 비 불 사　대 복 장

至矣." 不數日楚之大夫虞丘③ 薦于莊王④令尹⑤
지 의　　불 수 일 초 지 대 부 우 구　천 우 장 왕　영 윤

| 해역 |

사람이 한 생각 선이 있으면 하늘이 반드시 돕는 것이니 가히 써 선

이 작다고 하지 아니하고 악이 작다고 하지 아니할지니라.

손숙오가 들에서 머리가 둘 달린 뱀을 보고 돌아와 그 어머니에게서 울었다. 그 어머니가 말하기를 '어찌하여 우느냐?' 숙오가 말하기를 '제가 들으니 머리 둘 달린 뱀을 봄에 다른 사람도 다시 볼까 두려워서 죽여서 묻었습니다.' 어머니가 말하기를 '"사람이 한 생각 선이 있으면 하늘이 반드시 돕는다." 하였으니, 이것이 어찌 한 생각에 그치겠느냐? 너는 죽지 않을 뿐만 아니라 큰 복이 장차 이를 것이다.' 수일이 안 되어 초나라 대부인 우구가 장왕에게 천거하여 영윤이 되었다.

| 주석 |

① 孫叔敖 : 춘추 때 초장왕(楚莊王 : 재위 전 613-592년)의 영윤(令尹)이다. 이름은 위오(蔿敖)이고 숙오(叔敖)는 그의 자(字)이다. 원래 침구(寢丘)에 살았으므로 침윤(寢尹) 혹은 심윤(沈尹)이라고 칭했다. 성왕에게 살해당한 초왕 분모(蚡冒)의 증손자다. 사마(司馬)로 있던 그의 부친 위가(蔿賈)가 장왕 때 반란을 일으킨 투월초(鬪越椒)에 의해 살해당하자, 그는 그의 종족들을 이끌고 지금의 하남성 회빈(淮濱) 동남의 기사(期思)라는 지방으로 이주해서 근검절약하며 살았다. 후에 초장왕에 의해 발탁되어 초나라의 영윤이 되었다. 그는 작피에 대규모의 수리시설을 확충한 다음 현재 평수로 5,500만 평에 달하는 땅을 개간하여 농사가 가능하게 했으며 다시 지금의 하남성 상성(商城)의 우루(雩婁)의 대규모의 전답을 조성하여 초나라의 농업생산에 획기적인 발전을 가져왔다. 다시 초장왕이 무게가 가벼운 화폐를 무겁고 큰 것으로 바꾸는 화폐개혁을 단행하여 백성들이 사용하기가 불편하다고 호소하자, 손숙오는 있는 힘을 다하여 왕명을 취소하도록 했다. 후에 장왕을 따라 종군하여 지금의 하남성 형양(滎陽) 동북의 필(邲)에서

당진군을 대파하여 초장왕이 패자가 되는데 결정적인 역할을 했다. 사기 순리열전(循吏列傳)에 '그가 재상에 세 번이나 임명되었으나 그 때마다 한 번도 기뻐하지 않은 것은, 그의 재주가 그럴만하다고 스스로 생각했기 때문이고, 그가 세 번이나 재상의 직에서 파면되었지만 슬퍼하지 않은 것은 그것이 자기의 죄가 아니라는 것을 알았기 때문이다.' 라고 했다.

② 兩頭蛇 : 손숙오(孫叔敖)가 어린아이였을 때, 나가서 놀다가 돌아와서는 근심에 젖어 먹지를 않았다. 그 모친이 그 까닭을 묻자 울면서 대답하였다. "오늘 저는 머리 둘 달린 뱀을 보았습니다. 아마도 죽을 날이 얼마 안 남았을 것입니다." 모친이 말했다. "지금 뱀은 어디에 있느냐?" 말했다. "저는 머리 둘 달린 뱀을 본 사람은 죽는다는 말을 들었기에, 다른 사람이 또 볼까 봐 걱정이 되어 이미 그것을 묻어 버렸습니다." 모친이 말했다. "걱정하지 말아라. 너는 죽지 않는단다. 내가 듣기로, 陰德이 있는 사람은 하늘이 복을 내리신다고 한다."

③ 虞丘 : 전국시대 초장왕 때의 일이다. 당시 국무총리격인 영윤(令尹)에 우구자(虞丘子)라는 사람이 있었다. 어느 날 우구자가 초장왕(楚莊王)에게 아뢰기를 "신이 영윤으로 있은 지가 10년입니다. 그런데도 나라가 더 잘 다스려지지도 않았고 송사(訟事)도 끊이지 않았습니다. 오랫동안 높은 지위에 있으면서 어진이들의 진로(進路)를 막았고, 지위만 차지하고서 봉록(俸祿)을 받아먹었습니다. 이같이 하는 일 없이 녹위(祿位)를 고수하는 것은 탐욕이요,

어진이를 추천하지 않는 것은 임금을 속이는 것이요, 지위를 양보하지 않는 것은 청렴하지 못한 것입니다. 이 세 가지를 잘 시행하지 못하면 이는 불충(不忠)입니다. 임금에게 충성하지 못하면 어떻게 충신이라 할 수 있겠습니까. 진심으로 사직(辭職)합니다."

④ 楚莊王 : 춘추 시대 초나라 국군(國君 : 재위, 기원전 614-기원전 591). 웅씨(熊氏)고, 이름은 여(旅) 또는 여(侶, 呂)이며, 목왕(穆王)의 아들이다.

춘추오패(春秋五覇)의 한 사람이다. 양자강 중류 지역을 본거지로 삼았던 초나라는 기원전 7세기 중엽부터 활발한 북진정책(北進政策)을 추진했다. 즉위한 뒤 손숙오(孫叔敖)를 기용하여 내정을 정비하고 수리(水利)를 일으켰다. 3년 용(庸)나라를 멸망시키고 송나라를 공격했으며, 이어 육혼(陸渾)의 융(戎)을 토벌한 여세를 몰아 낙양(洛陽) 근처에서 위세를 떨쳤다. 주왕(周王)의 사신인 왕손만(王孫滿)에게 주(周) 왕실의 구정(九鼎)의 경중(輕重)을 물었다가 오히려 반론을 당한 이야기[주왕조가 앞으로 얼마나 지속할 수 있겠느냐 하는 요지의 질문]는 잘 알려져 있다. 주나라를 대체할 뜻을 품고 있었다. 9년 약오씨(若敖氏)의 반란을 진압하고, 필지(泌地)에서 진(晉)나라 군대를 대패시켰다. 그 후 진(陳)나라와 정(鄭)나라, 송나라 등 오랜 전통을 지닌 나라들에게 압박을 가했지만 멸망시키지는 않았다. 이 때문에 제환공(齊桓公)이나 진문공(晉文公) 등과 더불어 오패(五覇)로 불려진다. 23년 동안 재위했고, 시호는 장(莊)이다.

⑤ 令尹 : (1) 중국 춘추시대(春秋時代) 초(楚)나라 때의 벼슬 이름. 정치를 맡은 최고 관위로 상경(上卿)이라고도 함. (2) 지방의 장관을 달리 부르는 이름. 중국 진(秦)나라와 한(漢)나라 이후 현지사(縣知事)를 현령(縣令)이라 하였고, 원(元)나라 때에는 현윤(縣尹)이라 하였으므로 영(令)과 윤(尹)을 합쳐 부른 데서 유래함.

| 원문 |

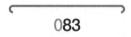

責善①은 朋友之道而君子는 喜聞過하고 下愚는
책 선   붕 우 지 도 이 군 자   희 문 과   하 우

怨其責이니라.
원 기 책

責善 不可不謹. 比干② 以紂③之叔父而諫死 管仲④ 齊桓
책선 불가불근 비간 이주 지숙부이간사 관중 제환

公⑤之仇人以拜相.
공 지구인이배상

| 해역 |

선을 꾸짖는 것은 붕우의 도로 군자는 허물을 들으면 기뻐하고 어리
석은 자는 그 꾸짖음을 원망하나니라.

선을 꾸짖음에 가히 삼가지 않을 수 없다. 비간은 주왕의 숙부로 간
하다가 죽었고, 관중은 제환공의 원수진 사람을 재상에 벼슬토록 하였
다.

| 주석 |

① 責善 : 친구 사이에 옳은 일을 하도록 서로 권함.

② 比干 : 은(殷)의 끝 임금 주(紂)의 숙부. 주 임금의 나쁜 짓을 바른말로
간하다가 노여움을 사서 살해당했다. 〈사기 은본기(史記 殷本紀)〉에
"주왕이 노하여 말하기를 '내가 듣기로 성인은 그 심장에 7구멍이
있다더라.' 하고, 비간을 죽여 해부해 그 심장을 보았다.〔紂怒曰 '吾
聞聖人心有七竅剖比干觀其心.'〕" 〈이규보 굴원불의사론(李奎報 屈原
不宜死論)〉에서 "옛날에 자기 몸을 죽여 어짊을 이룬 사람이 있으니,
비간과 같은 분이 그런 사람이다.〔古有殺身以成仁, 若比干者是已.〕"
〈이제현 비간묘(李齊賢 比干墓)〉에서 "주 무왕이 무덤을 봉축해 은나
라 신하를 예우한 것은, 충성된 말을 하다가 몸을 죽여 보인 것을 애
석해했기 때문이리.〔周王 封墓禮殷臣, 爲惜忠言, 見殺身.〕"

③ 紂(미상-B.C. 1100년 추정) : 수(受) 또는 제신(帝辛)으로도 쓴다. 은(殷)
나라의 마지막 임금. 제을(帝乙)의 아들로, 이름은 신(辛)이다. 재주와
용력이 남달라 손으로 맹수와 싸워 때려죽였다. 일찍이 동이(東夷)를
평정했는데, 이 때문에 국력을 소모했다. 술을 좋아하고 음란했으며,
가혹하게 세금을 거두는 데다 형벌이 엄중해 백성들의 원망이 높아
갔다. 구후(九侯)와 악후(鄂侯)를 죽이고, 서백(西伯, 周文王)을 가두자
제후들이 곳곳에서 반란을 일으켰다. 충간을 올리는 신하 비간(比干)
등을 살해하고, 기자(箕子)를 옥에 가두었다. 달기(妲己)의 미모에 빠
져 주색(酒色)을 즐기고 백성들에게 부역을 과중하게 부과하는 등 폭
정을 일삼아 폭군(暴君)의 대명사로 일컬어진다. 재위 33년 만에 목
야(牧野) 전투에서 패하고 주무왕(周武王)에게 나라를 빼앗기고 말았
다.

④ 管仲(?-B.C. 645) : 가난했던 소년 시절부터 평생토록 변함이 없었던
포숙아(鮑叔牙)와의 깊은 우정은 '관포지교(管鮑之交)'라 하여 유명하
다. 환공(桓公)이 즉위할 무렵 환공의 형인 규(糾)의 편에 섰다가 패전
하여 노(魯)나라로 망명하였다. 그러나 포숙아의 진언(進言)으로 환공
에게 기용되어 국정(國政)에 참여하게 되었다. 환공을 도와 군사력의
강화, 상업·수공업의 육성을 통하여 부국강병을 꾀하였다. 대외적
으로는 동방이나 중원(中原)의 제후(諸侯)와 9번 회맹(會盟)하여 환공
에 대한 제후의 신뢰를 얻게 하였으며, 남쪽에서 세력을 떨치기 시작
한 초(楚)나라를 누르려고 하였다. 저서로 알려진 《관자(管子)》는 후
세 사람들에 의하여 가필된 것으로 여겨지고 있다.

⑤ 齊桓公(B.C. 716년-B.C. 643년) : 성은 강(姜)이고, 씨(氏)는 여(呂)이며,
이름은 소백(小白)이다. 춘추(春秋)시대 제(齊)나라 15대 군주로 춘추
오패(春秋五覇, 제환공, 진문공, 초장왕, 오왕부차, 월왕구천) 중 한 사람이
다. B.C. 685년에 군주로 등극했다. 강태공(姜太公) 여상(呂尙)의 12대
손이고, 제희공(齊僖公) 녹보(祿甫)의 셋째 아들이다. 모친은 위국(衛

國) 사람이다. 재위 중에 관중(管仲)을 재상으로 삼고 개혁을 추진했
다. 군정(軍政) 합일과 병민(兵民) 합일 제도를 만들어서 강성해지기
시작했다. B.C. 681년에 견(甄)에서 송(宋), 진(陳)나라 등 4개국의 제
후회맹(諸侯會盟)을 주도했다. 당시 중원(中原) 화하(華夏) 각 제후국들
은 융적(戎狄) 부락 등의 공격을 받고 있어서 제환공은 '존왕양이(尊
王攘夷, 왕실은 높이고 오랑캐는 물리친다)'의 기치를 내걸고, 북쪽으로
산융(山戎)을 공격하고, 남쪽으로 초(楚)나라를 정벌하여 중원에서 첫
번째 패주(霸主)가 되었다. 그러나 만년에 관중이 죽고, 역아(易牙), 수
초(豎貂) 등의 소인(小人)들을 등용시키는 바람에 끝내는 내란 중에
아사(餓死, 굶어 죽음)했다.

084

| 원문 |

雖有賢者라도 無人薦引則不可以得其志이요, 雖
수유현자   무인천인즉불가이득기지   수

有聖君이라도 左右諂佞則無可以展其德이니라.
유성군   좌우첨영즉무가이전기덕

以諸葛亮之才 非徐庶①之薦 但歎梁父吟② 以百里奚之
이제갈량지재 비서서 지천 단탄양보음   이백리해지

賢 非公孫枝③之薦 難免牧馬之夫. 李朝肅宗④ 夜巡 見無蛙
현 비공손지 지천 난면목마지부 이조숙종   야순 견무와

不得名之句⑤ 問之 主人曰 "昔鵁鳥與黃鳥 賭音於鵂鳥 往
부득명지구   문지 주인왈 석교조여황조 도음어휴조 왕

路鵁鳥 供蛙一首於鵂鳥. 乃斷音曰 '大哉鵁鳥! 丈夫之聲.
로교조 공와일수어휴조   내단음왈 대재교조 장부지성

美哉黃鳥! 妓女之聲.'" 黃鳥歎曰 "無蛙不得名" 肅宗大悟
미재황조 기녀지성   황조탄왈 무와부득명 숙종대오

遠貪賂擧賢良.
원 탐 뇌 거 현 량

| 해역 |

비록 현자가 있을지라도 천거하여 이끄는 사람이 없으면 가히 써 그 뜻을 얻지 못하는 것이요, 비록 성군이 있을지라도 좌우에서 아첨하면 가히 써 그 덕을 펼칠 수 없나니라.

제갈량의 재주라도 서도의 천거가 아니었다면 다만 양보음을 부르며 탄식했을 것이다. 백리해의 어짊으로도 공손지의 천거가 아니었다면 말을 가르는 사내를 면하지 못했을 것이다. 이조 숙종이 밤에 돌아다니는데 개구리가 없어서 이름을 얻지 못했다는 글귀를 보고 물으니 주인이 말하기를 '옛날에 해오라기와 꾀꼬리가 부엉이에게 노래로 내기를 한다.'고 하면서 가는 길에 해오라기가 개구리 한 마리를 부엉이에게 바쳤다. 이에 소리를 끊으며 말하기를 '크도다 해오라기여! 장부의 소리로다. 아름답다 꾀꼬리여! 기생의 소리로다.' 하였다. 꾀꼬리가 탄식하며 말하기를 '개구리가 없어서 이름을 얻지 못하였구나!' 하였다. 숙종이 크게 깨닫고 탐욕의 뇌물을 멀리하고 어진이를 들어 썼다.

| 주석 |

① 徐庶 : 삼국시대 영천[穎川 : 지금의 하남성 우주(禹州)] 사람으로 자는 원직(元直). 본명은 복(福). 처음부터 제갈량 등과 친구로 지냈다. 유비가 신야에 주둔할 때 귀순하여 자못 신임을 받았고, 또 일찍이 유비에게 제갈량을 적극 추천한다. 뒷날 모친이 조조에게 잡혀가고 그로 인해 협박을 받아 조조에게 귀순한다.

② 양보음(梁父吟)

步出齊城門	제나라 성문을 걸어나가면
遙望蕩陰裏	멀리 보이는 탕음리
裏中有三墳	그 동네에 세 무덤 있어
累累正相似	서로 비슷해 보이네.
問是誰家墓	누구네 집 무덤인가
田彊古冶子	전계강 고야자의 墓라네.
力能排南山	남산이라도 능히 밀어낼 힘이 있고
文能絶地理	천문지리를 꿰여 뚫더니
一朝被讒言	하루아침에 참소를 당하여
二桃殺三士	두 개의 복숭아로 세 용사를 죽였다네.
誰能爲此謀	누구의 꾀이던가?
相國齊晏子	제나라 재상 〈안영〉이라네.

이 작품에 대한 해설 곧 이야기는 다음과 같다.

제성(齊城)이란 산동성(山東省) 임치현(臨淄縣)으로 춘추전국시대 제
나라의 도읍이 있던 곳이고, 탕음리는 그 남쪽에 있다. 여기에는 똑
같은 묘가 세 개 있다. 삼분(三墳)이라면서 전개강(田開彊)과 고야자
(古冶子) 이렇게 두 사람밖에 들지 않았지만 또 한 기의 무덤은 공손
접(公孫接)의 것으로서 그들은 모두 문무에 뛰어났던 사람들이다. 이
내용은 〈안자춘추(晏子春秋)〉에서 인용한 것으로 그 이야기는 대략
이렇다. 춘추시대 제나라 경공(景公) 때 공손접(公孫接), 전개강(田開
彊), 고야자(古冶子) 등, 세 명의 용사가 있었다. 재상(宰相)인 안영(晏
嬰)은 이 세 명의 권세를 두려워했다. 만약 이 세 사람이 하나가 되어
일을 일으키는 날에는 제나라에 큰 화가 미칠 것을 두려워했던 것이
다. 안영은 모계를 꾸며 경공에게 그들 삼사(三士)를 제거하라고 아
뢰었다. 경공은 이 안영의 모계를 듣고 삼사에게 사자를 보내면서
복숭아 두 개를 주었다. '그대들 가운데 무용이 출중한 자가 이 복숭

아를 받으라.' 이렇게 경공은 사자를 통하여 명했다. 세 명이 같이 있던 자리에서 공손접은 생각했다. '이것은 틀림없이 우리 세 사람을 제거하기 위해 안영이 짜낸 계책일 것이다. 그러나 나는 호랑이를 맨손으로 쳐 죽이고 용명을 떨친 일이 있으니 복숭아 한 개는 내가 가질 수 있지.' 그는 복숭아를 한 개 받았다. 전개강도 삼군을 이끌고 공을 세웠다며 복숭아 한 개를 받았다. 이것을 보고 고야자가 어찌 참을 수 있었겠는가. '나도 지난날 주군을 따라 강물을 건널 때, 헤엄도 칠 줄 몰랐건만 강물 속에 들어가서 큰 거북을 잡아 죽였소. 그래서 사람들은 나를 하백(河伯 : 河神)이라며 칭찬했다오. 나야말로 복숭아를 받을 자격이 있소이다. 그대들은 그 복숭아를 내놓으시오.' 고야자는 이렇게 말하고 일어서더니 칼을 뽑았다. 그러자 공손접과 전개장이 탄식하며 말했다. '우리의 용맹은 그대에게 비할 바가 못 되오. 복숭아를 양보하지 않는다면 이것이야말로 탐욕이 될 것이고 또한 우리가 죽지 않는다면 이는 용기가 없는 것이오.' 그들은 복숭아를 각각 내주고 자살하고 말았다. 이것을 본 고야자도 크게 탄식했다. '두 친구가 죽었는데 나 혼자 살아 있는 것은 인(仁)이 아니요, 남을 부끄럽게 만들고 자랑하는 것은 의(義)가 아니야.' 고야자 역시 이렇게 말한 뒤 복숭아를 받지 않은 채 자살했다. 사자가 돌아와서 세 사람이 다 죽었다고 보고하자 경공은 예의를 갖추어 세 사람을 후히 장사지냈다. 이것은 군주권(君主權)을 확립시키는데 성공한 안자의 사업이라 하여 이야기가 전해오고 있다.

제갈공명과 양보음에 대한 이야기가 있다.

집에서 가지고 온 음식을 먹고 나자 제갈규가 손을 들어 건너편 구릉 하나를 가리키며 제갈근에게 물었다. '저기 보이는 저 언덕이 무엇인지 아느냐?' 열네 살의 숙성한 제갈근이었지만, 태산군으로 옮겨온 지 이제 일 년이 넘었을 뿐이었다. 성내를 벗어난 적이 없는데 태산 기슭에 있는 조그만 구릉을 알 리 없었다. '소자가 견문이 부족하여 알지 못하겠습니다.' '이곳이 옛날에는 제나라 땅이었다는 것은 알고 있겠지?' '예, 저 멀리 아득하게 보이는 성이 제나라 도성인 임치성 아닌지요?' '맞다. 이곳이 지금은 양보라는 지명으로 불리지만 옛날 제나라 시절에는 탕음(蕩陰)이라는 조그만 촌락이었다. 그때 당시 이곳에는 제나라 때의 유명한 장수들 무덤이 많이 있었는데, 그중 공손접(公孫接)과 전개강(田開疆), 그리고 고야자(古冶子)란 세 장수의 무덤이 유명하였다. 전해오는 말에 따르면 건너편에 솟아 있는 구릉이 바로 그 공손접과 전개강, 고야자 장군의 무덤이라고 하는데, 저 무덤이 생겨난 유래 때문에 이곳 탕음 마을이 꽤 유명해졌지.' '제나라 경공(景公) 때의 호걸인 공손접과 전개강, 고야자가 억울하게 죽었다는 것은 책에서 읽은 기억이 납니다만, 정확히 어떻게 죽었는지는 알지 못합니다.' '그렇다면 양보음(梁父吟)이라는 노래는 들어본 적이 있느냐?' '양보음? 처음 듣는 노래입니다. 양아, 너는 양보음이라는 노래를 알고 있니?' 제갈근이 옆에서 풀을 엮으며 장난을 치고 있던 동생 제갈량에게 물었다. 그때 제갈량은 일곱 살의 어린 나이였지만 노래를 무척 좋아하여 당시에 유행하던 노래는 거의 알고 있었기 때문에 그를 돌아보며 물었던 것이다. '양보음이오? 알지요. 형님은 아직 양보음도 모릅니까? 제가 가장 좋아하는 노래입니다.' 제갈량의 입에서 "양보음"을 안다는 대답이 나오자 제갈규까지 놀란 눈으로 바라보았다. '네가 그 노래를 어찌 아느냐?' '동네 아이들에게서 배웠습니다. 글방 선생님도 이따금씩 거문고를 타면서 양보음을 부르십니다.'

'그래? 그렇다면 그 노래 가사에 담긴 뜻도 알겠구나.' '글방 선생님이 한 번 가르쳐주신 적이 있긴 합니다만, 지금은 잊어버렸습니다.' '한 번 불러볼 수 있겠느냐?' 제갈규는 어리다고만 생각해온 제갈량의 입에서 이 지역 전통 민요인 "양보음"을 부를 줄 안다는 대답이 나오자 여간 대견하고 기특하게 여겨지지 않았다. '아버님과 형님께서 원하신다면 불러보겠습니다.' 노래라면 언제든 자신이 있었다. 글방에서도 그는 스승이건 동무들이건 시키기만 하면 사양하지 않고 노래를 불렀다. 제갈량은 자리에서 일어나 높고 맑은 음성으로 양보음을 부르기 시작했다고 한다.

③ 公孫枝 : 당진(唐晉) 공실의 먼 친척으로 섬진 공자집(公子縶)의 추천을 받아 섬진의 목공에게 출사했다. 자(字)는 자상(子桑)이다. 백리해(百里亥)를 목공에게 천거하였고 후에 백리해의 뒤를 이어 섬진의 재상을 지낸 사람이다.

④ 肅宗 : 조선 19대 왕으로 1674년 8월, 현종에 이어 14세의 어린 나이에 왕을 즉위, 곧바로 친정을 시작하였다. 현종의 장남이며, 명성왕후 김씨 소생이다. 1661년 8월 15일 경덕궁 화상전에서 태어났으며, 이름은 순, 자는 명보이다. 숙종시대는 붕당정치가 절정에 이른 때이다. 특히 현종 때부터 지속되어온 예송농쟁은 숙종의 처신을 매로 곤란하게 하였다. 과감한 성격의 소유자였던 숙종은 논쟁이 가열되자, 서인의 영수 송시열을 유배시키는 극단적인 조치를 취하며 남인 중심으로 조정을 이끌어 나간다. 하지만 남인의 영수 허적의 힘이 극대화되자, 숙종은 다시 남인 세력을 대거 축출하고 서인을 중용한다. 이후에 후궁 장옥정이 왕자 윤을 낳자, 숙종은 윤을 세자로 세웠는데, 서인들이 있는 힘을 다하여 반대를 한다. 그러자 숙종은 서인들을 숙청하고 급기야 송시열도 죽여 버린다. 또한 이 사건과 관련하여 정비였던 인현왕후 민씨가 폐위되고, 장옥정이 중전의 자리에 오르기까지 한다. 하지만 장옥정과 숙종의 관계가 악화되면서 인현왕후 민씨가 복위되고, 장옥정은 희빈으로 강등되는 상황이 벌어졌고, 결국 희빈 장씨는 죽음을 맞이하게 된다. 숙종의 46년 치세는 살얼음판이었지만 스스로 왕권을 확립하고 아내와 외척까지도 철저하게 정치적으로 이용하는 냉철한 면모를 보였죠. 숙종은 45년 10개월 동안 재위하다가 1720년 6월 8일 60세를 일기로 생을 마감하였다.

⑤ 無蛙不得名之句=唯恨當年無二蛙 : 세상에 전하기를 숙종대왕(肅宗大王)은 밤중에 서울 장안을 변복(變服)하여 다니시며 백성들의 생활이 어떤지를 몸소 살피셨다고 한다. 그도 그럴 것이 용상(龍床)에 앉아 대신(大臣)들의 말만 듣고는 백성의 어려운 형편을 속속들이 알 수 없기 때문이다. 이런 이야기가 있다. 숙종대왕이 밤늦게 남산 묵적동(墨積洞) 선비들만 사는 빈민촌에 야순(夜巡 : 밤에 순찰함)을 하고 있는데 밤늦게까지 창문에서 불빛이 새어 나오며 선비의 글 읽는 소리가 들렸다. 대왕은 글소리가 맑고 곱기도 하거니와 이렇게 밤늦게까지 글 읽는 선비는 여간 열성이 아니겠기에 그 집을 찾아 들어선 것이다. 다 쓰러져 가는 초가집 봉창으로 불빛이 새어 나오며 희미한 등잔불 아래 선비는 상투를 천정에 매달아 놓고 글을 읽고 있었다. 대왕은 인기척을 내고 '여보, 주인장, 밤이 깊어 실례이오만 지나가는 길손인데 날씨가 추우니 잠깐 쉬어 가도 좋겠소이까?' 하고 문을 두드렸다. 선비는 방문을 열고 '들어오시오. 그러나 불을 때지 못하여 쉬어 가시기 어렵겠소이다.' 하며 들어오라는 것이다. 초면의 인사가 끝나고 자리에 앉으니 불을 때지 못한 듯 방바닥이 얼음장같이 찬데 벽에 걸린 글씨가 선비가 쓴 글씨인 듯 자기 신세를 한탄하는 시를 쓴 구절이 있는데 암만 보아도 그 끝의 뜻을 모를 것 같았다. 그 글 구절은 '유한당년무이와(唯恨當年無二蛙)' 이다. 즉 '오직 당시에 개구리 두 마리 없었던 것이 한탄스럽다.' 라는 글이 적혀 있다. 그게 대체 무슨 뜻일까? 대왕이 책을 많이 보았지만 그런 글은 처음 대하기에, '여보 선비, 〈개구리 두 마리 없었던 것이 한이 된다.〉니 저게 대체 무슨 뜻이오?' '그럴만 하오이다. 제가 과거를 몇 번이나 보아도 낙방만 하기에 제 심정을 적어둔 글이니까요. 부끄러운 이야기요.' '어디, 그 글귀의 뜻이나 알아봅시다.' 선비는 한숨을 길게 내쉬며 다음과 같은 이야기를 하는 것이다. 옛날 어느 산골에서 동물들의 노래자랑이 있었다. 부엉이, 꾀꼬리, 따오기가 서로 제가 잘한다

고 자랑하여 백로에게 심판을 받자고 하였다. 백로는 심판이 되어 앞으로 한 달 후에 대회를 열어 심판을 하여 등위를 결정할 터이니 그때까지 각자 노래 연습을 하라고 했다. 자신이 있는 꾀꼬리는 버드나무 가지에 올라 목청을 가다듬고 있었고, 부엉이는 밤에 상수리나무 끝에 앉아 열심히 연습하는데 약간 실력이 없는 따오기는 노래연습은 하고 있지만 비상수단을 쓰기로 했다. 백로는 개구리를 잘 먹는다. 몰래 개구리 두 마리를 잡아다 백로에게 바치며 대회 하는 날 좀 잘 봐달라고 하는 것이다.

드디어 대회 날이 다가왔다. 먼저 꾀꼬리를 보고 노래를 부르라고 하였다. 꾀꼬리는 자신을 갖고 노래를 한창 열심히 부르는데 백로는 종을 「땡」 치며 '아름답고 아름다우나 그 소리가 요망스러움에 가깝도다.' 하고 중도에 탈락시킨다. 다음은 부엉이 차례, 부엉이도 역시 저대로의 실력을 발휘하는데 또 중간에서 종을 「땡」 치며 '웅장하고 웅장하나 그 소리 음탕함에 가깝다.' 는 것이다. 다음은 따오기 차례, 꾀꼬리와 부엉이는 대체 따오기가 어떻게 노래를 부르는지 들어 보자고 따오기를 주시하는데 따오기란 놈은 배를 쓱 문지르고 거만하게 자리에 나와 「따아옥 따아옥」 하고 소리를 뽑는다. 꾀꼬리와 부엉이는 무슨 저런 노래가 있을까 하고 백로의 심판을 기다리는데 따오기의 노래가 끝나자 백로는 「쾌활하고 쾌활하다. 그 소리 참으로 장부답다.」 하고서는 장원으로 뽑는다. 꾀꼬리는 개구리 두 마리로 백로의 환심을 사지 못한 것이 한이 될 수리에 없는 것이다. 겉 희고 속 검은 배로란 놈이 개구리 두 마리 얻어먹고 꾀꼬리를 밀어내고 따오기를 합격시킨 것이다. 선비의 이야기가 끝났다.

대왕은 선비의 이야기를 듣고 새삼스럽게 벼슬길의 어려움을 느꼈고 세상인심을 알 수 있는 것 같았고 선비와 토론을 해보았더니 과연 선비는 과거에 합격하고도 남을 학식을 갖춘 데 놀랐다. 이렇게 훌륭한 선비가 낙방만 하는 것은 대왕 자신이 나라를 잘못 다스린 것 같았다. 대왕은 선비를 꼭 합격시키고 싶었다. '여보, 선비, 듣자니 3일 후에 임시증광과(臨示增廣科 : 임시로 보이는 과거)를 보인다는데 참여해 보심이 어떻겠소? 나는 종로에 사는 이생원인데 과거에 대한 소식은 잘 알고 있소.' '나 같이 복 없는 사람, 또 낙방하지 않을는지?' '선비의 실력을 보니 합격하고도 남을 것 같소, 꼭 나가 보시오. 자, 나는 이만 떠나오.' 선비는 3일 후 과거장에 나가 기다리는데 현제판(과거의 글제가 걸린 판)에 글제가 걸렸는데 "유한당년무이와(唯恨當年無二蛙)"에 대한 내력을 시로 쓰라는 것이다. 다른 선비들은 모두 붓만 만지작거리고 있는데 선비는 자기의 억울한 하소연을, 서러웠던 과거를 단숨에 엮어갔다. 말할 것도 없이 다른 선비들은 모두 낙방하고 선비만 장원이었다. 도승지가 나와 '장원 ○○○ 선생, 이리 나오시오.' 하여 앞으로 나갔더니 그를 데리고 이리저리 전각을 돌아 어느 곳에 이르러 '어전에 사은숙배 드릴 터이니 의관을 단정히 갖추시오.' 하였다. 어전에 나가 절을 드리니 대왕은 만면에 웃음을 띠시고 '고개를 들어 과인(임금이 자기를 일컫는 말)을 보라.' 하기에 고개를 들었더니 바로 며칠 전 밤중에 찾아온 이생원이 옥좌에 앉아 있다. 그는 기가 막혀, '이이 이 생원 아니시오? 어떻게 여기에… 하였더니,' '어전이시오. 말씀을 삼가시오.' 하고 도승지가 주의를 준다. '경의 재주 조정에 으뜸이오. 소동파 문장에 왕희지 필법이로다. 과인을 도와 진충보국(盡忠報國)하라. 그대와 같은 인재를 초야에 오래 썩게 함은 과인의 잘못이 컸노라.' '황공하여 이다.' 선비는 눈물을 흘리며 임금님의 은혜에 감사하고, 나라를 위해 충성을 다 했다고 한다.

| 원문 |

賢君은 春蒐夏苗秋獮冬狩①하야 災未發而制之
하고 奸未蹶而防之니라.

蒐者 以索不孕之獸 苗者 以除五穀②之交 獮者 行殺以
順秋氣 狩者 圍守以告成功 此非娛樂③也 察民之情也. 有
懷之民 乘此機會④ 以達其志.

| 해역 |

어진 임금은 봄에 봄 사냥하고 여름에 여름 사냥하며, 가을에 가을 사냥하고 겨울에 겨울 사냥하야, 아직 재앙이 발생하지 않음에 제지하고 간사함이 아직 기울지 않음에 막나니라.

모은다는 것은 새끼를 갖지 않은 짐승을 찾는 것이요, 옮긴다는 것은 오곡에 섞임을 찾는 것이며, 가을 사냥이라는 것은 죽임을 행함에 가을의 기운을 따르는 것이요, 겨울 사냥이라는 것은 동산을 지켜 성공을 고하는 것이니 이는 오락이 아니라 백성의 정서를 살피는 것이다. 백성을 품음이 있으면 이 기회를 타서 그 뜻을 통달하게 된다.

| 주석 |

① 春蒐夏苗秋獮冬狩 : 봄 사냥인 춘수(春蒐), 여름 사냥인 하묘(夏苗), 가

을 사냥인 추선(秋獮), 겨울 사냥인 동수(冬狩)를 말한다.

② 五穀 : 옛날 인도에서는 보리·밀·쌀·콩·깨를 5곡이라 하였으며, 중국에서는 참깨·보리·피·수수·콩이거나 참깨·피·보리·쌀·콩의 5종, 또는 수수·피·콩·보리·쌀의 5종을 5곡이라고 하였다. 한국에서는 쌀·보리·조·콩·기장을 5곡이라고 한다. 식생활의 변화에 따라 시대나 지역에 의하여 종류나 순서가 달라진다. 5곡 이외에 6곡·9곡이라는 말도 사용한다.

③ 娛樂 : 흥미 있는 일이나 물건을 가지고 즐겁게 노는 일. 재미있게 놀아서 기분을 즐겁게 하는 일.

④ 機會 : (1) 공교(工巧)롭게 보람 있는 고비. (2) 기대하던 그때, 일을 하기에 적당한 시기.

086

| 원문 |

天地之大德①曰 "生"이요, 聖人之大寶②曰 "位"
천 지 지 대 덕   왈   생   성 인 지 대 보   왈   위

요, 賢君之大要③曰 "義"요, 萬民之大節④曰 "禮"요,
    현 군 지 대 요   왈   의   만 민 지 대 절   왈   예

應物之大化⑤曰 "財"니라.
응 물 지 대 화   왈   재

天地 以陰陽五行⑥ 化生萬物. 聖人 得其位而作禮樂⑦
천 지 이 음 양 오 행   화 생 만 물   성 인 득 기 위 이 작 예 악

賢君 以義治萬民. 萬民 以禮相和睦. 應物 以財相交易也.
현 군 이 의 치 만 민   만 민 이 례 상 화 목   응 물 이 재 상 교 역 야

司馬遷⑧曰 "夫使孔子 名布揚於天下者 子貢⑨ 先後之."
사 마 천   왈   부 사 공 자 명 포 양 어 천 하 자 자 공   선 후 지

| 해역 |

하늘과 땅의 큰 덕으로 말하자면 살리는 것이요, 성인의 큰 보배로 말하자면 지위이요, 어진 임금의 큰 요체로 말하자면 의요, 뭇 백성의 큰 절조로 말하자면 예요, 만물에 응하는 큰 됨으로 말하자면 재물이니라.

천지는 음양과 오행으로써 만물을 화육하여 살린다. 성인은 그 지위를 얻어 예와 악을 만든다. 현군은 의로써 만민을 다스린다. 만민은 예로써 서로 화목한다. 응물은 재물로써 서로 교역한다. 사마천이 말하기를 '무릇 공자의 이름을 천하에 펼쳐 드러나도록 한 것은 자공이 먼저였다.' 고 하였다.

| 주석 |

① 大德 : 넓고 큰 인덕(人德). 또는, 그러한 사람. 준덕(峻德). 홍덕(鴻德).

② 大寶 : 귀중한 보물. 지보(至寶). 가지(加持)에 사용하는 호마단(護摩壇). 임금의 도장(圖章).

③ 大要 : 대체의 요지. 대략적인 줄거리. 대약(大約). 개략. 대략적인 요지를 간추린 것.

④ 大節 : (1) 죽기를 각오하고 지키는 절개. (2) 크게 빛나는 절조(節操).

⑤ 大化 : 광대(廣大)한 덕화(德化).

⑥ 陰陽五行 : 우주 만물을 구성하고 생성변화를 이루어내는 음양의 두 기운과 금・목・수・화・토의 다섯 가지 요소. 이 두 가지는 중국 고대에 각각 독립적으로 형성되고 발전되다가 전국시대에 이르러 두 가지가 결합되어 하나의 개념으로 성립되었다. 음양은 본래 양지와 음지라는 기초적 개념으로 사용되다가 후에 태초의 원기(元氣)에서 일차적으로 파생되는 두 가지 상반된 기운이라는 의미로 바뀌었다. 나아가 음양은 일체 사물의 상호 대립된 측면을 설명하는 틀로 확대

되었다. 오행의 개념은 《서경》 홍범(洪範)에서 최초로 발견되며 인간 삶에 필요한 다섯 가지 원소라는 의미를 지녔다. 독립적으로 발전된 음양과 오행의 두 개념을 결합시킨 인물은 전국시대 추연(鄒衍)으로서 성상(星相)·방술(方術) 등 각종 문화현상을 음양오행으로 체계화했다고 전해진다. 그의 사상을 음양가라고 보통 부르는데 그의 저서는 대부분 실전되었다. 그중 알려진 것은 그가 오행을 역사의 변천과 발전을 해석하는 오덕종시설(五德終始說)을 제창했다는 점이다. 그는 오행 간에 서로 이기는 상극의 관계가 있다고 생각했다. 상극이란 억제 제지의 뜻으로 구체적으로는 토가 수를 이김[土克水], 수가 화를 이김[水克火], 화가 금을 이김[火克金], 금이 목을 이김[金克木], 목이 토를 이김[木克土]의 순환 과정에 따라 역사가 전개된다고 주장했다. 이를 중국 역사에 적용해볼 때 황제는 토덕에 바탕했고 하나라는 목덕, 은나라는 금덕, 주나라는 화덕으로서 왕조 교체가 오행의 순환에 의해 이루어졌다고 보았다. 후에는 이러한 도식을 적용하여 주를 멸하고 흥기한 진을 수덕으로, 진을 멸한 한을 토덕으로 간주했다. 그 후 독립된 학파로서의 음양가는 소멸했으나 음양오행론은 유가·도가 등에 수용되어 세계관의 기초로 활용되었다. 《예기(禮記)》월령(月令)에서는 사계절의 변화를 오행의 상생 및 음양이기의 생장과 쇠퇴로 설명했고 《여씨춘추(呂氏春秋)》 12기에서는 음양·오행·천문·율력·풍습·정치적 이상 등이 체계적으로 논의되었다. 나아가 《여씨춘추》에서는 천지만물의 생성과 변화를 음양오행에 의해 설명했다. 한대에 이르러 오행 간의 상생관념이 일어나 목이 화를 생함[木生火], 화가 토를 생함[火生土], 토가 금을 생함[土生金], 금이 수를 생함[金生水], 수가 목을 생함[水生木]의 순환과정을 생각하게 되었다.

⑦ 禮樂 : 공자는 자기 아들인 백어(伯魚)에게 시(詩)를 배우지 아니하면 말할 수가 없고, 예(禮)를 배우지 않으면 서지 못할 것이라 하였다. 그는 인격 도야에 의한 인간 완성의 최고 방편으로 예술을 들고 있

다. 시에서 얻은 풍부한 감흥을 예로써 다듬고, 악(樂)의 화(和)를 얻어 인간이 완성된다. 이렇듯 예와 악은 인격 완성에 노력하는 개인에 있어서나, 화평하며 질서 있는 인간사회를 구현하는 데 있어서나 위대한 효용이 있는 것이며, 이런 까닭에 군자는 이르기를 예와 악은 잠시라도 우리 몸에서 떠나게 할 수 없는 것이라고 한다. 공자가 이르기를 익자삼락(益者三樂), 즉 인간이 좋아하는 것 중에서 유익한 것으로서 예악(禮樂)을 절(節)하는 즐거움, 사람의 선(善)한 것을 말하는 즐거움, 현우(賢友)가 많은 즐거움, 이 세 가지가 있다 하면서 삼락(三樂) 중에서 예악을 첫째로 인정하고 있다. 자로(子路)가 완전한 인물에 대해 묻자 지(知), 불욕(不欲), 용(勇), 예(藝)를 갖춘 후에 예와 악으로 연마해야 한다는 것을 말하고, 인간 완성의 궁극적 과정에 예와 악이 있음을 교시하고 있다. 행신(行身)의 외면적 질서인 예와 정신의 내면적 조화를 달성하게 하는 악과는 상관관계가 있게 되며, 이를 존귀하게 여기는 것은 아름다운 것으로 용인되니 예와 악 양자는 필경 인격미를 구현하는 원리가 된다. 예(禮), 시(詩), 악(樂)의 바탕을 이루는 공자의 사상은 무엇일까? 그것은 공자에 의하면 곧 인(仁)이며, 미(美)의 구현 원리에 인이 당면해 있음을 안다. 공자는 인간으로서 인을 지니지 못하면 악을 해서 무슨 소용이 있느냐고 하니, 인이 없이는 악이 악으로서의 의미를 잃고 공허한 것이 되고 마는 것이다. 따라서 인은 악의 전제 요건을 이루는 것이다. 이에 앞서 인을 지니지 못하면 예를 해서 무슨 소용이 있느냐고 하니, 인은 또한 예의 전제 요건이다. 따라서 예술은 인의 구현 원리로서 의미를 갖는 것이다.

⑧ 司馬遷(B.C. 145년 혹은 B.C. 135년 추정~B.C. 87년 추정) : 하양(夏陽) 사람, 혹은 용문(龍門) 사람이라고도 한다. 자는 자장(子長)이다. 서한(西漢) 시기의 위대한 사학가(史學家)이자 문학가, 사상가이다. 사마담(司馬談)의 아들로 벼슬은 태사령(太史令)이었다. 이릉(李陵)을 변호한 후

에 궁형(宮刑 : 생식기 제거)을 받았다. 후에 중서령(中書令)이 되었다. 부친의 유언으로 기전체(紀傳體) 역사서인 《사기(史記)》를 완성하여 사천(史遷), 태사공(太史公), '역사의 아버지'라는 영광스런 칭호를 얻었다. 어려서 공안국(孔安國), 동중서(董仲舒)에게서 학문을 배웠고, 전국을 유랑하면서 각지의 풍속과 전설 등을 수집했다. 그는 《사기(史記)》를 저술할 때에 "하늘과 사람의 이치를 연구하고, 고금의 변화를 통달하여 스스로 일가(一家) 이룬다."는 것을 목표로 삼았다. 이 책은 고대 중국의 전설시대부터 한(漢)나라 무제(武帝) 원수(元狩) 원년(B.C. 122)까지 총 3천여 년의 역사가 기술되어 있다.

⑨ 子貢(B.C. 520년 추정~B.C. 456년 추정) : 춘추 시대 위(衛)나라 사람. 성은 단목(端木)이고, 이름은 사(賜)며, 자가 자공이다. 공문십철(孔門十哲)의 한 사람으로 재아(宰我)와 더불어 언어와 사령(辭令)에 뛰어났다고 한다. 이재가(理財家)로서도 알려져 수천 금(金)의 재산을 모았다. 공문(孔門)의 번영은 그의 경제적 원조에 힘입은 바가 컸다고 한다. 공자가 죽은 뒤 노나라를 떠나 위(衛)나라에 가서 벼슬했으며, 제(齊)나라에서 죽었다. 일찍이 제(齊)·오(吳)·진(晉)·월(越) 등 여러 나라에 가서 유세하여 오나라로 하여금 제나라를 공격하게 해 노나라를 구했다. 그의 이런 성과는 그가 스승인 공자보다 뛰어난 인물로 여겨질 정도여서 공자 사후 그를 공문의 후계자로 내세우려는 움직임이 있었을 정도였다. 송나라 진종(眞宗) 대중상부(大中祥符) 2년(1009) 여양공(黎陽公)에 추봉되었다.

| 원문 |

生財有道하니 生之者-衆하고 用之者-寡면 財恒
생 재 유 도   생 지 자 중   용 지 자 과   재 항

足이니라.
족

凡治産①之要 量入計出② 不至流亡.③
범 치 산 지 요 양 입 계 출   부 지 유 망

| 해역 |

재물을 생산하는데 도가 있으니 생산하는 자는 많고 쓰는 자가 적으
면 재물이 항상 넉넉 하나니라.

대범 재산을 다스리는 요긴함은 들어옴을 헤아려서 냄을 계획한다
면 유망에 흐르지 않는다.

| 주석 |

① 治産 : (1) 생활의 수단을 세움. 가업에 힘씀. (2) 재산을 관리 · 처분
   함.

② 量入計出 : 수입(收入)을 헤아려 지출(支出)을 계획함.

③ 流亡 : 정처 없이 떠돌아다니는 일, 또는 그러한 사람.

| 원문 |

士農工商①을 謂之四民②이니 四民이 各安其業則
사 농 공 상 　　　 위 지 사 민 　　 사 민 　 각 안 기 업 즉

家富豪하고 無爲徒食③을 謂之逸民④이니 逸民이 各
가 부 호 　　 무 위 도 식 　　 위 지 일 민 　　 일 민 　 각

恣其志則國空虛⑤니라.
자 기 지 즉 국 공 허

逸者 航也. 人人 各得生産則雖不欲富 不可得也.
일 자 류 야 　 인 인 　 각 득 생 산 즉 수 불 욕 부 　 불 가 득 야

| 해역 |

　선비와 농부와 공장과 상업을 일러서 사민이라 하나니, 사민이 각각
그 직업에 편안하면 가정이 부호하지만, 하는 일이 없이 먹기만 하는
것을 일러서 일민이라 하나니, 일민이 각각 그 뜻을 방자하게 하면 나
라가 텅 비나니라.

　일이란 흐름이다. 사람들이 각각 생산을 얻으면 비록 부유하려 아
니해도 가히 얻지 못한다.

| 주석 |

① 士農工商 : 선비·농부·공장·상인 등 네 가지 신분(身分)을 아울러
　이르는 말. 봉건시대(封建時代)의 계급관념을 순서대로 일컫는 말.
② 四民 : 사(士)·농(農)·공(工)·상(商)의 통칭. 곧 유학(儒學)을 업으로
　하는 자, 농민, 수공업 장인(匠人), 상인 등을 백성의 네 가지 범주로
　인식한 데서 나온 말.

③ 無爲徒食 : (1) 하는 일 없이 헛되이 먹기만 함. (2) 게으르거나 능력(能力)이 없는 사람.

④ 逸民 : 학문(學問)과 덕행(德行)이 있으면서도 세상에 나서지 아니하고 민간에 파묻혀 지내는 사람.

⑤ 空虛 : 속이 텅 빔.

089

| 원문 |

脚蹇手病之人도 各有其能이니 任其所能則各盡
각 건 수 병 지 인　　각 유 기 능　　　　　임 기 소 능 즉 각 진
其能이니라.
기 능

放之則爲逸民 使之則爲四民也. 孫武^① 敎鍊^②女兵 斬魁
방 지 즉 위 일 민 사 지 즉 위 사 민 야　손 무　　교 련　여 병　참 괴
二人而女兵 乃成.^③
이 인 이 여 병　내 성

| 해역 |

다리를 절고 손에 병든 사람도 각각 그 능함이 있는 것이니, 그 능한 바에 맡기면 각각 그 능함을 다 하나니라.

놓아버리면 일민이 되고 부리면 사민이 된다. 손무는 여자 병사를 교련하다가 우두머리 두 사람을 베니 이에 여병이 이루어졌다.

① 孫武 : 춘추시대 오나라의 인물. 자는 장경(長卿)이다. 제나라 낙안 출
신. 그 유명한 손자병법 13편의 저자. 생몰연대에 대해서는 알려진
바가 없다. 다만 공자와 비슷한 시기를 살았던 인물이 아닌가 추정된
다. 조상은 진나라 왕족으로 본래 성은 규씨. 기원전 627년 공자 완
이 제나라로 망명해 정착했을 때 전(田)으로 성을 바꾸고 100여 년
동안 전씨 일족이 번성했는데, 손무의 조부인 전서가 거 땅을 정벌하
는데 공을 세움으로써 손이라는 성을 받았다고 한다. 이후 손무도 조
상이 그러했듯 제나라에서 살았으나 손무가 장성했을 때 제나라에
서 내란이 일어나자 전국을 정처 없이 떠돌아다닌 것으로 추정된다.
손무가 오자서의 추천을 받아 오왕 합려에게 13편의 병법서를 보인
것은 이 무렵의 일로, 이에 대한 일화는 사기에 실려져 있다.

② 敎鍊 : (1) 가르쳐서 단련시킴. (2) 전투에 필요한 지식, 기술 등을 가르
치는 훈련.

③ 일화에 따르면 합려는 손무의 병법 13편을 읽은 뒤 손무에게 자신의
역량을 증명할 것을 제안하고 손무는 이 제안에 따라 180명의 궁녀
를 즉석에서 조련해 보인다. 이 과정에서 손무가 처음으로 한 것은
전권위임과 부대의 분리, 부대장 임명, 명령체계와 신호를 약속하는
것이었다. 이후 손무는 합려에게 전권을 위임받았다는 증표인 도끼
를 걸고, 합려가 가장 총애하는 궁녀 2명을 부대장으로 한 2개의 부
대에게 명령을 내렸으나 궁녀들은 처음 이 명령을 따르지 않고 웃기
만 했다고 한다. 이에 손무는 이를 명령이 철저하지 못하고 신호를
똑바로 하지 못한 장수인 자신에게 책임이 있다고 하며 다시금 명령
체계와 신호를 확실히 한 뒤 또 한 번 명령을 내린다. 하지만 다시금
궁녀들은 명령에 따르지 않았고 이에 손무는 '장수의 명령과 신호가
올바랐음에도 명령이 실행되지 않은 것은 부대장의 죄이다.' 라며 부

대장 둘을 처형을 명령. 이를 본 합려가 손무를 만류하자 '장수가 군
대를 이끌 때에는 아무리 군주의 명령이라 할지라도 받아들일 수 없
는 게 있는 법입니다.' 라며 뿌리치고 궁녀 둘을 처형. 직후 다시 명
령을 내리자 궁녀들은 손무의 명령에 한 치에 오차도 없이 따랐다고
한다. 하지만 이를 본 합려는 손무의 능력보다는 총애하는 궁녀 둘을
잃었다는 사실에 슬퍼하는데, 손무는 '왕께서는 병서의 글자만 좋아
할 뿐, 병서의 내용을 활용하시지 못하십니다.' 라며 합려를 비난, 합
려는 손무의 뛰어남을 알고 손무를 등용하였다고 한다.

090

| 원문 |

可惠而不惠면 非仁也요, 可罰而不罰이면 非義
가 혜 이 불 혜   비 인 야   가 벌 이 불 벌   비 의
也니 非義何威며 非仁何德이리요, 不威不德이면 法
야   비 의 하 위   비 인 하 덕   불 위 부 덕   법
令①不行하니라.
령 불 행

德而不威 其國 外削 威而不德 其民 內潰.
덕 이 불 위 기 국 외 삭 위 이 부 덕 기 민 내 궤

| 해역 |

가히 은혜로울만한데 은혜롭지 아니하면 인이 아니요, 가히 벌할만
한데 벌하지 아니하면 의가 아니니 의가 아니면 어찌 위엄스러울 것이
며 인이 아니면 어찌 덕스러우리요, 위엄스럽지 않고 덕스럽지 않으면

법령이 행해지지 아니 하나니라.

덕스러우나 위엄스럽지 않으면 그 나라가 밖으로 깎이고, 위엄스러우나 덕스럽지 않으면 그 백성이 안에서 무너진다.

| 주석 |

① 法令 : 법률과 명령. 좁은 의미로는 국회에서 제정한 법률과 행정부에서 제정한 명령(대통령령·총리령·부령)만을 의미하지만, 넓은 의미로는 지방자치단체의 조례·규칙·대법원 규칙·국회 규칙 등 각종의 법 형식을 총칭하는 의미로 쓰인다.

091

| 원문 |

政之所施면 莫知其化하고 時之所在면 莫知其移
정 지 소 시   막 지 기 화   시 지 소 재   막 지 기 이
하고 人之修身이면 莫知其成이니라.
        인 지 수 신   막 지 기 성

法令之下 民莫不化 四時①之序 物莫不移 學問②之熟 智
법 령 지 하 민 막 불 화 사 시   지 서 물 막 불 이 학 문 지 숙 지
莫不成.
막 불 성

| 해역 |

정치가 베풀어지면 그 교화되는 것을 알지 못하고, 때에 있어지면

그 옮겨지는 것을 알지 못하고, 사람이 몸을 닦으면 그 이뤄지는 것을 알지 못 하나니라.

법령의 아래에 백성이 교화되지 않음이 없고, 사시의 차례에 만물이 옮기지 않음이 없으며, 학문이 성숙함에 지혜가 이뤄지지 않음이 없다.

| 주석 |

① 四時 : (1) 사철. (2) 한 달 중의 네 때. 곧 회(晦), 삭(朔), 현(弦), 망(望). (3) 하루의 네 때. 곧 단(旦), 주(晝), 모(暮), 야(夜).

② 學問 : (1) 지식을 체계적으로 배워서 익히는 일. 또는, 사물을 탐구하여 이론적으로 체계화된 지식을 세우는 일. (2) 일정한 분야에서 어떤 이론을 토대로 하여 체계화한 지식의 영역(領域).

092

| 원문 |

成人①者는 無愧天地하며 無疑鬼神②하며 無惑聖
성인 자   무괴천지   무의귀신   무혹성

人③하며 無辱萬物이니라.
인   무욕만물

成人之道 有生而知之 學而知之 困而知之④ 及其成功
성인지도 유생이지지 학이지지 곤이지지   급기성공

一也. 有其德則天地 莫能禦 鬼神 莫能測 聖人 莫能易 萬
일야 유기덕즉천지 막능어 귀신 막능측 성인 막능역 만

物 莫能欺也.
물 막 능 기 야

| 해역 |

사람됨을 이룬 자는 하늘땅에 부끄러움이 없으며, 귀신도 의심이 없으며, 성인도 의혹됨이 없으며, 만물도 욕됨이 없나니라.

사람을 이루는 도는 나면서 알고 배워서 알며 고생하여 아는 것이니 그 공을 이룸에 미쳐서는 하나이다. 그 덕이 있으면 하늘땅도 능히 막을 수 없고 귀신도 능히 헤아릴 수 없으며, 성인도 능히 바꿀 수 없고 만물도 능히 속일 수 없다.

| 주석 |

① 成人 : (1) 성년(成年)이 됨. 또는, 성년이 된 사람. 대인(大人). (2) 인간 발육의 최종기인 청년기에 계속하여 심신의 발육을 마치고 어른이 된 사람.

② 鬼神 : 사람의 죽은 넋. 사람에게 복과 화를 준다는 정령(精靈). 어떤 일을 유난히 잘하는 사람.

③ 聖人 : 사리(事理)에 통달하고 덕과 지혜(智慧)가 뛰어나 길이길이 우러러 받들어지고 만인(萬人)의 스승이 될 만한 사람을 일컫는 말.

④ 生而知之 學而知之 困而知之 : 《논어(論語)》에 "生而知之者上也, 學而知之者次也, 困而學之又其次也."라 하였다. 즉 '나면서부터 아는 사람이 상이요, 배워서 아는 사람이 다음이며, 고생하여 배우는 사람이 그다음이다.' 고 하였다.

| 원문 |

萬物이 皆有自然①이니 知其自然이면 可與言志이
만물   개유자연   지기자연   가여언지

니라

自然者 順理②也 自慾者 逆理③也. 慾勝義則亡 義勝慾
자연자 순리 야 자욕자 역리 야 욕승의즉망 의승욕

則昌.
즉 창

| 해역 |

만물이 모두 자연으로 있는 것이니 그 자연을 알면 가히 더불어 뜻
을 말 하나니라.

자연이란 이치에 순응하는 것이요 자욕이란 이치를 거스르는 것이
라, 욕심이 의를 이기면 망하고 의가 욕심을 이기면 창성한다.

| 주석 |

① 自然 : (1) 저절로 그렇게 되는 모양. 사람의 힘을 더하지 않는 천연(天
然) 그대로의 상태. (2) 조화(調和)의 힘에 의하여 이루어진 일체의 것.
② 順理 : (1) 도리에 순종함. (2) 올바른 이치나 도리.
③ 逆理 : 이치에 맞지 아니함. 거꾸로 된 나뭇결.

| 원문 |

劒老無芒이요, 人老無剛이니 年高德重하면 揖讓①
검 로 무 망　　　　인 로 무 강　　　　연 고 덕 중　　　　읍 양

爲聖人이니라.
위 성 인

堯舜②之禪位③ 范雎④蔡澤之讓印⑤ 是也.
요 순 지 선 위　　범 수 채 택 지 양 인　　시 야

| 해역 |

칼이 오래되면 까끄라기도 벨 수 없는 것이요, 사람도 늙으면 굳셀

수가 없는 것이니 나이가 높을수록 덕이 무거우면 읍양을 함에 성인이

되나니라.

요임금과 순임금의 위를 선양함과 범수와 채택의 인을 양보함이 이

것이다.

| 주석 |

① 揖讓 : (1) 예를 다하여 사양함. (2) 읍하는 동작과 사양하는 동작. (3)

겸손(謙遜)한 태도를 가짐.

② 堯舜 : 제요(帝堯)와 제순(帝舜)은 중국의 신화 속 군주이다. 중국의 삼

황오제(三皇五帝) 신화 가운데 오제의 하나이다. 요(堯)는 순(舜)과 함

께 성군(聖君)의 대명사로 일컬어진다. 현재까지 요의 역사적 실존성

은 정확히 밝혀진 바가 없고, 다만 우왕과의 관계에서 하나라 이전에

도 국가 비슷한 실체가 형성되어 있음을 보여주는 자료로 사용된다.

③ 禪位 : 왕이 살아 있으면서 다른 사람에게 왕위를 물려주는 일이다.
우리나라에서는 고구려의 태조왕(太祖王 : 國祖王)이 재위 94년에 동
생 수성에게 왕위를 물려준 것이 처음이다. 또 신라 진성여왕은 궁
예·견훤 등의 등장으로 나라가 혼란해지자 재위 11년에 태자 요에
게 선위했다. 고려시대에는 981년 경종이 성종에게, 1095년 헌종이
숙종(肅宗)에게, 1146년 인종(仁宗)이 의종에게, 1204년 신종이 희종
에게, 1298년 충렬왕(忠烈王)이 충선왕(忠宣王)에게, 1313년 충선왕이
충숙왕에게, 1330년 충숙왕이 충혜왕에게 왕위를 물려주었다. 조선
시대에는 1398년 태조(太祖)가 정종(定宗)에게, 1400년 정종이 태종
(太宗)에게, 1418년 태종이 세종(世宗)에게 선위했다.
④ 范雎(?-?) : 중국 전국(戰國)시대 진(秦)나라의 정치가. 위(魏)나라 태
생으로 처음엔 수가(須賈)의 가신으로 있었으나 모함을 받자 진(秦)나
라로 도망가 소양왕을 설득, 그의 객경(客卿 : 외국인으로 재상의 위에 오
른 사람)이 되고 이후 진나라의 부흥을 위해 진력했다.
⑤ 蔡澤之讓印 : 전국 시대 연(燕)나라 사람. 변설이 좋았고 지략이 풍부
해 제후(諸侯)들에게 다니면서 유세를 했다. 진소왕(秦昭王) 52년 진
상(秦相) 범수(范雎)가 추천한 정안평(鄭安平)과 왕계(王稽)가 죄를 졌다
는 소식을 듣고 진나라로 들어가 범수에게 사퇴할 것을 권고했고, 범
수가 소왕에게 추천하여 객경(客卿)이 되었다. 얼마 뒤 범수가 병을
이유로 재상의 직위를 내놓자 마침내 범수를 대신해 재상이 되고, 서
주(西周)를 공격해 멸망시킬 계책을 내놓았다. 다른 사람이 모함하자
후환이 두려워 즉시 재상에서 물러나고 강성군(綱成君)이라 불렸다.
진나라에서 10여 년 동안 머무르면서 소왕과 효문왕(孝文王)과 장양
왕(莊襄王)과 시황(始皇)까지 섬겼다. 진시황을 위해 연(燕)나라에 가
연나라의 태자단(太子丹)이 진나라에 인질로 오도록 했다.

095

| 원문 |

余業于木工而所幸者-有三하니 一不與人是非
여 업 우 목 공 이 소 행 자 유 삼   일 불 여 인 시 비

이요, 二不怒俸雇價①요, 三不挾恃富貴니라.
    이 불 노 봉 고 가   삼 불 협 시 부 귀

不知惡言 人不能是非 不怒雇價 皆不能凌辱② 無求於
부 지 악 언 인 불 능 시 비 불 노 고 가 개 불 능 능 욕   무 구 어

世 富貴 不能脫志也.
세 부 귀 불 능 탈 지 야

| 해역 |

내 직업은 목공으로 행복한 바가 셋이 있으니 첫째는 사람과 더불어 시비하지 않는 것이요, 둘째는 봉급이나 품팔이의 가격에 성내지 않는 것이요, 셋째는 부와 귀를 끼고 믿지 않음이니라.

악한 말을 알지 못하고 사람과 능히 시비하지 않으며 품팔이 가격에 성내지 않는 것은 모두 능히 능욕되지 않는 것이다. 세상에 구함이 없으면 부귀라도 능히 뜻을 잃지 않게 된다.

| 주석 |

① 雇價 : 품삯.

② 凌辱 : (1) 남을 업신여기어 욕(辱)보임. (2) 여자를 강간(强姦)하여 욕보임.

| 원문 |

察見淵魚者는 不祥^①이요, 智料隱慝^②者는 有殃이
찰 견 연 어 자 불 상   지 료 은 특 자 유 앙
요, 果於自用^③者는 無功이니라.
과 어 자 용 자 무 공

秦 胡緩 能見隔牆之物 不免一醫師. 秦將郤雍^④ 察盜無
진 호 완 능 견 격 장 지 물 불 면 일 의 사   진 장 극 옹   찰 도 무
違 終死于盜. 楚王項羽^⑤ 不聽范增^⑥言而竟失天下.
위 종 사 우 도   초 왕 항 우   불 청 범 증 언 이 경 실 천 하

| 해역 |

　연못의 고기를 살펴보는 자는 상서롭지 못한 것이요, 지혜로 숨겨진 간특함을 헤아리는 자는 재앙이 있는 것이요, 스스로 쓰는데 과감한 자는 공이 없나니라.

　진나라 호완은 능히 막힌 담 너머의 물건을 보았지만 하나의 의사를 면하지 못하였다. 진나라 장수 극옹은 도적을 살피는데 어김이 없었지만 마침내 도적에게 죽었다. 초나라 왕인 항우는 범증의 말을 듣지 아니하여 마침내 천하를 잃었다.

| 주석 |

　① 不祥 : 상서(祥瑞)롭지 못함. 불길(不吉)함.
　② 隱慝 : 숨겨져 있는 간특한 것.
　③ 自用 : (1) 자기의 씀씀이. (2) 자기가 몸소 씀.

④ 郤雍:『열자・설부(列子・說符)』에 있는 이야기이다. 진나라에는 도둑이 너무 많아 백성들을 괴롭혔다. 그런데 이때에 극옹이라는 사람이 있었다. 이 사람은 도둑의 관상을 잘 보았다. 깜박거리는 속눈썹을 한 번만 봐도 도둑의 마음을 알아낼 수 있었다. 진나라의 임금이 그에게 도둑을 찾아내 보라고 했다. 과연 수많은 사람 가운데서 도둑을 잡아내는데 틀림이 없었다. 진나라 임금이 이것을 보고 매우 기뻐하여 조문자에게 말했다. '나는 도둑을 잘 잡아내는 사람을 하나 발견했다. 그 사람 하나만 있으면 국내의 여러 도둑을 틀림없이 다 잡아낼 것이다. 다음부터는 도둑을 잡는데 사람이 그렇게 많이 필요하지 않을 것이다.' 조문자가 말했다. '임금께서는 도둑의 관상을 보고 잘 수색해 내는 사람 하나만 있으면 도둑이 다 없어지리라 믿으시지만, 그것만 가지고는 안 됩니다. 그뿐만 아니라, 극옹은 반드시 제명에 죽지 못할 것입니다.' 과연 얼마 안 되어 도둑들이 모여 의논을 했다. '우리가 지금 곤궁에 빠진 까닭은 저 극옹 한 놈이 있기 때문이다. 그놈만 처치해 버리면 그만이다.' 이렇게 도둑들이 결의하고 드디어 다 같이 몰래 들어가서 극옹을 살해해 버렸다. 진나라 임금은 이 소식을 듣고 크게 놀라서 조문자를 불러서 말했다. '과연 당신의 말대로 극옹이 도둑들에게 죽고 말았다. 그러면 당신은 도둑을 잡을 무슨 좋은 방법이라도 있는가?' '주나라 속담에 이런 말이 있습니다. 「물고기를 잡는데 연못 밑바닥에 숨어 있는 물고기까지 잡으려고 자세히 들여다보는 사람에게는 반드시 좋지 못한 일이 생긴다. 사람을 알아보는데 가슴에 숨기고 있는 비밀까지 탐지해 내는 지혜가 있는 사람은 반드시 재앙이 미친다.」라고, 또 임금께서 만일 참으로 도둑을 없애려면 먼저 어진 사람에게 일을 맡기시고 그로 하여금 윗자리에 있는 사람들을 밝게 교화시키고, 아래에 있는 사람들을 감화시키어 백성들에게 수치심이 생기게 하시면 도둑질을 하라고 해도 아니할 것입니다. 그들이 어찌 도둑질을 하겠습니까?' 진나라 임금

은 수회라는 어진 사람을 써서 이제부터 할 정책을 백성들에게 널리 알렸다. 이로부터 도둑들은 이런 좋은 나라에서 도둑질을 할 수 없다고 하여 달아나 버렸다.〔晉國苦盜. 有郤雍者, 能視盜之貌, 察其眉睫之間, 而得其情. 晉侯使視盜, 千百無遺一焉. 晉侯大喜, 告趙文子曰:「吾得一人, 而一國之盜爲盡矣, 奚用多爲?」文子曰:「吾君恃伺察而得盜, 盜不盡矣, 且郤雍必不得其死焉.」俄而群盜謀曰:「吾所窮者郤雍也.」遂共盜而殘之. 晉侯聞而大駭, 立召文子而告之曰:「果如子言, 郤雍死矣! 然取盜何方?」文子曰:「周諺有言:『察見淵魚者不祥, 智料隱匿者有殃.』且君若欲無盜, 若莫擧賢而任之; 使敎明於上, 化行於下, 民有恥心, 則何盜之爲?」於是用隨會知政, 而群盜奔秦焉.〕

⑤ 項羽(기원전 232년-기원전 202년):이름은 적(籍), 우(羽)는 자이다. 임회군 하상현(臨淮郡 下相縣, 현재는 江蘇省) 출생. 사마천(司馬遷)의 《사기(史記)》에 항우에 관한 기록이 전한다. 항우의 할아버지는 항연(項燕)이라는 사람으로 초나라 대장군을 지낸 인물이며, 진나라와 전투에서 패해 자결하였다. 항우가 태어난 시기는 전국시대였으며 그가 장성하였을 때는 진나라가 천하를 통일하고 이후 나라가 혼란스러울 때였다. 귀족 집안에서 태어났지만 어려서 부모를 잃고 삼촌 항량(項梁)에게 맡겨져 가난하게 자랐다. 젊은 시절 키가 8척에 이르렀고 큰 솥을 들어 올릴 정도로 힘이 장사였다고 기록하고 있다. 그리고 '문자는 제 이름을 쓸 줄 알면 충분하고, 검술이란 1인을 상대할 뿐인 하찮은 것' 이라 하여 공부를 하지 않았는데 오로지 병법에만 관심을 가지고 있었다. 하지만 당시 항우는 이미 검술과 전투에 능했으며 각종 병장기를 잘 다루었다고 전한다. 삼촌 항량이 살인을 저질러 가족 모두가 회계(會稽, 현재의 쑤저우蘇州)로 달아나 그곳에 정착하였다. 마침 회계군으로 행차하는 진나라 시황제의 성대한 행렬을 보고 '내가 저 녀석을 물리치고 황제 자리를 대신해 줄 테다.' 라고 호언하였다는 일화가 전해진다. 진나라에 반발하여 전국에서 무장봉기가 일어나

고 있었는데 그중 B.C. 209년 진승(陳勝)·오광(吳廣)의 난으로 진나라가 큰 혼란에 빠지게 되었다. 이때 항우도 숙부 항량(項梁)과 함께 봉기하여 회계군 태수를 참살하고 인수(印綬)를 빼앗은 것을 비롯하여 진나라 병사를 휘하에 모아 세력을 형성하였다. 항량과 항우가 거병했다는 소문이 퍼지자 도처에서 호걸들이 모여들었다. 진승과 오광이 내부 반란자에게 피살되자 더욱 세력이 확장되었고 책사 범증(范增)의 건의로 초나라 왕족 웅심(熊心 : 초나라 회왕의 손자)을 추대하여 봉기의 명분과 민심을 얻게 되었다. 항량이 진나라와 전투에서 사망하고 진나라 장수 장한의 공격으로 진승, 오광 등이 차례로 죽자 위기에 몰리게 되었다. 초나라 송의가 최고 사령관을 맡아 지휘하였지만 진군하지 않자 항우는 송의를 죽이고 전면에 나서게 되었다. 항우는 거록의 전투에서 앞장서 진나라 장한의 군사를 격파하고, 진나라 정예병을 패퇴시켰다. 항우는 거록의 전투에서 대대적인 승리를 거두며 뛰어난 군사적 재능을 보여주며 가장 강력하고 유력한 인물로 떠오르게 되었다. 항우는 연전연승을 거두며 동쪽 성문인 함곡관[函谷關]을 넘어 관중(關中, 현재 산시성 위수)으로 쳐들어갔다. 항우는 진나라 시황제의 무덤을 파괴하며 황궁을 약탈하였고 이것으로 진나라는 멸망하였다. 하지만 항우에 앞서 관중에 들어와 있던 유방(劉邦) 군사의 저항을 받았지만 함곡관에서 이를 물리치고 관중으로 진격했다. 하지만 홍문(鴻門)에서 유방을 만나 그의 사죄를 받고 오히려 그의 계략에 속아 놓아주고 말았다. 항우는 유방을 가소롭게 여기고 진나라 왕 자영(子嬰)을 죽이고 도성 함양(咸陽)을 불사른 뒤에 팽성(彭城 : 徐州)에 도읍하여 스스로 서초(西楚)의 패왕(霸王)이라 칭하였다. 그리고 진나라 멸망을 위해 함께 싸운 장수들의 공로에 따라 분봉하여 18명의 제후를 임명하였다. 이때 유방에게 한중 땅을 주고 한왕(漢王)으로 임명하였다. 그러나 항우를 따라 전투에서 공훈을 세우고도 봉토를 받지 못한 장수들의 반란이 일어나게 되었다. 항우의 실패 원인은 자신의 최대 정적이었던 유방을 가소롭게 생각하였고 휘하의 제후들에게 봉토를 나누어주면서 공정하게 처리하지 못했다. 이 때문에 항우 진영에서 이탈하는 부하들이 생겨나고 이들을 통솔하지 못하여 무너지기 시작하였다. 항우는 유방과 중국 천하를 두고 경쟁하였는데 팽성 전투에서 고작 5만 명의 군사로 56만 명의 유방 군사를 무찔렀다. 하지만 수하의 장수들이 항우의 노여움을 두려워한 나머지 한왕 유방에게 투항하는 일이 생겼고 유방은 주변 세력을 연합하는 전략을 구사했다. 이 때문에 항우는 점점 고립되기 시작했다. 적과의 전투에서 단 한 번도 패하지 않았지만 그의 마지막 전투인 해하(垓下, 해하의 결전)에서 한왕(漢王) 유방과 명장 한신(韓信)에게 포위되어 자살하였다. 이때 그가 사랑했던 여인 우희(虞姬)와 헤어지는 모습을 두고 패왕별희(霸王別姬)라는 고사가 전해진다. 항우를 두고 후대의 사람들은 항우는 병법에 뛰어나고 힘이 장사였지만 정치적으로는 미숙한 인물로 평가하였다.

⑥ 范增(?-기원전 204년): 중국 초나라의 책사이자 정치가이다. 본디 유식하고 지모가 뛰어나 많은 사람들의 존경을 받고 정계로 나가 출세하라는 권유도 받았지만, 진나라의 기반이 약하고 훗날 천하가 다시 어지러워질 것을 알고는 독경하고 농사일을 하며 여생을 보낸다. 마침내 진승과 오광의 난으로 천하가 어지러워지자, 항량과 계포의 간곡한 요청으로 인해 나이 70세에 항량을 섬겼다. 초 회왕의 자손을 왕으로 옹립해 신망을 받을 것을 진언하여 항량의 초나라가 천하의 인정을 받을 수 있도록 하였다. 항량이 장한의 계책으로 인해 죽자, 항우를 따랐고 항우에게 아부(亞父)라는 존칭을 받는다. 유방이 항우와 초나라를 위험하게 할 것을 예상하며 홍문의 회에서 유방을 죽이려고 했지만 항백의 배반(또는 변심)과 항우의 대담함과 우유부단함으로 인해 실패하였다. 또한 당시 항우의 수하로 있던 한신을 쓰거나 쓰지 않을 것이면 죽여 버리라 간언하였다. 허나, 항우는 듣지 않고,

결국 한신은 항우를 떠나 유방에게 들어가 파초대원수가 되고 해하 결전에서 항우를 쓰러뜨린다. 초한 전쟁이 격렬해지자 천하의 재사 장량과 항우를 배신하고 유방에게 떠난 진평등과 지략싸움을 펼친다. 장량과 진평의 두 머리에서 나온 계략과 모책을 거의 모두 간파하였으나 항우가 듣지 않았다. 항우가 한번 듣지 않으면 재차 권유하지 않아 항우의 몰락에 간접적인 영향을 끼치게 된다. 말년엔 유방의 모사 진평의 반간계에 빠진 항우에 의해 쫓겨난다. 항우에게 퇴출당하고 천하를 떠돌다가 악성 등창이 생겨 실의 속에 죽었다. 범증 없이 뒤늦게 전쟁에서 패배한 후 반간계에 빠졌던 사실을 알게 된 항우는 크게 후회하게 된다.

097

| 원문 |

知人之性은 咨之計謀[1]觀其識이요, 告之禍難觀
지인지성   자지계모   관기식   고지화난관

其勇이요, 醉之以酒觀其性이요, 期之以事觀其信이
기용   취지이주관기성   기지이사관기신

니 容貌之明暗과 言辭之反覆과 動靜之輕重과 履歷
용모지명암   언사지반복   동정지경중   이력

之虛實에 不可庹也니라.
지허실   불가수야

結黨相連 奢侈衣冠 詭言[2]神道[3] 專察是非 陰結敵人 國
결당상연 사치의관 궤언 신도   전찰시비 음결적인 국

家之弊也. 以所譽爲賢 所毁爲不肖[4]則多黨者 進 小黨者
가지폐야 이소예위현 소훼위불초   즉다당자 진 소당자

退 此非擧賢[5]之道也.
퇴 차비거현 지도야

　사람의 성정을 안다는 것은 계책과 모략을 물어서 그 알음알이를 볼 것이요, 재앙과 어려움을 고하여 그 용맹을 볼 것이요, 취하기를 술로써 하여 그 성질을 볼 것이요, 기약하기를 일로써 하여 그 믿음을 볼 것이니 용모의 밝고 어두움과 말을 반복하는 것과 동정의 가볍고 무거움과 이력의 헛되고 실다움에 가히 숨기지 못 하나니라.

　무리를 맺어 서로 이음과 의관을 사치함과 신도의 속이는 말과 오로지 시비만을 살피는 것과 가만히 적인과 맺는 것은 국가의 폐단이다. 기리는 바로써 어진이라 하고 허는 바로써 불초하다 한다면 많은 무리는 나아가고 작은 무리는 물러가는 것이니 이것은 어진이를 천거하는 도가 아니다.

① 計謀=計略 : 계책(計策)과 모략(謀略). 꾀.

② 詭言 : 간사(奸邪)스럽게 속여 꾸미는 말.

③ 神道 : (1) 귀신(鬼神)의 존칭. (2) 영묘(靈妙)한 도리(道理).

④ 不肖 : (1) 못나고 어리석음, 또는 그런 사람. 어버이의 덕행(德行)이나 사업을 이을 만한 능력이 없음, 또는 그런 사람. (2) 자기를 겸손하여 이르는 말.

⑤ 擧賢 : 어질고 현명한 사람을 천거하는 일.

| 원문 |

爲長之道는 不在强壓①이요, 在於人和②이니 人和
위 장 지 도   부 재 강 압   재 어 인 화   인 화

則不勸而自願③也니라.
즉 불 권 이 자 원 야

治民④之道 一如己子 有難身先之 有功身後之 智者 祿
치 민 지 도 일 여 기 자 유 난 신 선 지 유 공 신 후 지 지 자 녹

之 勇者 賞之.
지 용 자 상 지

| 해역 |

어른이 되는 도는 강압에 있는 것이 아니요, 사람과 화합함에 있는
것이니 인화하면 권장하지 않아도 저절로 원하나니라.

백성을 다스리는 도는 한결 자기 자식같이 할지니 어려움이 있으면
몸으로 먼저하고, 공이 있으면 몸이 뒤에 할지니 지혜로운 자는 봉록
을 주고 용맹한 자는 상을 주어야 한다.

| 주석 |

① 强壓 : 강한 힘이나 권력으로 강제로 억누름.
② 人和 : 여러 사람이 서로 화합함.
③ 自願 : (1) 자기 스스로 원함. (2) 스스로 하고 싶어 바람.
④ 治民 : 백성을 다스림.

| 원문 |

一木之材-不能成廈요, 一水之流-不能成海니
일목지지 불능성하　　 일수지류　 불능성해

君子는 周察不偏①이니라.
군자　　 주찰불편

凡事偏聽則暗 周察則明. 以博聞多智者 爲股肱②羽翼③
범사편청즉암 주찰즉명　 이박문다지자　 위고굉 우익

視聽於天下則無不知也. 詩④云 "鳶飛戾天 魚躍于淵 言其
시청어천하즉무부지야　 시 운　 연비려천　 어약우연　 언기

上下察也.⑤"
상하찰야

| 해역 |

한 개의 나무 재료로는 능히 집을 이루지 못하는 것이요, 한 물의 흐름으로는 능히 바다를 이루지 못하는 것이니 군자는 두루 살펴서 치우치지 아니 하나니라.

무릇 일에 치우쳐 들으면 어둡고 두루 살피면 밝다. 널리 듣고 많이 아는 자는 고굉과 우익이 된다. 천하에 보고 들으면 알아지지 아니함이 없다. 시경에 이르기를 '솔개는 날아 하늘에 다다르고 고기는 연못에서 뛰니 그것은 (도가) 위와 아래를 드러남을 말한 것이다.'

| 주석 |

① 周察不偏 : 두루 살펴서 치우치지 않음.

② 股肱 : (1) 다리와 팔이라는 뜻으로, 온몸을 이르는 말. (2) 임금이 가장

신임(信任)하는 중신(重臣).

③ 羽翼 : (1) 새의 날개. (2) 윗사람을 도와서 일하는 사람. 보좌하는 일.

④ 詩=詩經 : 춘추 시대의 민요를 중심으로 하여 모은, 중국에서 가장 오래된 시집이다. 황허강[黃河] 중류 중위안[中原] 지방의 시로서, 시대적으로는 주초(周初)부터 춘추(春秋) 초기까지의 것 305편을 수록하고 있다. 본디 3,000여 편이었던 것을 공자가 311편으로 간추려 정리했다고 알려져 있지만, 오늘날 전하는 것은 305편이다. 시경은 풍(風), 아(雅), 송(頌) 셋으로 크게 분류되고 다시 아(雅)가 대아(大雅), 소아(小雅)로 나뉘어 전해진다. 풍(國風이라고도 함)은 여러 나라의 민요로 주로 남녀 간의 정과 이별을 다룬 내용이 많다. 아(雅)는 공식 연회에서 쓰는 의식가(儀式歌)이며, 송은 종묘의 제사에서 쓰는 악시(樂詩)이다. 각부를 통하여 상고인(上古人)의 유유한 생활을 구가하는 시, 현실의 정치를 풍자하고 학정을 원망하는 시들이 많은데, 내용이 풍부하고, 문학사적 평가도 높으며, 상고의 사료(史料)로서도 귀중하다. 원래는 사가소전(四家所傳)의 것이 있었으나 정현(鄭玄)이 주해를 붙인 후부터 '모전(毛傳)'만이 남았으며, 그때부터 《모시(毛詩)》라고도 불렀다. 당대(唐代)에는 《오경정의(五經正義)》의 하나가 되어 경전화하였다.

⑤ "鳶飛戾天, 魚躍于淵. 言其上下察也." : 시 대아 한록(詩 大雅 旱麓)에 실려 있다.

100

| 원문 |

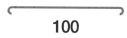

元亨利貞은 謂之四德①이니 四德이 相推면 萬物
원 형 이 정　　위 지 사 덕　　　사 덕　　　상 추　　　만 물

化生^②하고.
화 생

元者 生物之始 爲春爲仁. 亨者 生物之通 爲夏爲禮. 利
원자 생물지시 위춘위인 형자 생물지통 위하위례 이

者 生物之遂 爲秋爲義. 貞者 生物之成 爲冬爲智.
자 생물지수 위추위의 정자 생물지성 위동위지

| 해역 |

원과 형과 이와 정은 네 가지 덕이라 이르나니 사덕이 서로 미루면 만물이 화하여 생하고.

원이란 생물[물건을 낳음]의 시초로 봄이 되고 인이 된다. 형이란 생물의 통함이니 여름이 되고 예가 된다. 이란 생물의 이룸이니 가을이 되고 의가 된다. 정이란 생물의 완성이니 겨울이 되고 지가 된다.

| 주석 |

① 四德 : (1) 『주역(周易)』에서 말하는 천도(天道)의 네 가지 덕인 원(元), 형(亨), 이(利), 정(貞). (2) 군자가 행해야 할 네 가지 덕목인 인(仁), 의(義), 예(禮), 지(智). (3) 여자로서 구비해야 할 네 가지 품성(稟性)인 마음씨, 말씨, 맵시, 솜씨. (4) 인륜의 네 가지 덕목인 효(孝), 제(悌), 신(信), 충(忠).

② 化生 : 생물의 몸이나 그 조직의 일부가 형상이나 기능을 바꾸어 달리 되는 일.

| 원문 |

坎離震兌는 謂之四正^①이니 四正이 相盪^②하면 萬
物消長^③하고.

震者 主生 爲東爲木. 離者 主長 爲南爲火. 兌者 主殺
爲西爲金. 坎者 主藏 爲北爲水 四正也. 艮爲東北 巽爲東
南 坤爲西南 乾爲西北 四維也.

| 해역 |

감과 이와 진과 태는 네 가지 바름이라 이르나니 사정이 서로 요동
치면 만물이 사라지며 자라나고.

진이란 낳음을 주장하여 동이 되고 목이 된다. 이란 자람을 주장하
여 남이 되고 화가 된다. 태란 죽임을 주장하여 서가 되고 금이 된다.
감이란 갈무림을 주장하여 북이 되고 수가 되나니 사정이다. 간은 동
북이 되고 손은 동남이 되며, 곤은 서남이 되고 건은 서북이 되나니 사
유이다.

| 주석 |

① 四正 : 자(子 : 정북)·오(午 : 정남)·묘(卯 : 정동)·유(酉 : 정서)의 네 방
위.

② 相盪 : 서로 요동치다. 서로 나열하다.

③ 消長 : 쇠하여 사라짐과 성(盛)하여 자라감.

102

| 원문 |

智愚善惡은 謂之四才니 四才-相摩①하면 萬物이
變態②하고.

料事能中 智也. 不辨菽麥③ 愚也. 臨事能寬 善也. 行事
能決 惡也. 盡善無善 盡惡無惡也.

| 해역 |

지와 우와 선과 악은 네 가지 재능이라 이르나니 사재가 서로 문지르면 만물이 탈바꿈하고.

일을 헤아려 능히 맞춤이 지혜이다. 콩과 보리를 분별하지 못함이 어리석음이다. 일에 다다라 능히 너그러움이 선이다. 일을 행함에 능히 갈라놓는 것이 악이다. 선을 다하면 선이 없고 악을 다하면 악이 없다.

| 주석 |

① 相摩 : 서로 문지르다. 서로 부비다.

② 變態 : 탈바꿈. 본대의 상태가 변(變)하여 달라짐.

③ 菽麥 : (1) 콩과 보리. (2) 숙맥불변(菽麥不辨).

103

| 원문 |

禮義廉恥는 謂之四維니 四維-長則綱紀①立하고.
예 의 염 치   위 지 사 유   사 유   장 즉 강 기   입

禮者 心之敬. 義者 心之制. 廉者 心之淸. 恥者 心之辱
예자 심 지 경   의자 심 지 제   염자 심 지 청   치자 심 지 욕

國之大節②也.
국 지 대 절   야

| 해역 |

예와 의와 염과 치는 네 가지 벼리라 이르나니 사유가 자라나면 강
기가 세워지고.

예란 마음의 공경이다. 의란 마음에 재제이다. 염이란 마음의 맑음
이다. 치란 마음의 수치이니 나라의 대절이다.

| 주석 |

① 綱紀 : (1) 법강(法綱)과 풍기(風氣). (2) 삼강오상(三綱五常)과 기율(紀律).

② 大節 : (1) 죽기를 각오하고 지키는 절개. (2) 크게 빛나는 절조(節操).

| 원문 |

三綱五倫은 謂之大義①니 大義行則民有禮하고.
삼 강 오 륜   위 지 대 의   대 의 행 즉 민 유 예

君爲臣綱 夫爲妻綱 父爲子綱 三綱②也. 父子有親 君臣
군 위 신 강 부 위 처 강 부 위 자 강 삼 강 야   부 자 유 친 군 신

有義 夫婦有別 長幼有序 朋友有信 五倫③也. 有鄕八刑④ 不
유 의 부 부 유 별 장 유 유 서 붕 우 유 신 오 륜 야   유 향 팔 형 불

孝 不睦 不嫺 不弟 不任 不恤 造言 亂民也.
효 불 목 불 인 부 제 불 임 불 휼 조 언 난 민 야

| 해역 |

  삼강과 오륜은 큰 옳음이라 이르나니 대의가 행해지면 백성이 예가
있고.

  임금은 신하의 벼리가 되고, 지아비는 지어미의 벼리가 되며, 아버
지는 자식의 벼리가 되는 것이 세 가지 강령이다. 부자 사이는 친애가
있어야 하고, 군신 사이는 의리가 있어야 하며 부부 사이는 분별이 있
어야 하고, 장유 사이는 차서가 있어야 하며, 붕우 사이는 신의가 있어
야 하나니 다섯 가지 윤리이다. 경향에는 여덟 가지 형벌이 있으니 불
효와 불목과 불인과 불임과 부제와 불휼과 조언과 난민이다.

| 주석 |

  ① 大義 : (1) 인간이 마땅히 행해야 할 중대한 의리(義理). 중요한 의의.
     경서(經書)의 요의(要義). (2) 개략적인 줄거리. 대강의 줄거리.
  ② 三綱 : 유교의 도덕에서 기본이 되는 세 가지 강령.

③ 五倫: 유학에서, 사람이 지켜야 할 다섯 가지 도리.

④ 八刑: 중국 주(周) 나라 때에 행해졌던 여덟 가지 형벌.《주례(周禮)》
지관(地官) 대사도조(大司徒條)에 보면, 팔형이란 불효(不孝: 부모에게
효성스럽지 못한 것), 불목(不睦: 일가 사이에 화목하지 않는 것), 불인(不婣:
인척간에 사이가 친목하지 않는 것), 불임(不任: 직무를 잘 수행하지 못하는
것), 부제(不弟: 형제간에 우애가 없는 것), 불휼(不恤: 어려운 사람을 구휼하
지 않는 것), 조언(造言: 유언비어를 날조하는 것), 난민(亂民: 백성들을 혼란
에 빠지게 하는 것) 등 비행(非行)에 관한 형벌을 이름.

105

| 원문 |

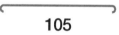

紙筆硯墨은 文房四友①니 交則民有知하고.
지 필 연 묵　　문 방 사 우　　　교 즉 민 유 지

紙曰雲孫② 楮先生.③ 筆曰毛穎④ 管城子 毛錐子.⑤ 硯曰
지 왈 운 손　　저 선 생　　필 왈 모 영　　관 성 자　 모 추 자　　　연 왈

陶弘 卽墨侯 石虛中.⑥ 墨曰陳玄⑦ 玄 圭也.
도 홍　즉 묵 후　석 허 중　　묵 왈 진 현　　현　규 야

| 해역 |

종이와 붓과 벼루와 먹은 문방의 네 벗이니 사귀면 백성들이 알음알
이가 있고.

종이로 말하자면 운손으로 저 선생이다. 붓으로 말하자면 모영으로
관성자요 모추자이다. 벼루로 말하자면 도홍으로 곧 묵후요 석허중이

다. 먹으로 말하자면 진현으로 현은 곧 구슬이다.

| 주석 |

① 文房四友 : 종이와 붓, 먹, 벼루의 네 가지 문방구를 아울러 이르는 말.

② 雲孫 : 구름과 같이 멀어진 자손이라는 뜻으로, 잉손의 아들인 팔 대손을 이르는 말.

③ 楮先生 : 종이의 별칭. 종이를 의인화(擬人化)한 말.

④ 毛穎 : 털로 만든 붓이라는 뜻으로, '붓'을 달리 이르는 말.

⑤ 管城子=毛錐子 : 붓의 다른 이름.

⑥ 卽墨侯;石虛中 : 벼루를 달리 이르는 말.

⑦ 陳玄 : 먹을 달리 이르는 말.

106

| 원문 |

仁義禮智信은 謂之五常①이니 五常이 習則人不
인의예지신　　위지오상　　　　오상　　습즉인불

悖하고.
패

仁者 心之德 愛之理. 義者 心之制 事之宜. 禮者 天理
인자 심지덕 애지리　의자 심지제 사지의　예자 천리

之節文 人事之儀則. 智者 涵天地動靜之機 且人事是非之
지절문 인사지의칙　지자 함천지동정지기 차인사시비지

鑑. 信者 心之誠 事之實也. 惻隱之心 仁之端. 羞惡之心 義
감　신자 심지성 사지실야　측은지심 인지단　수오지심 의

之端. 辭讓之心 禮之端. 是非之心 智之端 是爲四端②也.
지 단 사 양 지 심 예 지 단   시 비 지 심 지 지 단 시 위 사 단 야

│ 해역 │

인과 의와 예와 지와 신을 일러서 오상이라 하나니 오상이 익혀지면 사람이 거슬려지지 아니하고.

인이란 마음의 덕이요 사랑의 이치이다. 의란 마음의 재제이요 일의 마땅함이다. 예란 하늘 이치의 절도 있는 문채요 인간 일의 본이 되는 규범이다. 지란 천지와 동정의 기틀을 함양한 것이요 또한 인간 일의 시비의 거울이다. 신이란 마음의 정성이요 일의 실다움이다. 측은의 마음은 인의 실마리이다. 수오의 마음은 의의 실마리이다. 사양의 마음은 예의 실마리이다. 시비의 마음은 시의 실마리이니 이것이 사단이다.

│ 주석 │

① 五常 : 사람이 항상 행해야 하는 5가지 덕목(德目), 곧 인(仁) · 의(義) · 예(禮) · 지(智) · 신(信)을 가리킨다. 한대(漢代) 이전에는 이 말의 유일한 용례(用例)로서 『장자(壯子)』「천운(天運)」에 '하늘에 육극오상(六極五常)이 있다.'라고 한 것이 보인다. 그러나 그것은 단지 목(木) 화(火) 토(土) 금(金) 수(水)의 다섯 가지 요소를 의미하는 것이었으며 인의예지신 5덕목을 의미하지는 않았다. 공자는 이 가운데 인(仁)을 가장 중시하였고, 또 "지혜로운 사람은 미혹되지 않고, 어진 사람은 걱정하지 않고, 용감한 사람은 두려워하지 않는다."라고 하여 지 · 인 · 용을 얘기하였다. 맹자는 인에 의를 더하고 '예 · 지'와 함께 '인 · 의 · 예 · 지'의 4덕을 말하였는데, 한대(漢代)에 이르러서 동중서(董

仲舒)가 처음으로 이것들에 신(信)의 덕목을 추가하고 인·의·예·지·신을 각각 목·금·화·수·토에 상대시켜 오상의 개념을 인출해냈다. 동중서는 대책(對策)에서 "인·의·예·지·신 오상의 도(道)는 왕자(王者)가 마땅히 수식(修飾)해야 할 바이다."라고 하였는데 이 때문에 오상은 오행(五行)과 같은 뜻으로도 사용된다. 이러한 동중서의 설(說)은 후한(後漢) 반고의 『백호통(白虎通)』에 계승되어 정착되기 시작하였다.

② 四端 : 중국, 유교의 주장의 하나. 맹자에 의하면 인간의 신체에 네 개의 수족이 있듯이, 마음속에도 측은지심(惻隱之心), 수오지심(羞惡之心), 사양지심(辭讓之心), 시비지심(是非之心), 네 가지가 본래적으로 구비되어서, 이들 네 가지의 싹[四端]을 각각 인, 의, 예, 지라는 완전한 덕으로 소중히 키워야 한다고 하였다. 송대의 주희(朱熹)는 인의예지를 〈성(본성)〉으로 하고, 〈사단〉은 그들이 〈정(情)〉으로서 밖으로 나타난 〈서(緒, 단서)〉라고 해석한다.

107

爵齒德三者는 謂之達尊①이니 達尊敬則上下不
작 치 덕 삼 자　위 지 달 존　　　　달 존 경 즉 상 하 불
亂이니라.
란

三達尊者 朝廷莫如爵 鄕黨②莫如齒 輔世長民③ 莫如德
삼 달 존 자 조 정 막 여 작 향 당 막 여 치 보 세 장 민　막 여 덕
也. 幼而不肯事長 賤而不肯事貴 愚而不肯事賢 是爲三不祥
야　유 이 불 긍 사 장 천 이 불 긍 사 귀 우 이 불 긍 사 현 시 위 삼 불 상

也. 晋大夫胥臣④ 奉使舍於冀野郤缺⑤耨 其妻饋以午餐 相敬
야 진대부서신 봉사사어기야극결 누 기처궤이오찬 상경

如賓. 胥臣曰 "能敬者 必有德" 薦于晋文公⑥ 爲下軍大夫.
여빈 서신왈 능경자 필유덕 천우진문공 위하군대부

| 해역 |

벼슬과 연령과 덕의 세 가지를 일러서 달존이라 하나니 달존이 공경
하면 위와 아래가 어지럽지 아니하니라.

세 가지 달존에 조정에는 벼슬만 같음이 없고, 향당에는 연령만 같음
이 없으며, 세상을 돕고 백성을 기름에는 덕만 같음이 없다. 어리면서
어른 섬기기를 즐겨하지 아니하고, 천하면서 귀함 섬기기를 즐겨하지
아니하며, 어리석으면서 어진이 섬기기를 즐겨하지 않는다면 이는 세
가지 상서롭지 못함이 된다. 진나라 대부인 서신이 사신을 받들고 기의
들에 머무는데 극결이 김을 매는지라, 그 아내가 낮밥을 먹임에 서로
공경하기를 손님같이 하였다. 서신이 말하기를 '능히 공경하는 자는
반드시 덕이 있다.' 하고 진문공에게 천거하여 하군대부가 되었다.

| 주석 |

① 達尊 : (1) 세상 사람 모두가 존경할 만한 사람. (2) 모든 사람이 다 귀
하게 여기는 것.

② 鄕黨 : 자기가 났거나 사는 시골의 마을. 또는, 그곳에서 사는 사람
들.

③ 輔世長民 : 세상을 돕고 백성을 잘살 수 있게 인도하는 것.

④ 胥臣(생몰미상) : 춘추시대 진(晉)나라 사람. 성이 서(胥)씨고, 이름은 신
(臣)이다. 식읍(食邑)이 구(臼)고, 자가 계(季)여서 구계(臼季)로 불린다.

사공계자(司空季子)로도 불린다. 문공(文公) 때 대부(大夫)가 되어 사공에 임명되었다. 중이(重耳, 文公)를 따라 망명했다. 일찍이 사신으로 기(冀)를 지나가다가 기결(冀缺)을 보고 중이에게 추천했다. 진나라와 초(楚)나라의 성복(城濮) 전투에서 하군(下軍)을 거느리는 장수의 부관을 맡아 진(陳)나라와 채(蔡)나라의 군대를 만나 말에게 호피(虎皮)를 씌우고 싸워 궤멸시켰고, 초나라의 우사(右師) 역시 궤멸시켰다.

⑤ 郤缺(생몰연대 미상) : 대부를 지냈다. 극군(郤君) 또는 기결(冀缺)로도 불린다. 기읍(冀邑)에서 농사를 짓고 살면서 부부간에 서로 공경하기를 손님을 대하듯이 했는데, 구계(臼季)의 천거를 받아 하군대부(下軍大夫)가 되었다.

⑥ 晋文公 : ?~기원전 628년, 재위(기원전 636년~기원전 628년). 춘추시대(春秋時代)의 진(晋) 나라의 제24대 공(公). 문공은 아버지 헌공(獻公)에게 추방당하여 19년 동안 열국을 유랑하다가 의형(義兄)인 진(秦)나라 목공(穆公)에 의하여 62세에 고국으로 돌아오게 되었다. 진나라의 공이 되자 많은 현신(賢臣)을 얻어 먼저 주(周) 나라의 양왕(襄王)을 도와 그 자리를 다시 차지하도록 하였고 잇달아 송의 청으로 인하여 초나라의 군세를 격파시켰다(기원전 632년). 제(齊)나라의 환공(桓公)과 아울러 제후의 패자(覇者)가 되었으나 패자에 오른 지 3년 만에 죽었다. 은원 관계가 철저하여 유랑 시절에 자신을 박대했던 정(鄭), 위(衛), 조(曹)에게 복수하기도 한다.

관과 혼과 상과 제

冠婚喪祭

관혼상제冠婚喪祭

108

| 원문 |

冠婚喪祭는 謂之四禮니 四禮明則人不愚하고.
관 혼 상 제　위 지 사 례　사 례 명 즉 인 불 우

冠有三加 始加元服① 棄爾幼志 順爾成德. 再申爾服 謹
관 유 삼 가 시 가 원 복　기 이 유 지 순 이 성 덕 재 신 이 복 근

爾威儀 淑愼爾德. 咸加爾服 兄弟俱在 以成厥德. 婚有六禮
이 위 의 숙 신 이 덕　함 가 이 복 형 제 구 재 이 성 궐 덕 혼 유 육 례

納采② 問名③ 納吉④ 納徵⑤ 請期⑥ 親迎.⑦ 喪有三年 初終⑧
납 채　문 명　납 길　납 징　청 기　친 영　상 유 삼 년 초 종

成服⑨ 題主⑩ 虞祭⑪ 卒哭⑫ 附祭⑬ 小祥⑭ 大祥⑮ 禫祭⑯ 吉祭⑰
성 복　제 주　우 제　졸 곡　부 제　소 상　대 상　담 제　길 제

入廟. 祭有九條 四時祭 忌祭 朔望 參禮 薦新儀⑱ 墓祭 土
입 묘　제 유 구 조 사 시 제 기 제 삭 망 참 례 천 신 의　묘 제 토

神祭 祧廟祭⑲ 歲一祭⑳ 祧埋祭 生辰祭也.
신 제 조 묘 제　세 일 제　조 매 제 생 신 제 야

| 해역 |

　관례와 혼례와 상례와 제례는 일러서 네 가지 예라 하나니 사례가
밝아지면 사람이 어리석지 아니하고.

관례에는 세 가지 더함이 있어서 처음에 복식을 더하니 너의 어린 뜻을 버리고 순리대로 너의 덕을 이룰지라. 다시 한번 거듭 너에게 복식을 더하니 너의 위의를 삼가고 너의 덕을 맑게 하고 삼갈지라. 모든 너에게 복식을 더하니 형제와 함께 그 덕을 이룰지라. 혼례에는 육례가 있으니 납채와 문명과 납길과 납징과 청기와 친영이다. 상례에는 초종과 성북이니 제주와 우제와 졸곡과 부제 소상과 대상과 담제와 길제와 입묘이다. 제례에는 아홉 가지 조목이 있으니 사시제와 기제와 삭망과 참례와 천신의 묘제와 토신제와 조묘제와 세일제와 조매제와 생신제이다.

| 주석 |

① 元服 : (1) 관례(冠禮)=성관(成冠). (2) 옛날 남자의 관례.

② 納采 : 신랑 집에서 신부집에 혼인을 구하는 의례. 이제는 납폐(納幣) 와 같은 뜻으로 씀.

③ 問名 : 혼인(婚姻)을 청할 때 새색시가 될 여자(女子)와 그 집안에 관 (關)하여 묻는 일.

④ 納吉 : 신랑 집에서 혼인날을 받아 신부집에 알림.

⑤ 納徵 : 혼인 때 신랑 집에서 신부집으로 보내는 폐백. 흔히 푸른 비단 과 붉은 비단을 보냄. 또는, 그 비단.

⑥ 請期 : 육례의 하나, 혼인할 때에 신랑 집에서 택일을 하여 그 가부를 묻는 편지를 신부집으로 보냄.

⑦ 親迎 : (1) 친히 맞이함. (2) 육례의 하나. 신랑이 신부네 집에 가서 신 부를 직접 맞음, 또는 그 의식.

⑧ 初終=초종장사(初終葬事) : 초상이 난 뒤부터 졸곡까지 치르는 온갖 일이나 예식.

⑨ 成服 : 초상(初喪)이 난 뒤에 상제(喪制)와 복인들이 처음으로 상복(喪服)을 입음.

⑩ 題主 : 장례를 치른 뒤에 산소에서 신주를 만들어 거기에다 죽은 사람의 직함과 이름을 쓰는 일.

⑪ 虞祭 : 장사를 지낸 뒤 망자의 혼백을 평안하게 하기 위하여 지내는 제사. 우제는 장사 당일 지내는 초우(初虞), 다음날 지내는 재우(再虞), 그 다음날 지내는 삼우(三虞)가 있다. 초우는 장사지낸 날 꼭 지내도록 규정하고 있다.

⑫ 卒哭 : 졸곡은 슬프면 곡하던 무시곡(無時哭)을 마치고 조석으로만 곡한다는 예이다. 또 졸곡은 석 달 만에 강일(剛日)을 골라 지내는 제사이며 한 달은 30일을 넘어야만 한 달로 계산한다.

⑬ 附祭 : 부제는 졸곡 다음날 망인(亡人)의 새 신주를 조상의 위(位)에 부칠 때 지내는 제사.

⑭ 小祥 : 사람이 죽은 지 한 돌 만에 지내는 제사.

⑮ 大祥 : 대상은 초상으로부터 윤달을 결산치 않고 25개월, 즉 만 2년에 그치는 것이며 차례로서는 두 번째 기일에 행하는 제사.

⑯ 譚祭 : 담제는 대상을 지낸 후 한 달을 가운데 두고 지내는 것으로 죽음으로부터 27개월이 되는 달 삼순 중 한 달을 가리되 정일(丁日)이나 해일(亥日)을 가리어 지내는 제사.

⑰ 吉祭 : 길제는 담제를 지낸 다음날 삼순(3旬) 중에 하루를 택하되 정일(丁日)이나 해일(亥日)로 하여 지내는 제사.

⑱ 薦新儀 : 한식 · 단오 · 추석 · 동지에 드리는 제사. 햇곡식과 햇과일을 바치는 의식.

⑲ 祧廟祭 : 고조(高祖) 이전의 먼 조상을 모시고 사당(祠堂)에서 지내는 제사.

⑳ 歲一祭 : 한식 또는 10월에 5대조 이상의 묘소(墓所)에서 지내는 제사를 관행적으로 일컫는 말. 한식 또는 10월에 정기적으로 묘제를 지

낸다고 하여 시사(時祀), 시향(時享)이라고도 한다. 이는 5대 이상의 조상을 모시는 묘제(墓祭)를 가리키며, 4대친(四代親)에 대한 묘제를 사산제(私山祭)라고 구분하기도 한다. 그래서 묘사(墓祀), 묘전제사(墓前祭祀)라고 하며, 일 년에 한 번 제사를 모신다고 하여 세일제(歲一祭), 세일사(歲一祀)라고도 한다.

109

| 원문 |

孝友睦婣任恤은 謂之六行이니 備則人不惡이니라.
효 우 목 인 임 휼   위 지 육 행   비 즉 인 불 오

孝者 善事父母. 友者 慈愛兄弟. 睦者 敬禮相親. 婣者
효 자 선 사 부 모   우 자 자 애 형 제   목 자 경 례 상 친   인 자

和同遠近. 任者 相信朋友. 恤者 博施濟衆①也.
화 동 원 근   임 자 상 신 붕 우   휼 자 박 시 제 중   야

| 해역 |

효와 우와 목과 인과 임과 휼을 일러서 여섯 행위라 하나니 갖추어 지면 사람이 미워하지 않나니라.

효란 부모를 잘 섬김이다. 우애란 형제간에 사랑함이다. 화목이란 공경하고 예하여 서로 친함이다. 혼인이란 멀든 가깝든 화동함이다. 신임이란 벗들이 서로 믿음이다. 구휼이란 널리 베풀어 대중을 건짐이다.

① 博施濟衆 : 군주나 정치인들이 정사를 잘 돌보거나, 의료인들이 인술
(仁術)을 펼칠 때 흔히 쓴다. 《논어(論語)》 〈옹야(雍也)〉 편에 자공(子貢)
이 말하였다. '만일 백성들에게 널리 은혜를 베풀고 많은 사람들을
구제할 수 있다면 어떻겠습니까?〔如有博施於民而能濟衆如何?〕 어
질다고 할 수 있습니까?' 공자가 말하였다. '어찌 어질 뿐이겠느냐?
반드시 성인일 것이다. 요순도 그와 같지 못함을 근심하였다.〔何事
於仁, 必也聖乎. 堯舜, 其猶病諸.〕'고 하였다.

110

| 원문 |

事父母不違志하며 率妻子無惡言하며 交朋友不
사 부 모 불 위 지   솔 처 자 무 악 언   교 붕 우 불

悖談하며 思修身謀齊家는 本然之性①也요, 見父母
패 담   사 수 신 모 제 가   본 연 지 성 야   견 부 모

色必變하며 對妻子聲先高하며 逢朋友酒必醉하며
색 필 변   대 처 자 성 선 고   봉 붕 우 주 필 취

疾勝己好貪財는 氣質之性②也니 人誰無過리요 改
질 승 기 호 탐 재   기 질 지 성 야   인 수 무 과   개

之爲善이니라.
지 위 선

秦王政③囚母棫陽宮 諫死者 至二十七人. 滄州人茅焦④
진 왕 정 수 모 역 양 궁 간 사 자 지 이 십 칠 인   창 주 인 모 초

入見秦王曰 "有生者 不諱其死 有國者 不諱其亡 諱亡者
입 견 진 왕 왈   유 생 자 불 휘 기 사 유 국 자 불 휘 기 망 휘 망 자

不可以復存 諱死者 不可以得生 夫死生存亡之計 明主之所
불 가 이 부 존 휘 사 자 불 가 이 득 생 부 사 생 존 망 지 계 명 주 지 소

究心也. 不審⑤大王聞之否?" 王色稍降曰 "汝-試言之." 焦
구 심 야　불 심 대 왕 문 지 부　　　왕 색 초 강 왈　　여 시 언 지　　초

曰 "忠信 不進阿順⑥之言 明主 不蹈狂悖⑦之行. 主有悖行
왈　　충 신　부 진 아 순　지 언　명 주　부 도 광 패　지 행　주 유 패 행

而臣不言 是臣負其君 臣有忠言而君不聽 是君負其臣也.
이 신 불 언　시 신 부 기 군　신 유 충 언 이 군 불 청　시 군 부 기 신 야

大王有逆天之悖行而不自知 微臣 有逆耳之忠言而又不欲
대 왕 유 역 천 지 패 행 이 부 자 지　미 신　유 역 이 지 충 언 이 우 불 욕

聞 臣恐秦國 終此危矣. 今天下之所以尊秦者 忠信烈士⑧
문　신 공 진 국　종 차 위 의　금 천 하 지 소 이 존 진 자　충 신 열 사

畢集秦政故也. 今大王 誅戮⑨諫士 忠謀結舌 惜哉 秦之帝
필 집 진 정 고 야　금 대 왕　주 육　간 사　충 모 결 설　석 재　진 지 제

業⑩垂成⑪而敗之 自大王矣." 秦王 急走下殿扶茅焦 備駕迎
업 수 성 이 패 지　자 대 왕 의　　진 왕　급 주 하 전 부 모 초　비 가 영

太后 此所以爲始皇也.
태 후　차 소 이 위 시 황 야

| 해역 |

부모를 섬기되 뜻을 어기지 아니하며, 처자를 거느리되 말에 악함이
없으며, 벗과 사귀되 말에 거스름이 없으며, 몸 닦기를 생각하되 집안
가지런하기를 도모하는 것은 본연의 성이요, 부모를 보고는 얼굴 색깔
이 반드시 변하며, 처자를 대해서는 소리가 먼저 높으며, 벗을 만나서
는 술이 반드시 취하며, 자기보다 나은 이를 미워하고 재물 탐하기를
좋아하는 것은 기질의 성이니 사람이 누군들 허물이 없으리요 고치면
선이 되나니라.

진나라 임금인 정이 어머니를 역양궁에 가뒀는데 간하다가 죽은 자
가 스물일곱 사람에 이르렀다. 창주 사람인 초모가 들어가 진왕을 보
고 말하기를 '남이 있는 자는 그 죽음을 꺼려하지 않고 나라를 가진 자
는 그 망함을 꺼려하지 않는 것인데 망함을 꺼려하는 자는 가히 써 다

시 존속하지 못할까 해서이고 죽음을 꺼려하는 자는 가히 써 남을 얻지 못할까 해서이요, 무릇 낳고 죽고 존속하고 망하는 계책은 밝은 임금이 궁구해야 할 마음입니다. 자세히 알 수는 없으나 대왕은 듣습니까?' 하니, 왕의 얼굴색이 점점 떨어지면서 말하기를 '네가 시험하려고 하는 말이냐?' 하였다. 모초가 말하기를 '충성과 믿음은 비위 맞춰 순종하는 말에서 나아가지 않고 밝은 임금은 미쳐 막된 행동을 밟지 않는 것입니다. 임금에게 막된 행동이 있는데 신하가 말을 하지 않으면 이는 신하가 그 임금을 저버리는 것이 되고, 신하가 충성스런 말이 있는데 임금이 들어주지 아니하면 이는 임금이 그 신하를 저버리는 것입니다. 대왕은 하늘을 거스르는 막된 행동이 있는데 스스로 알지 못하고 작은 신하는 귀에 거슬리는 충성스런 말이 있는데 듣고자 아니하니 신은 진나라가 이로 좇아 위태로울까 두렵습니다. 지금 천하가 진나라를 높이는 이유는 충성하고 믿음 가진 열사가 다 진나라 정에게 모였기 때문입니다. 지금 대왕이 간하는 선비를 베어 죽이고 충성스런 계책의 혀를 얽어놓았으니 슬프다, 진나라 제업의 이룸을 패하는 것이 대왕으로부터일 것입니다.' 하였다. 진왕이 급히 달려 대전에서 내려와 초모를 붙들고 어가를 갖추어 태후를 맞이하였으니 이는 시황이 된 까닭이다.

| 주석 |

① 本然之性 : 인간이 선천적으로 타고난 본래의 성품으로 보편적인 본성을 가리키는 말. 유가 성리학에서는 우주 자연과 만물의 존재와 현상을 이(理)와 기(氣)로 설명한다. 인간의 본성에 대한 논의에 있어서도 기본적으로 성이원론(性二元論)의 입장을 취한다. 이기(理氣)를 혼

합해서 말할 때 기질지성(氣質之性)이라 하고 기(氣)의 섞임이 없이 이
(理)만을 가리켜서 본연지성이라고 하는 것으로 천지지성(天地之
性)·천명지성(天命之性)이라고도 한다.

② 氣質之性 : 성리학에서는 인간의 본성을 본연지성(또는 天地之性)과 기
질지성으로 나누고, 전자는 순선무악(純善無惡)한 반면, 후자는 유선
유악(有善有惡)하다고 규정한다. 장재(張載)는 《정몽(正夢)》'성명(誠
明)'에서 "형체가 있은 후에 기질지성을 갖게 된다.〔形而后有氣質之
性.〕"라고 했다. 주자는 《주자어류(朱子語類)》권4에서 본연지성은 이
(理)만을 가리키고 기질지성은 이와 기(氣)를 겸칭한 것이라고 하고,
기질지성이란 성이 기 가운데 내재한 상태를 가리킨다고 설명했다.
모든 인간의 본연지성은 동일하지만 기질지성은 각 개인마다 서로
다르다. 악할 수도 있고 선할 수도 있게 되는 것은 기질에 기인한다.
장재는 기질변화를 통하여 악은 선으로 돌이킬 수 있다고 하여 '기
질변화'를 수양의 주요 명제로 제시했다.

③ 秦王政(秦始皇, B.C. 259 - B.C. 210) : 조(趙)나라 수도 한단(邯鄲)에서 태
어났다. 성은 영(嬴)이고, 씨(氏)는 조(趙), 이름은 정(政)이다. 진(秦)나
라의 황제로 장양왕(莊襄王, B.C. 281 - B.C. 247)의 아들이다. 13세에 왕
위를 계승하여 39세에 황제로 칭했다. 재임 중에 중앙집권을 위해
삼공구경(三公九卿) 제도로 국가를 다스리고, 과거의 분봉제(分封制)
를 폐지하고 군현제(郡縣制)를 실시했다. 동시에 문자와 수레, 도량을
통일했다. 대외적으로 흉노(匈奴)를 공격하고, 남월(百越)을 정벌하였
으며, 만리장성(萬裏長城)을 축성하고, 서남(西南)의 교통로를 개척했
다.

④ 茅焦 : 진시황(秦始皇) 때의 신하로서 제(齊)나라 사람. 진시황이 태후
를 옹(雍)이라는 땅으로 내쫓고 이를 비판하는 신하 27인을 죽였는데
도 모초는 굴하지 않고, 진시황의 무도한 행동 네 가지를 지적하여
진시황으로 하여금 자신의 잘못을 깨달아 태후를 다시 모시고 오게

만들어 모자(母子)의 관계가 처음과 같아지게 하였다.

⑤ 不審 : 자세히 알지 못하거나 의심스러움.

⑥ 阿順 : 비위를 맞추며 순종함.

⑦ 狂悖 : 행동이 도의(道義)에 벗어나서 미친 사람처럼 사납고 막됨.

⑧ 烈士 : 조국과 민족을 위하여 성심껏 장렬하게 싸운 사람. 이해나 권력에 굴하지 않고 나라를 위하여 절의를 굳게 지키는 사람.

⑨ 誅戮 : (1) 죄에 따르는 형벌(刑罰)로 마구 죽임. (2) 법으로 다스려 죽임.

⑩ 帝業 : 제왕(帝王)의 업(業). 임금이 이루어 놓은 업적(業績).

⑪ 垂成 : 어떤 일이 거의 이루어짐. 거의 성취됨.

111

| 원문 |

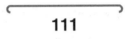

事親者는 不遠遊하며 遊必有方①이니라.
사 친 자　불 원 유　　유 필 유 방

方者 方向也. 曾子②外出時 同名者 殺人. 一人來告曾母
방자 방향야 증자 외출시 동명자 살인　일인내고증모

曰 "曾參殺人.③" 曾母 織機如前曰 "吾兒 未必然矣." 又一
왈　증삼살인　　증모 직기여전왈　　오아 미필연의　　우일

人告以如前 曾母停杼熟思曰 "未必然矣." 方織如前. 又一
인고이여전 증모정저숙사왈　미필연의　　방직여전　우일

人來告 曾母 投杼而避. 若曾子 在近則豈有如此之驚也.
인내고 증모 투저이피　약증자 재근즉기유여차지경야

| 해역 |

어버이를 섬기는 사람은 멀리 놀지 아니하며 놀면은 반드시 방소를 두어야 하니라.

방이란 방향이다. 증자가 외출했을 때에 같은 이름인 자가 사람을 죽였다. 한 사람이 와서 증자 어머니에게 고하기를 '증삼이 사람을 죽였습니다.' 하니, 증자 어머니가 베틀에서 베를 여전히 짜면서 말하기를 '우리 아이는 반드시 그렇지 않습니다.' 하였다. 또 한 사람이 앞서처럼 고하니 증자 어머니가 북을 멈추고 익히 생각하며 말하기를 '반드시 그렇지 않습니다.' 하면서 바야흐로 베를 짜는 것이 여전하였다. 또 한 사람이 와서 고하니 증자 어머니가 북을 던지고 피하였다. 만일에 증자가 가까이 있었다면 어찌 이와 같이 놀람이 있을 것인가.

| 주석 |

① 《논어(論語)》 이인(里仁)에 "공자께서 '부모가 계신다면 멀리 놀지 아니하며, 놀면 반드시 방소를 두어야 하니라.' 〔子曰 '父母在 不遠遊 遊必有方.'〕"에서 인거하였다.

② 曾子(B.C. 506-B.C. 436) : 춘추 시대 말기 노(魯)나라 남무성(南武城) 사람. 이름은 삼(參)이고, 자는 자여(子輿)다. 증점(曾點)의 아들이다. 공자(孔子)의 수제자로 효심이 두텁고 내성궁행(內省躬行)에 힘썼으며, 노나라에서 제자들의 교육에 주력했다. 『효경(孝經)』의 작자라고 전해지지만 확실한 근거는 없다. 일찍이 소리(小吏)를 지냈다. '초상을 당해서는 신중하게 치르고 먼 조상을 추모하면, 백성들이 모두 두터운 덕을 갖추게 될 것〔慎終追遠民德歸厚矣〕' 이라고 주장하면서 하루에 세 번 반성〔일일삼성(一日三省)〕하는 수양 방법을 제창했다. 『대학(大學)』을 지었다고 하며, 사상은 자사(子思)에게 전해졌다. 자사의 제자가 이를 다시 맹자(孟子)에게 전했다. 후세에 '종성(宗聖)' 으로 불린다. 저서에 『증자』 18편 가운데 10편이 『대대례기(大戴禮記)』에

남아 전하는데, 효(孝)와 신(信)을 도덕행위의 근본으로 삼았다.

③ 曾參殺人 :《전국책(戰國策)》〈진책(秦策)〉에 나온다. 증자(曾子)가 노(魯)나라의 비(費)라는 곳에 있을 때의 일이다. 이곳의 사람 중에 증자와 이름과 성이 같은 사람이 있었다. 하루는 그가 살인을 하였다. 그러자 사람들이 증자의 어머니에게 달려와 말하였다. '증삼이 사람을 죽였습니다.' 증자의 어머니가 말하였다. '우리 아들이 사람을 죽이지 않았습니다.' 그리고는 태연히 짜고 있던 베를 계속 짰다. 얼마후, 또 한 사람이 뛰어들어오며 말하였다. '증삼이 사람을 죽였습니다.' 증자의 어머니는 이번에도 미동도 않고 베를 계속 짰다. 또 얼마의 시간이 지났다. 어떤 사람이 헐떡이며 뛰어들어와 말하였다. '증삼이 사람을 죽였어요!' 그러자 증자의 어머니는 두려움에 떨며 베틀의 북을 던지고 담을 넘어 달렸다. 현명한 증자를 믿는 어머니의 신뢰에도 불구하고 세 사람이 그를 의심하며 말하니, 자애로운 그 어머니조차도 아들을 믿을 수 없는 지경이 되었다.

112

| 원문 |

甘旨^①-不如養志^②요 養志-不如善行이니라.
감지 불여양지 양지 불여선행

甘旨 衣食之供也. 養志 承順^③之奉也. 善行 頌德^④之譽
감지 의식지공야 양지 승순 지봉야 선행 송덕 지예

也. 立身揚名 以顯父母^⑤也.
야 입신양명 이현부모 야

좋은 맛일지라도 뜻을 봉양하는 것만 같지 못한 것이요, 뜻을 봉양할지라도 선을 행하는 것만 같지 못 하나니라.

좋은 맛이란 옷과 음식을 제공하는 것이다. 뜻을 봉양함이란 잇고 순종하여 받드는 것이다. 선을 행함이란 덕을 칭송하여 기림이다. 몸을 세우고 이름을 드날려서 부모를 드러나게 하는 것이다.

| 주석 |

① 甘旨 : 좋은 맛. 또 맛있는 음식.

② 養志 : 부모의 뜻을 받들어 지극한 효도를 다하는 일.

③ 承順 : 윗사람의 명령을 순순히 좇음.

④ 頌德 : 공적(功績)이나 인격을 기림. 덕망(德望)을 찬양(讚揚)하여 기림.

⑤ 立身揚名 以顯父母 :《효경(孝經)》에 나온 말이다. '몸을 세워 도를 행하여 후세에 이름을 날려 부모를 드러나게 하는 것이 효도의 마지막이니라.〔立身行道, 揚名於後世, 以顯父母, 孝之終也.〕'

113

| 원문 |

出必告反必面①하며 命召어시든 唯而不諾②하고
  출 필 고 반 필 면   명 소   유 이 불 락

怒責이어시든 不敢直對니라.
  노 책   불 감 직 대

不告面則父母　未知來往故必告之.　若有不合之事則俟
불 고 면 즉 부 모　 미 지 내 왕 고 필 고 지　　 약 유 불 합 지 사 즉 사

從容^③諫之.
종 용 　간 지

| 해역 |

나가면서 반드시 고하고 돌아와서 반드시 얼굴 할 것이며, 명하여
부르시거든 빠르게 대답하고 머뭇거리지 아니하며, 성내어 꾸짖거든
감히 바로 대립하지 않을지니라.

고하거나 얼굴 하지 아니하면 부모가 오고 가는 것을 알지 못하기
때문에 반드시 고해야 한다. 만일 합당하지 않는 일이 있으면 조용해
지기를 기다려서 간해야 한다.

| 주석 |

① 出必告反必面 : '나갈 때는 부모님께 반드시 출처를 알리고 돌아오
　 면 반드시 얼굴을 뵈어 안전함을 알려 드린다.' 라는 뜻으로, 밖에 나
　 갔다 오거나 들어올 때 부모님께 반드시 알려야 함을 이르는 말.
② 唯而不諾 : 부모님이 명하여 부르시면 공손하게 대답하고, 퉁명스럽
　 게 천천히 대답하지 않아야 한다.
③ 從容 : 침착(沈着)하고 덤비지 않음. 조용의 원말.

114

或有異味則必先嘗而進之하고 或不在寢席이면
혹 유 이 미 즉 필 선 상 이 진 지   혹 부 재 침 석

戰戰兢兢①하고 如在其左右니라.
전 전 긍 긍   여 재 기 좌 우

異味者 罕有之物 嘗其味佳則進 不佳則止之. 孝子之事
이 미 자 한 유 지 물 상 기 미 가 즉 진 불 가 즉 지 지 효 자 지 사

親也 養則致其樂 居則致其敬 使則致其速 駕②則致其具 病
친 야 양 즉 치 기 락 거 즉 치 기 경 사 즉 치 기 속 가 즉 치 기 구 병

則致其憂 喪則致其哀 祭則致其嚴 墓則致其省 人非父母
즉 치 기 우 상 즉 치 기 애 제 즉 치 기 엄 묘 즉 치 기 성 인 비 부 모

無從而生故 惟孝最大.
무 종 이 생 고 유 효 최 대

| 해역 |

혹 기이한 맛(음식)이 있으면 반드시 먼저 맛보아 나아가고, 혹 잠자리에 계시지 않으면 두려워서 떨듯 조심하여 그 좌우에 계시는 것같이 할지니라.

기이한 맛(음식)이란 드물게 있는 물건이니 그 맛을 보아서 좋으면 나아가고 좋지 아니하면 그쳐야 한다. 효자가 어버이를 섬김에 봉양함에는 그 즐거움을 다하고 기거에는 그 공경을 다하며, 심부름에는 그 빠름을 다하고 외출에는 그 준비를 다하며, 병듦에는 그 근심을 다하고 상사에는 그 슬픔을 다하며, 제사에는 그 엄함을 다하고 묘소에는 그 살핌을 다할지니 사람이 부모가 아니면 좇아 나옴이 없으므로 오직 효가 가장 크다.

① 戰戰兢兢 : 전전은 겁을 먹고 벌벌 떠는 것. 긍긍은 조심해 몸을 움츠리는 것으로 어떤 위기감에 떠는 심정을 비유한 말.

② 駕 : 탈 것 또는 수레라는 의미이나 여기서는 '외출한다.' 로 풀었다.

115

| 원문 |

父母之前에는 不咳唾하며 不飮酒하며 不踞坐①하
부모지전   불해타   불음주   불거좌

며 不大聲하며 不放歌하며 不責兒하며 凡所欲爲事
   부대성   불방가   불책아   범소욕위사

를 不得命則止之니라.
   부득명즉지지

此皆不敬之事故 愼之.
차개불경지사고 신지

| 해역 |

부모의 앞에서는 기침하여 침 뱉지 아니하며 술을 마시지 아니하며, 걸터앉지 아니하며, 큰소리치지 아니하며, 노래를 놓아 부르지 아니하며, 아이를 질책하지 아니하며, 무릇 하고자 하는 일을 명령을 얻지 아니하면 그칠지니라.

이는 다 공경하지 않는 사항이기 때문에 삼가야 한다.

① 踞坐 : 어떠한 것에 걸터앉음.

116

| 원문 |

雖忿不與人戰鬪요 雖閑不遊賭博①人이요 赴宴
수 분 불 여 인 전 투　　수 한 불 유 도 박　인　　　부 연

不至醉酩酊②이요 遠行不違定歸期니라.
부 지 취 명 정　　　　원 행 불 위 정 귀 기

此皆遺憂于父母而亡身之害故 不近也. 李朝大偏策③曰
차 개 유 우 우 부 모 이 망 신 지 해 고　불 근 야　이 조 대 편 책　왈

"西北人物勿重用." 洪景來④憤激于此 叛于龍岡 盡服嘉山
서 북 인 물 물 중 용　　홍 경 래　분 격 우 차　반 우 용 강　진 복 가 산

定州等地而突入宣州 防禦使金益淳⑤大醉 至于結縛 矇曨
정 주 등 지 이 돌 입 선 주　방 어 사 김 익 순　대 취　지 우 결 박　몽 롱

不知 不得已降服. 翌年洪景來就擒 益淳赤服誅 其家族當
부 지　부 득 이 항 복　익 년 홍 경 래 취 금　익 순 적 복 주　기 가 족 당

廢. 其孫金炳淵⑥ 時僅六歲 從僕金聖秀 携避于谷山 長而
폐　기 손 김 병 연　시 근 육 세　종 복 김 성 수　휴 피 우 곡 산　장 이

弄世 人稱金笠也. 金笠 若非其祖之酒 焉有此狂 故酒有成
농 세　인 칭 김 립 야　김 립　약 비 기 조 지 주　언 유 차 광　고 주 유 성

敗而不可不謹也.
패 이 불 가 불 근 야

| 해역 |

　비록 성내더라도 사람과 더불어 싸우지 아니할 것이요, 비록 한가하
더라도 도박하는 사람과 놀지 아니할 것이요, 연회에 다다르더라도 술

이 취함에 이르지 아니할 것이요, 멀리 행할지라도 돌아올 기일 정했음을 어기지 아니할지니라.

이는 모두 근심을 부모에게 끼치고 몸을 망치는 해로움이기 때문에 가까이 안 해야 한다. 이조의 대편책에 말하기를 '서북의 인물은 중용하지 말라.'고 하였다. 홍경래가 이에 격분하여 용강에서 배반하여 가산과 정주 등을 다 항복하고 돌연 선주에 들어갔는데 방어사인 김익순은 크게 취했음으로 결박에 이르러도 몽롱하여 알지 못하고 부득이 항복하였다. 다음 해에 홍경래가 사로잡히고 익순은 붉은 옷을 입고 베어져서 그 가족은 폐함을 당하였다. 그의 손자인 김병연은 때에 겨우 6살로 노복인 김성수를 따라 이끌려 곡산으로 피했더니 자라서 세상을 희롱함으로 사람들이 김삿갓이라 칭하였다. 김삿갓이 만일에 그 할아버지의 술만 아니었다면 어찌 이런 미치광이 됨이 있었으리오, 그러므로 술은 성공과 실패가 있는 것이니 가히 삼가지 않을 수 없다.

| 주석 |

① 賭博 : (1)화투·카드놀이·시합 등과 같이 그 승부가 불확실한 일에 요행을 바라고 돈을 거는 일. 노름. (2)요행수를 바라고 불가능하거나 위험한 일에 손을 대는 일.

② 酩酊 : 정신을 차리지 못할 정도로 술에 몹시 취함. 곤드레만드레 취함.

③ 李朝大偏策 : 순조 11년(辛未), 서력 1811년 11월에 홍경래가 "서북인물불중용(西北人物不重用)"이란 조선 왕조의 대편책(大偏策)에 분격하여 평안도 용강에서 반란을 일으키자, 순식간에 가산, 박천, 곽산, 태천, 정주 등지를 휩쓸고 선천으로 쳐들어갔다. 이때는 김병연의 조

부 김익순이 함흥 중군으로부터 선천 방어사로 전관한 지 불과 3개월 내외가 되었던 때였는데, 마침 술에 대취하여 누웠을 때 홍경래군이 달려들어 김익순을 결박 지어 끌고 나가 항복을 받았다. 순전히 사세부득이해서 항복한 것이나, 홍경래 난리가 다음 해(壬申) 2월에 평정되자 그는 3월 9일에 강주(降誅)를 당하고 그 일가는 조정으로부터 폐족을 당하였다. 이때는 김병연이 여섯 살 되던 해라, 이 댁에 종으로 있던 김성수(金聖秀)가 형 병하와 병연, 이 두 사람을 데리고 황해도 곡산으로 피해 가서 김병연은 그 종복의 집에서 자라나며 공부를 하였다. 그러나 그 뒤 주죄(誅罪)는 김익순에게 한하고 그 자손에게는 미치지 않기로 한 것이 알려지매, 김병연은 부친 김안근에게로 돌아갔다. 하지만 폐족의 자손으로서 세상의 학대와 멸시가 막대함을 참지 못해 22세경에 집을 나왔는데 장자 학균이 태어났다. 병연은 2년간을 방랑하다가 24세에 다시 한번 들어와 차자 익균을 낳고 나간 뒤로는 57세를 일기로 전라도 동복에서 돌아갈 때까지 한 번도 귀가하지 않았다.

④ 洪景來 : 1771(영조 47)~1812(순조 12). 본관은 남양(南陽). 용강(龍岡) 출신. 외숙 유학권(柳學權)에게 학문을 배웠고, 1798년(정조 22) 사마시에 낙방했으나 과거를 치를 만큼 경서에 대한 일정한 수준의 교양을 지녔다. 그와 함께 병서(兵書)나 제반 술서(術書), 특히 《정감록(鄭鑑錄)》 등에 통달하였다. 과거에 낙방한 뒤 벼슬길을 포기하고 풍수로서 각지를 전전하며 빈한한 생활을 하였다. 당시 과거제도의 부패상, 안동 김씨의 세도정치, 삼정의 문란 등으로 일반 백성들의 비참한 현실을 체험하면서 사회의 모순에 대한 객관적인 인식을 가지게 되었다. 그러던 중 가산에서 풍수로 부호의 집을 드나들던 우군칙(禹君則)을 만나 뜻이 통하자 반란을 모의하였다. 그는 시국에 불만을 품고 있는 자들을 이용해야 한다고 판단하였다. 그래서 당시 향촌에서 부를 축적해 하층지배자로 진출한 계층과 황해도 · 평안도 일대의

사상인(私商人)에게 접근하였다. 또한 관로가 막혀 현실에 불만을 품고 있던 양반 지식층에게도 접근해 진사 김창시(金昌始) 등을 반란군에 끌어들였다. 한편으로는 우군칙과 친하게 지내던 이희저(李禧著)를 이용해 대상(大商)들의 후원을 받도록 하였다. 즉, 정주성의 거부(巨富) 이침(李琛)·김석하(金石河), 안주상인(安州商人) 나대곤(羅大坤), 송상(松商) 박광유(朴光有)·홍용서(洪龍瑞) 등이 그 대표적인 인물들이다. 또, 역사(力士)의 발굴에도 주력해 제상(蹄商) 홍총각(洪總角), 평민 이제초(李濟初) 등의 장수, 그리고 지략과 무용을 겸비한 우군칙의 제자 김사용(金士用) 등을 끌어들였다. 그리고 가산 다복동(多福洞)을 근거지로 10여 년간 준비한 뒤, 1811년(순조 11) 극심한 흉년으로 인심이 흉흉해진 틈을 타 난을 일으켰다. 난 초기에는 각지의 내통 세력의 도움으로 민폐를 끼치지 않고 엄한 군율에 따라 쉽사리 가산·곽산 등 7개 읍을 점령하였다. 그러나 안주·연변의 진공을 앞두고 내분이 일어나는가 하면, 홍경래마저 부상을 당하자 사태가 불리해졌다. 더욱이 봉기의 주축 세력 가운데에는 그를 암살해 관군에 공을 세우려는 배반자도 생겨났다. 이런 가운데 박천·송림전투에서 관군에게 패배하면서 정주성으로 후퇴하게 되었다. 반란군은 고립된 정주성에서 4개월간을 버티었으나, 결국 성은 함락되고 그도 총에 맞아 죽고 말았다. 그는 조선 후기 사회가 가진 모순을 깊이 인식한 뒤, 사회변혁을 위해 치밀한 준비 끝에 거병해 반란 초기에 평안도 일대를 점령할 수 있었다. 그러나 하층 농민들의 반봉건적인 저항력과 절실한 이해를 대변하지 못한 인식의 한계, 그리고 당시의 사회적 제약으로 끝내 실패하였다.

⑤ 金益淳(1764~1812) : 본관은 안동, 1812년 홍경래의 난 때 선천부사로 반군과의 교전에서 패하여 그에게 항복하였다. 뒤에 봉기군이 관군에게 패하고 사살되자 죄를 모면하려고 농민 조문형에게 1,000냥을 주기로 하고 그에게 반군의 장수 김창시의 목을 베어오게 하였다. 약

속대로 조문형이 김창시의 목을 베어 바쳤으나 그가 약속을 어기고 돈을 지불하지 않자 조문형이 정부에 고발하여 사실이 밝혀지고 그는 모반대역죄로 참수되었다. 후일 그의 손자 난고 김병연(蘭皐 金炳淵)이 영월 백일장에 응시하여 그의 행적을 비판한 '논정가산 충절사 탄김익순 죄통우천(論鄭嘉山忠節死嘆金益淳罪通于天)'의 일로 자책하여 방랑시인이 되었다는 이야기가 항간에 회자되고 있으나 당시 김삿갓의 나이가 22세로 그의 조부를 몰랐을 리 없으며, 이는 김삿갓의 재주를 시기한 노진이라는 사람이 김삿갓을 조롱하기 위해 지어 퍼뜨렸다는 것이 1925년 조선시대 인물들의 일화를 모아 엮은 책인 『대동기문』에 전한다. 이 글로 인하여 김삿갓은 자신과 조부의 치욕으로 여겨 평생을 삿갓을 쓰고 방랑하였고 다시는 평안도 지역을 가지 않았다고 한다.

⑥ 金炳淵 : 1807(순조 7)~1863(철종 14). 조선 후기의 방랑시인이다. 본관은 안동. 자는 난고(蘭皐), 별호는 김삿갓 또는 김립(金笠). 경기도 양주 출생이다. 평안도 선천(宣川)의 부사였던 할아버지 익순(益淳)이 홍경래의 난 때에 투항한 죄로 집안이 멸족을 당하였다. 노복 김성수(金聖秀)의 구원으로 형 병하(炳河)와 함께 황해도 곡산(谷山)으로 피신해 공부하였다. 후일 멸족에서 폐족으로 사면되어 형제는 어머니에게로 돌아갔다. 그러나 아버지 안근(安根)은 화병으로 죽었다. 어머니는 자식들이 폐족자로 멸시받는 것이 싫어서 강원도 영월로 옮겨 숨기고 살았다. 이 사실을 모르는 김병연이 과거에 응시, 「논정가산 충절사탄김익순죄통우천(論鄭嘉山忠節死嘆金益淳罪通于天)」이라는 그의 할아버지 익순을 조롱하는 시제로 장원급제하였다. 그러나 자신의 내력을 어머니에게서 듣고는 조상을 욕되게 한 죄인이라는 자책과 폐족자에 대한 멸시 등으로 20세 무렵부터 처자식을 둔 채로 방랑의 길에 오른다. 이때부터 그는 푸른 하늘을 볼 수 없는 죄인이라고 삿갓을 쓰고 죽장을 짚은 채 방랑생활을 시작하였다. 금강산 유람

을 시작으로 각지의 서당을 주로 순방하고, 4년 뒤에 일단 귀향하여 1년 남짓 묵었다. 이때 둘째 아들 익균(翼均)을 낳았다. 또다시 고향을 떠나서 서울·충청도·경상도로 돌았다. 도산서원(陶山書院) 아랫마을 서당에서 몇 해 동안 훈장노릇도 하였다. 다시 충청도·평안도를 거쳐 어릴 때 자라던 곡산의 김성수 아들 집에서 1년쯤 훈장 노릇을 하였다. 충청도 계룡산 밑에서 찾아온 아들 익균을 만나 재워놓고 도망하였다가 1년 만에 또 찾아온 그 아들과 경상도 어느 산촌에서 만났으나, 이번에는 심부름을 보내놓고 도망쳤다. 3년 뒤 경상도 진주 땅에서 또다시 아들을 만나 귀향을 마음먹었다가 또 변심하여 이번에는 용변을 핑계로 도피하였다. 1863년(철종 14) 57세의 나이로 전라도 동복(同福) 땅에 쓰러져 있는 것을 어느 선비가 나귀에 태워 자기 집으로 데려가, 거기에서 반년 가까이 신세를 졌다. 그 뒤에 지리산을 두루 살펴보고 3년 만에 쇠약한 몸으로 그 선비 집에 되돌아와 한 많은 생애를 마쳤다. 뒤에 익균이 유해를 강원도 영월군 의풍면 태백산 기슭에 묻었다.

117

| 원문 |

孝衰於妻子하며 怨生於不敎니 孝子①는 反省②
효 쇠 어 처 자　　　원 생 어 불 교　　　효 자　　　반 성
하고.

爲父母者 孰不爲慈 孰不爲敎 然 因其勢而有不能者故
위 부 모 자 숙 불 위 자 숙 불 위 교 연 인 기 세 이 유 불 능 자 고

孝子知其反省 有妻子而盡其孝 見教子而知其恩也.
효 자 지 기 반 성 유 처 자 이 진 기 효 견 교 자 이 지 기 은 야

| 해역 |

효도는 아내나 자식에서 쇠약하며 원망은 가르치지 않음에서 생기
나니 효자는 반성하고.

부모가 된 자 누군들 사랑하지 않으며 누군들 가르치지 아니 하리
오만은, 그러나 그 형세로 인하여 능하지 못함이 있기 때문에 효자는
그것을 반성할 줄 알아야 하고 처자가 있으므로 그 효를 다하며 자식
가르침을 봄으로 그 은혜를 알아야 한다.

| 주석 |

① 孝子 : 어버이를 잘 섬기는 아들. 부모의 제사(祭祀)를 지낼 때나 또는
   비문(碑文)을 새길 때 아들의 이름 위에 적는 말.
② 反省 : 자기 언행에 대해 잘못이나 부족함이 없는지 돌이켜봄.

118

| 원문 |

射御-雖在六藝①之中이나 父母在則不習이니라.
사 어 수 재 육 예 지 중   부 모 재 즉 불 습

心狂于射御則易致父母之憂故 不習也. 六藝者 禮五
심 광 우 사 어 즉 이 치 부 모 지 우 고 불 습 야 육 예 자 예 오

吉, 凶, 軍, 賓, 嘉. 樂六 雲門(黃帝樂), 咸池(堯樂), 大韶
길 흉 군 빈 가 악육 운문 황제악 함지요악 대소

(舜樂), 大夏(禹樂), 大濩(湯樂), 大武(武王樂). 射五 白矢,
순악 대하 우악 대호 탕악 대무 무왕악 사오 백시

三連, 剡注, 襄尺, 井儀. 御五 鳴和鸞, 逐水曲, 過君表, 舞
삼연 섬주 양척 정의 어오 명화란 축수곡 과군표 무

交衢, 逐禽左. 書六 象形, 會意, 轉注. 處事, 假借, 諧聲. 數
교구 축금좌 서육 상형 회의 전주 처사 가차 해성 수

九 方田, 粟布, 衰分, 少廣, 商功, 均輸, 盈朒, 方程, 句股.
구 방전 속포 쇠분 소광 상공 균수 영뉵 방정 구고

| 해역 |

활쏘기와 말타기는 비록 육예 가운데 있으나 부모가 계시면 익히지
아니할지니라.

마음이 사어에 미치면 부모의 걱정 이름이 쉽기 때문에 익히지 않
아야 한다. 육예란 예예(禮藝)는 다섯이니, 길례와 흉례와 군례와 빈례
와 가례이다. 악예(樂藝)는 여섯이니, 운문과 함지와 대소와 대하와 대
호와 대무이다. 사예(射藝)는 다섯이니, 백시와 삼연과 섬주와 양척과
정의이다. 어예(御藝)는 다섯이니, 명화란과 축수곡과 과군표와 무교구
와 축금좌이다. 서예(書藝)는 여섯이니, 상형과 회의와 전주와 처사와
가차와 해성이다. 수예(數藝)는 아홉이니, 방전과 속포와 쇠분과 소광
과 상공과 균수와 영뉵과 방정과 구고이다.

| 주석 |

① 六藝 : 유학교육(儒學敎育)에서 다루는 여섯 가지 기초 교양이라고 할
수 있는 곧, 예(禮)·악(樂)·사(射)·어(御)·서(書)·수(數)이다. 이것
을 터득하기 위한 경전(經典)으로는 시·서·예·악·역·춘추(春秋)

의 육경(六經)이었으나 악경(樂經)이 존재하지 않으므로 현재는 오경 (五經)만이 전해진다. 조화로운 교양인의 육성을 위한 군자학(君子學) 의 학습 내용이다.

119

| 원문 |

出他어시든 頻察其歸路하며 過期어시든 必趨其
출 타   빈 찰 기 귀 로   과 기   필 추 기
所駕①하고.
소 가

若有事則以代其勞也.
약 유 사 즉 이 대 기 로 야

| 해역 |

다른데 나가시거든 자주 그 돌아오는 길을 살피며, 기일이 지나시거 든 반드시 그 돌아오는(수레) 바에 나아갈지니라.

만일 사연이 있으면 그 수고로움을 대신해야 한다.

| 주석 |

① 駕 : 출타했다가 돌아오는 것이라고 할 수 있다.

| 원문 |

有疾이어시든 不離侍側①하며 命使어시든 卽起行
유 질   불 리 시 측   명 사   즉 기 행

之니라.
지

離側則易違所命 不卽起則易觸②所怒也.
이 측 즉 이 위 소 명 부 즉 기 즉 이 촉 소 노 야

| 해역 |

　병이 있으시거든 모시는 곁을 떠나지 아니하며, 시킴을 명하시거든 곧 일어나서 행할지니라.

　곁을 떠나면 명하는 바를 어기기가 쉽고 바로 일어나지 아니하면 성내는 바를 받기가 쉽다.

| 주석 |

　① 侍側 : 곁에 있으면서 웃어른을 모심.
　② 觸 : 받다. 닿다. 느끼다.

121

| 원문 |

人皆曰 "予聖이나 推究其長이면 時複襁褓^①하고
인 개 왈   여 성   추 구 기 장   시 복 강 보

抱之負之하며 啼慮病獨慮驚하야 小不放心之息이
포 지 부 지   제 려 병 독 려 경   소 불 방 심 지 식

何有過於母哉리요."
하 유 과 어 모 재

人之生長 非母不得故. 詩^②曰 "父兮生我 母兮鞠我 哀
인 지 생 장 비 모 부 득 고   시 왈   부 혜 생 아 모 혜 국 아 애

哀父母 生我劬勞. 欲報深恩 昊天罔極.^③"
애 부 모 생 아 구 로 욕 보 심 은 호 천 망 극

| 해역 |

사람들이 모두 말하기를 '나보다 거룩하다고 하지만 그 자라남을
추구하면 때로 보자기에 싸서 안고 업으며, 울면 병일까 염려하고 홀로
면 놀랄까 염려하여 조금도 마음을 놓고 쉬지 않았으니 무엇이 어머니
보다 지나침이 있으리요.'

사람의 낳고 자람이 어머니가 아니면 얻을 수 없기 때문이다. 시경
에 말하기를 '아버지는 날 낳으시고 어머니는 날 기르시니, 애처롭다
부모여! 나를 낳으시기에 애쓰시고 수고하셨도다. 깊은 은혜를 갚고자
하나 넓은 하늘이 다함이 없도다.' 고 하였다.

| 주석 |

① 襁褓 : 포대기.

② 詩=詩經 : 중국 최고(最古)의 시집. 단순히 시(詩)라고도 불리며 유교 오경의 하나이다. 지금으로부터 2500여 년 전인 서주(西周) 초로부터 춘추(春秋) 중엽인 진(陳)나라 영공(靈公) 때까지의 약 500여 년 동안에 중국 각 지방에서 유행하던 노래의 가사(歌辭)들을 모아 놓은 것이다. 《한서(漢書)》〈예문지(藝文志)〉에 의하면 옛날 조정에는 민간의 시를 채집하는 채시관(採詩官)이 있어서 각 지방에서 유행하는 시가들을 채록했는데, 임금은 이것을 보고 민심의 동향을 살펴서 정치의 잘잘못을 알아 올바른 정사를 해왔다고 한다. 또한 《국어(國語)》〈주어(周語)〉에는 지방 장관들이 천자(天子)에게 실무를 보고할 때 각기 자기 고장에서 유행하는 시가들을 모아 헌시(獻詩)를 하였다는 기록이 있고, 《소대례(小戴禮)》〈왕제(王制)〉에는 천자가 각 지방을 순수(巡狩)할 때 각 지방 장관들은 시정을 보고하며 진시(陳詩)를 했다는 기록이 있다. 이러한 채시ㆍ헌시ㆍ진시 제도로 인해 여러 지방에서 유행하던 노래들이 수집되어 있었다. 《사기(史記)》에 의하면 공자가 처음에 3,000여 편이나 되었던 서편들 가운데 중복되거나 유사한 시 등을 빼고 예의(禮儀)에 시행할 수 있는 내용이 건전한 작품 300여 편만을 골라 찬정(撰定)했다고 하며 지금은 311편이 전해진다. 《시경》을 "시삼백(詩三百)", 또는 "삼백편(三百篇)"이라 부르기도 하는 데 이것은 이 때문이다. 그중에 시 자체는 없고 제목만 전하는 6편의 작품 [남해(南陔)ㆍ백화(白華)ㆍ화서(華黍)ㆍ유경(由庚)ㆍ숭구(崇丘)ㆍ유의(由儀)]이 있어 실제로는 305편이 된다.

③ 昊天罔極 : 하늘처럼 다함이 없다. 부모의 은혜를 말한다.

| 원문 |

子生三年然後에 免於父母之懷故로 父母之喪이
자 생 삼 년 연 후   면 어 부 모 지 회 고   부 모 지 상

三年이니라.
삼 년

三年之喪 以報免懷之年. 禮記①曰 "伯魚②服出母而子思③
삼 년 지 상 이 보 면 회 지 년 예 기   왈   백 어 복 출 모 이 자 사

不服." 門人問曰 "何故也?" 子思對曰 "先君子④ 從情 我從
불 복   문 인 문 왈   하 고 야   자 사 대 왈   선 군 자   종 정 아 종

禮 禮出於情耶 情出於禮耶?" 一日 伯魚 趨而過庭 仲尼問曰
례 예 출 어 정 야 정 출 어 례 야   일 일 백 어 추 이 과 정 중 니 문 왈

"汝-學禮乎?" 對曰 "未也." 人而不學禮 無以立. 鯉伯魚
여 학 예 호   대 왈   미 야   인 이 불 학 예 무 이 입   리 백 어

退而學禮 伯魚之服 豈有不知禮也.
퇴 이 학 예 백 어 지 복 기 유 부 지 예 야

| 해역 |

자식이 낳은 지 3년 뒤에 부모의 품어줌을 면하기 때문에 부모의 상
장이 3년이니라.

3년의 상장은 품어주심을 면함에 보답하는 해이다. 예기에 말하기
를 '백어가 나간 어머니의 복을 입었는데 자사는 복을 입지 않았다.'
문인이 물어 말하기를 '무슨 까닭입니까?' 자사가 대답하여 말하기를
'아버지는 정을 따랐고 나는 예를 따를 것이니 예가 정에서 나온 것인
가 정이 예에서 나온 것인가?' 하루는 백어가 정원을 지나가거늘 중니
가 물어 말씀하기를 '너는 예를 배웠느냐?' 대답하여 말하기를 '배우
지 않았습니다.' 사람이 예를 배우지 아니하면 설 수가 없다. 이인 백

어가 물러나서 예를 배웠으니 백어의 복을 입음이 어찌 예를 알지 못하였으리요.

|주석|

① 禮記 : 중국 유가 5경(五經) 중의 하나이다. 원문은 공자(B.C. 551~479)가 편찬했다고 전해진다. 공자가 직접 지은 책에는 '경(經)' 자를 붙이므로, 원래 이름은 〈예경〉이었다. 그러나 B.C. 2세기경 대대(大戴 : 본명은 戴德)와 그의 사촌 소대(小戴 : 본명은 戴聖)가 원문에 손질을 가한 것이 분명하므로 '경' 자가 빠지게 되었다. 〈예기〉에서는 그 주제인 곡례(曲禮)·단궁(檀弓)·왕제(王制)·월령(月令)·예운(禮運)·학기(學記)·악기(樂記)·대학(大學)·중용(中庸) 등을 다룸에 있어서 도덕적인 면을 매우 중요하게 보았다. 1190년 성리학파의 주희(朱熹)는 〈예기〉 중의 대학·중용 2편을 각각 별개의 책으로 편찬하여 유교 경전인 〈논어〉·〈맹자〉와 더불어 4서(四書)에 포함시켰다.

② 伯魚=孔鯉(B.C. 532년~B.C. 481년) : 자는 백어(伯魚)이다. 공자(孔子)의 아들이며 모친은 송(宋)나라 기원씨(亓官氏)의 딸이다. 태어날 때 노소공(魯昭公)이 공자(孔子)에게 한 마리의 리어(鯉魚 : 잉어)를 하사하여 '리(鯉)'라고 이름 지었다. 공리는 공자보다 먼저 세상을 떠났다. 공리의 처는 그가 죽은 후에 재가(再嫁)했다. 정통 공가(孔家) 후대(後代)는 공리(孔鯉)의 아들인 공급(孔伋)의 후예이다.

③ 子思=孔伋 : 공자(孔子)의 손자이자 공리(孔鯉)의 아들이다. 노목공(魯穆公)의 스승이며, 자는 자사(子思)이다. 노나라 사상가로서 저서로 《자사(子思)》 23편이 있었으나 지금은 전하지 않고, 《중용(中庸)》은 그의 저작으로 알려진다. 유교에서 그는 공자(孔子), 맹자(孟子), 안자(顏子), 증자(曾子)와 더불어 오대성인(五大聖人)으로 삼는다.

④ 先君子 : 남에게 돌아가신 자기 아버지를 이르는 말. 선친(先親).

123

| 원문 |

人之有父母는 猶木之根水之源이니 奉祭如饗①
인 지 유 부 모   유 목 지 근 수 지 원   봉 제 여 향

하며 省墓如承顏이니라.
성 묘 여 승 안

木無根必枯 水無源必渴. 人而忘本而令終②者 鮮矣. 中
목 무 근 필 고 수 무 원 필 갈   인 이 망 본 이 영 종 자 선 의   중

庸③曰 "事死如事生 事亡如事存 孝之至也."
용 왈   사 사 여 사 생 사 망 여 사 존 효 지 지 야

| 해역 |

사람의 부모가 있는 것은 나무의 뿌리와 물의 근원과 같나니 제사 받들기를 흠향하는 것같이 하며, 묘소 살피는 것을 얼굴 받드는 것같이 할지니라.

나무에 뿌리가 없으면 반드시 마르고 물에 근원이 없으면 반드시 마른다. 사람이 근본을 잊고 명대로 살다 죽기가 드물다. 중용에 말하기를 '죽은 사람 섬기기를 산 사람 섬기듯 하며, 없어진 사람 섬기기를 생존한 사람 섬기듯 하는 것이 효의 지극함이다.' 고 하였다.

| 주석 |

① 饗=歆饗 : (1) 받아서 그 기운을 먹다. (2) 천지의 신령이 제물을 받아서 그 기운을 먹음.

② 令終=考終命 : 오복의 하나. 제 명대로 살다가 편안히 죽는 것을 이른다.

③ 中庸 : 공자의 손자인 자사(子思)의 저작이며 사서(四書)의 하나이며 동양철학의 중요한 개념을 담고 있다. 오늘날 전해지는 것은 오경(五經)의 하나인 《예기(禮記)》에 있는 〈중용편(中庸篇)〉이 송(宋)나라 때 단행본이 된 것으로, 《대학(大學)》, 《논어(論語)》, 《맹자(孟子)》와 함께 사서(四書)로 불리고 있으며, 송학(宋學)의 중요한 교재가 되었다. 여기서 '中' 이란 어느 한쪽으로 치우치지 않는다는 것, '庸' 이란 평상(平常)을 뜻한다. 인간의 본성은 천부적(天賦的)인 것이기 때문에 인간은 그 본성을 따르지 않으면 안 된다. 따라서 본성을 좇아 행동하는 것이 인간의 도(道)이며, 도를 닦기 위해서는 궁리(窮理)가 필요하다. 이 궁리를 교(敎)라고 한다. 《중용》은 요컨대 이 궁리를 연구한 책이다. 즉 인간의 본성은 한마디로 말해서 성(誠)일진대, 사람은 어떻게 하여 이 성으로 돌아가는가를 규명한 책이라고도 할 수 있다. 한편 주자(朱子)는 《중용장구(中庸章句)》라고 하는 주석서(注釋書)를 지었는데, 여기서 주자는 자사가 도학(道學)의 전통을 위해 《중용》을 썼다고 말하였다.

124

| 원문 |

祭必有誠이요, 墓必頻省이니 無誠不饗이요, 無省
제 필 유 성　　　　　묘 필 빈 성　　　　　무 성 불 향　　　　　무 성

人犯이니라.
인 범

凡祭稱家之有無 不節顔目 前期三日 沐浴齋戒.① 不遠
범 제 칭 가 지 유 무　부 절 안 목　전 기 삼 일　목 욕 재 계　　불 원

行 不問喪 不飮酒 不戰鬪 不殺生 不發怒. 凡汚穢之事 不
행 불문상 불음주 부전투 불살생 불발노　범오예지사 불

治. 墓不頻省則恐有人迫葬 或破損之慮耳.
치　묘불빈성즉공유인박장 혹파손지려이

| 해역 |

제사는 반드시 정성이 있어야 할 것이요, 묘소는 반드시 자주 살필
지니 정성이 없으면 흠향하지 않는 것이요, 살핌이 없으면 사람이 침범
하나니라.

무릇 제사는 집안의 있고 없음과 안목의 존절하지 못함을 일컫게
되나니 앞의 3일을 기하여 목욕하고 재계해야 한다. 멀리 가지 아니하
고 문상을 아니하며, 술을 마시지 아니하고 싸우지 아니하며, 산 것을
죽이지 아니하고 성냄을 발하지 않아야 한다. 무릇 더러운 일을 다스
리지 않아야 한다. 묘소를 자주 살피지 아니하면 사람이 다급하게 장
사지낼까 두려움이 있고 혹 파손할까 염려가 되어서이다.

| 주석 |

① 齋戒 : 제사를 올리기 전에 심신을 깨끗이 하고 금기(禁忌)를 범하지
않도록 하는 일이다. 결재(潔齋)라고도 한다. 재(齋)는 청정(淸淨), 계
(戒)는 청정하게 하는 규범이란 뜻이다. 유교나 불교에서 목욕재계·
정진결재(精進潔齋) 등의 표현을 쓰는데, 모두 제사를 받들기에 앞서
경계를 게을리하지 않고 심신을 정결하게 하며 근신하는 것을 주안
점으로 한다.

125

| 원문 |

人有名辱而身全하고 身辱而名傳하니 惟身名俱
인 유 명 욕 이 신 전　　　신 욕 이 명 전　　　유 신 명 구

全이라야 可謂至孝①也니라.
전　　　　가 위 지 효　　야

中庸曰 "大德② 必得其位 必得其祿 必得其名 必得其
중 용 왈　　대 덕　　필 득 기 위　　필 득 기 록　　필 득 기 명　　필 득 기

壽"大德者 必受命.③
수　대 덕 자 필 수 명

| 해역 |

　사람이 이름을 욕되게 함이 있어야 몸이 온전하고, 몸을 욕되게 함
이 있어야 이름이 전해지나니 오직 몸과 이름이 함께 온전해야 가히 지
극한 효라고 이르나니라.

　중용에 말하기를 '큰 덕은 반드시 그 지위를 얻고 반드시 그 녹을
얻으며, 반드시 그 이름을 얻고 반드시 그 장수를 얻는다.' 하였으니
큰 덕이라야 반드시 천명을 받는다.

| 주석 |

　① 至孝 : 더할 나위 없이 지극한 효성.
　② 大德 : 넓고 큰 인덕(人德). 또는, 그러한 사람. 준덕(峻德). 홍덕(鴻德).
　③ 受命 : 천명을 받아 천자(天子)가 됨(고대 중국의 사상).

126

| 원문 |

主聖臣賢은 國之福也요, 父慈子孝는 家之福也
주 성 신 현   국 지 복 야   부 자 자 효   가 지 복 야
니라.

爲君父者 孰不願得賢臣①者 爲臣子者 孰不願得賢君父
위 군 부 자   숙 불 원 득 현 신   자   위 신 자 자   숙 불 원 득 현 군 부

然 君有諍臣② 不亡其國 父有諍子 不亡其家.
연 군 유 쟁 신   불 망 기 국   부 유 쟁 자   불 망 기 가

| 해역 |

임금은 거룩하고 신하의 어짊은 나라의 복이요, 아버지는 자애롭고 자식이 효도함은 가정의 복이니라.

임금과 아버지가 된 자는 누군들 어진 신하 얻음을 원하지 않을 것이며, 신하와 아들이 된 자는 누군들 어진 임금과 아버지 얻음을 원하지 않겠는가? 그러니 임금에게 간쟁하는 신하가 있으면 그 나라는 망하지 않고, 아버지에게 간쟁하는 자식이 있으면 그 집안은 망하지 않는다.

| 주석 |

① 賢臣 : 어진 신하(臣下).
② 諍臣 : 임금의 잘못에 대하여 바른말로 간하는 신하.

| 원문 |

明主는 不求其臣之賢하며 賢臣은 不願其君之德
명주　　불구기신지현　　　현신　　불원기군지덕

이니라.

君賢則臣雖惡 不萌其惡 臣賢則君雖惡 不恣其惡. 殷太
군현즉신수악 불맹기악 신현즉군수악 부자기악　은태

甲① 不肖② 伊尹③ 放之於桐三年 爲聖君. 晉悼公④ 返國 先
갑　불초　이윤　방지어동삼년 위성군　진도공　반국 선

斬夷羊五⑤ 清沸魋 次滅屠岸賈⑥之族 晉國大治.
참이양오　청비퇴 차멸도안고 지족 진국대치

| 해역 |

　밝은 임금은 그 신하의 어짊을 구하지 아니하며, 어진 신하는 그 임금의 덕을 원하지 않나니라.

　임금이 어질면 신하가 비록 악할지라도 그 악이 싹트지 아니하며, 신하가 어질면 임금이 비록 악할지라도 그 악이 방자해지지 않는다. 은나라 태갑이 불초하므로 이윤이 동 땅에 내친지 3년에 성군이 되었다. 진나라 도공은 나라에 돌아와서 먼저 양이오와 청비퇴를 베고 다음으로 도안고의 가족을 멸하니 진나라가 크게 다스려졌다.

| 주석 |

　① 太甲(생몰미상) : 중국 상나라의 제4대 왕(재위 ?-?). 성은 자(子)이며, 이름은 기록에 따라 태갑(太甲)이나 조갑(祖甲)이라고 한다. 왕호(王

號)는 태종(太宗)이다. 태갑이라는 이름은 태어난 날의 천간(天干)이 갑일(甲日)이기 때문에 붙여진 것이다. 중국 상(商)나라를 건국한 탕왕(湯王) 천을(天乙)의 태자였던 태정(太丁)의 아들이다. 《사기(史記)》 '은본기(殷本紀)'의 기록에 따르면, 탕왕이 죽은 뒤에 태갑의 아버지인 태정이 왕위에 오르기로 되어 있었으나 그는 왕위에 오르기 전에 죽었다. 그래서 태정의 동생인 외병(外丙)이 왕위에 올랐고, 외병이 3년 만에 죽자 다시 외병의 동생인 중임(中壬)이 왕위를 이었다. 그러나 중임도 왕위에 오른 지 4년 만에 죽었고, 탕왕을 도와 상나라 왕조를 세우는 데 큰 공을 세운 이윤(伊尹)은 태정의 아들인 태갑(太甲)을 왕으로 세웠다. 태갑이 왕위에 오른 뒤에 이윤은 〈이훈(伊訓)〉·〈사명(肆命)〉·〈조후(徂后)〉라는 글을 지어 교훈을 전하려 했다.《서경(書經)》의 '상서(商書)'에는 이윤이 태갑 원년에 선왕(先王)에게 제사를 지내면서 태갑과 제후, 관리들에게 훈계했다는 〈이훈〉이 전해지는데, 여기에서 이윤은 위정자(爲政者)가 피해야 할 세 가지 바람인 '삼풍(三風)'과 열 가지 허물인 '십건(十愆)'에 관해 논하고 있다. 그러나 태갑은 왕위에 오른 지 3년이 되도록 깨닫지 못하고 포악해졌고, 탕왕의 법도를 지키지 않고 덕을 어지럽혔다. 그러자 이윤은 그를 동궁(桐宮)으로 내쫓고 3년 동안 자신이 섭정을 하면서 제후들의 조회를 받았다.《사기》 '은본기'에는 태갑이 3년 동안 동궁에 머무르며 자신의 잘못을 뉘우치자 이윤이 다시 태갑을 맞이해 정권을 돌려주었다고 기록되어 있다. 그리고 태갑이 덕으로 다스리자 제후들이 모두 상나라에 복종하고 백성들도 평안하게 되었고, 이윤은 이를 기뻐하며 〈태갑훈(太甲訓)〉 3편을 짓고, 태갑을 기려서 태종(太宗)이라고 칭했다고 한다. 하지만 《죽서기년(竹書紀年)》에는 태갑 원년에 이윤이 태갑을 동(桐)으로 내쫓고 스스로 왕위에 올랐으며, 7년 뒤에 동에서 몰래 빠져나온 태갑이 이윤을 죽였다고 기록되어 있다.

② 不肖 : (1) 못나고 어리석음, 또는 그런 사람. 어버이의 덕행(德行)이나

사업을 이을 만한 능력이 없음, 또는 그런 사람. (2) 자기를 겸손하여 이르는 말.

③ 伊尹(생몰미상) : 은(殷, 商)나라 초기 사람. 이름이 이(伊)고, 윤(尹)은 관직 이름이다. 일명 지(摯)라고도 한다. 노예였다가 유신씨(有莘氏)의 딸이 시집갈 때 잉신(媵臣)으로 따라갔다. 탕(湯)왕의 인정을 받아 등용되었다. 하(夏)나라를 멸하고 은나라를 건국하는데 큰 공을 세웠다. 이로 인해 은나라의 재상이 되었다. 탕왕이 죽은 뒤 외병(外丙)과 중임(仲壬) 두 임금을 보좌했다. 중임이 죽고 태갑(太甲)이 왕위에 올라 정사를 돌보지 않고 탕왕의 법을 따르지 않자 그를 동(桐)으로 축출하고 일시 섭정했다. 3년 뒤 태갑이 잘못을 뉘우치자 다시 왕위에 올렸다. 일설에는 태갑이 올라야 하는데 이윤이 찬탈하여 자립하면서 태갑을 쫓아냈는데, 7년 뒤 몰래 돌아와 그를 죽였다고 한다. 후세 고대의 명재상으로 전해진다.

④ 晉悼公 : 진(晉)나라의 28대 군주로 본명은 주(周). 진양공(晉襄公, 진의 23대 군주, B.C. 627-621 재위)의 증손자이자 진여공(晉厲公)의 7촌 조카로 부친 경백(景伯) 담(談)과 함께 낙양(洛陽)에서 지내오다 황음무도한 폭군 진여공(晉厲公)이 난서, 순언 등의 음모에 의해 시해되자 진나라의 다수 경대부들의 요청에 의해 본국으로 돌아와 열네 살의 어린 나이로 즉위했음. 어린 나이에도 불구하고 놀라울 정도의 영명함과 담대한 카리스마를 발휘해 자신을 제후로 추대한 여러 경대부들로부터 충성의 서약을 받아낸 후, 간신 이양오 · 청불퇴(淸沸魋) · 정활(程滑) 등을 처형하고 백관(百官)을 공명정대하게 임명하며, 관기(官紀)를 숙정(肅整)하는 동시에, 부세 경감, 빈민 구휼(救恤), 부채 탕감, 재난 구제, 음락(淫樂) 금지, 형벌 경감, 농시(農時) 준수, 법률 정비 등 대대적인 내정 개혁을 추진함으로써 진나라의 내치(內治)를 오랜만에 공명(公明)하게 만들었음.

⑤ 夷羊五 : 춘추 시대 때 사람. 성이 이양이다. 진여공(晉厲公)의 총신(寵

臣)이었다. 주간왕(周簡王) 12년 여공이 경(卿)이었던 극씨(郤氏) 일족을 몰아내고자 그와 서동(胥童)을 군수(軍帥)로 삼아 8백 갑사(甲士)를 이끌고 극씨를 공격하도록 했는데, 극지(郤至)와 극주(郤犨), 극기(郤錡)를 죽였다.

⑥ 屠岸賈 : 진(晉)나라 경공(景公, B.C. 599~581 재위) 시기의 간신. 진혜공(晉惠公, B.C. 650~637 재위) 시기의 간신이자 공자 중이[重耳, 훗날의 진문공(晉文公)]를 암살하려다 실패한 장본인인 도안이(屠岸夷)의 손자로 암군(暗君)인 진경공(晉景公)에게 부화뇌동해 온갖 아첨과 술수, 참소 등을 일삼으면서 진나라 조정을 혼란과 퇴폐로 이끌었음. B.C. 584년에 개인적인 원한이 있었던 조삭(趙朔)을 비롯해 조씨(趙氏) 일문 전체를 몰살하는 일대 참극을 벌였으나 조삭(趙朔)의 충복인 정영(程嬰)이 자신의 아들을 대신 죽이는 비상수단을 쓰면서까지 조삭의 유복자 조무(趙武)를 구사일생으로 구출해 깊은 산속으로 숨는 바람에, 큰 후환을 남겼으면서도 그 사실을 몰랐음. 그 후 여공(厲公, B.C. 580~574 재위) 시기에도 난씨(欒氏), 극씨(郤氏)와 함께 한동안 권세를 누렸으나 여공이 난서(欒書)와 순언(荀偃)에게 시해되고 영명한 군주인 도공(悼公, B.C. 573–558 재위)이 즉위해 간신배들을 일대 숙청하고 내정을 바로잡는 과정에서 가장 먼저 본보기로 처형되었다.

128

| 원문 |

愛父(애부)는 不惜敎子之財(불석교자지재)하며 孝子(효자)는 不避事親①(불피사친)之(지) 苦(고)이니라.

吝財②者 不能教子 吝苦者 不能事親.
인 재 자 불능교자 인고자 불능사친

| 해역 |

　사랑스런 아버지는 자식을 가르치는데 재물을 아끼지 아니하며, 효
도하는 자식은 어버이를 섬기는데 괴로움을 피하지 않나니라.

　재물을 아끼는 자는 능히 자식을 가르치지 못하고, 괴로움을 아끼
는 자는 능히 어버이를 섬기지 못한다.

| 주석 |

　① 事親 : 어버이를 섬김.
　② 吝財 : (1) 재물을 몹시 아까워하다. (2) 재물에 인색하게 굴다.

129

| 원문 |

　賢夫①는 不怒其婦之過하며 貞婦②는 不言其夫之
　현 부　　　불로기부지과　　　정 부　　　불언기부지
短이니라.
단

　其婦雖惡 德能化心③ 其夫雖愚 敬能齊家.④
　기부수악 덕능화심　기부수우 경능제가

| 해역 |

　어진 지아비는 그 지어미의 허물에 성내지 않으며, 곧은 지어미는

그 지아비의 단점을 말하지 않나니라.

　그 지어미가 비록 악할지라도 덕이면 능히 마음이 변하게 하고, 그 지아비가 비록 어리석을지라도 공경하면 능히 집안을 가지런히 하게 된다.

| 주석 |

① 賢夫 : 어진 지아비. 어진 남편.
② 貞婦 : 현철(賢哲)하고 정조(貞操)가 곧은 아내.
③ 化心 : 마음을 변(變)하게 함. 바뀌게 함.
④ 齊家 : 집안을 잘 다스려 바로잡음.

130

| 원문 |

臣職忠而不知使忠故로　不忠①이　生하고　婦道-
신 직 충 이 부 지 사 충 고　　　불 충　　　생　　　부 도

順而不知使順故로　不順②이　生하고　子責孝而不知
순 이 부 지 사 순 고　　　불 순　　　생　　　자 책 효 이 부 지

使孝故로　不孝③-生하나니라.
사 효 고　　　불 효　　생

　盡心事主曰 "忠" 不聽則無可以爲忠. 死不食言④曰
　진 심 사 주 왈　　충　불 청 즉 무 가 이 위 충　사 불 식 언　왈

"信" 相欺則無可以爲信. 君惡逆耳 何爲忠. 夫無愛敬 何爲
신　상 기 즉 무 가 이 위 신　군 오 역 이 하 위 충　부 무 애 경 하 위

順. 父善毆責 何爲孝乎. 故 有其君有其臣 有其夫有其婦
순.　부 선 구 책 하 위 효 호　고　유 기 군 유 기 신　유 기 부 유 기 부

有其父有其子也.
유 기 부 유 기 자 야

| 해역 |

　신하의 직분은 충성하는 것이니 충성으로 따르는 것임을 알아주지
않기 때문에 불충이 생기고, 지어미의 길은 순종하는 것이니 순종으로
따르는 것임을 알아주지 않기 때문에 불순이 생기고, 자식의 책임은 효
도하는 것이니 효도로 따르는 것임을 알아주지 않기 때문에 불효가 생
기나니라.

　마음을 다하여 임금을 섬기는 것을 말하자면 '충성' 이니 들어주지
아니하면 가히 써 충성을 할 수가 없다. 죽더라도 말을 먹어버리지 않
음을 말하자면 '믿음' 이니 서로 속이면 가히 써 믿음이 될 수가 없다.
임금이 귀에 거슬리는 것을 싫어한다면 어떻게 충성을 하겠는가. 지아
비가 사랑하고 공경함이 없다면 어떻게 순종을 하겠는가. 아버지가 때
리고 꾸짖음이 많다면 어떻게 효도를 하겠는가. 그러므로 그 임금이
있으면 그 신하가 있고, 그 지아비가 있으면 그 지어미가 있으며, 그 아
버지가 있으면 그 자식이 있게 된다.

| 주석 |

　① 不忠 : 충성(忠誠)스럽지 못함.
　② 不順 : 몸가짐이나 마음가짐이 고분고분하지 않고 거침.
　③ 不孝 : (1) 부모를 학대함. (2) 부모에게 자식 된 도리를 못함. (3) 고려
　　　　때 죄의 하나. 부모를 꾸짖음으로써 성립되는 죄.
　④ 食言 : 한번 입 밖으로 냈던 말을 다시 입속에 넣는다는 뜻으로, (1) 앞

서 한 말을 번복하거나 약속을 지키지 않고 거짓말을 하는 경우를 가
리키는 말. ⑵ 약속한 말을 지키지 않는 것.

131

| 원문 |

故로 君義臣忠하며 夫和婦順하며 父慈子孝하며
고　　군 의 신 충　　　　부 화 부 순　　　　부 자 자 효

兄友弟恭하며 長愛幼敬하나니라.
형 우 제 공　　　장 애 유 경

自上不義①則下亦效之.
자 상 불 의　 즉 하 역 효 지

| 해역 |

　그러므로 임금이 의로우면 신하가 충성하며, 지아비가 화합하면 지
어미가 순종하며, 아버지가 사랑하면 자식이 효도하며, 형이 우애하면
아우가 공순하며, 어른이 사랑하면 어린이가 공경하나니라.

　위에서부터 의롭지 않으면 아래도 또한 본받는다.

| 주석 |

① 不義 : ⑴ 의리(義理), 도의(道義), 정의(正義)에 어긋나는 일. ⑵ 옳지 못
　함. 의(義)가 아님.

| 원문 |

臣有盡心之諫호대 無簒奪①之法하며 婦有三從②
신유진심지간　　무찬탈　지법　　부유삼종

之道호대 無專制③之義하며 子有號泣④之隨호대 無
지도　　무전제지의　　자유호읍지수　　무

怨謗⑤之道니라.
원방　지도

簒奪者 逐弑也 專制者 强壓⑥也. 怨謗者 毁辱⑦也. 盡心
찬탈자축시야 전제자강압야　원방자훼욕야　진심

者 不顧身也. 三從者 在家從父 適人⑧從夫 夫無從子也. 號
자 불고신야　삼종자 재가종부 적인 종부 부무종자야　호

泣者 諫不聽則號泣而隨之.
읍자 간불청즉호읍이수지

| 해역 |

신하가 마음을 다하여 간함이 있되 찬탈하려는 법이 없어야 하며,
지어미가 삼종의 도가 있되 전제하려는 뜻이 없어야 하며, 자식이 호읍
의 따름이 있되 원방하려는 도가 없어야 하나니라.

찬탈이란 쫓아내고 죽임이다. 전제란 강압함이다. 원방이란 헐고
욕보임이다. 진심이란 몸을 돌아보지 않음이다. 삼종이란 집에 있어서
는 아버지를 좇고, 남에게 시집가서는 지아비를 좇으며, 지아비가 없
으면 자식을 좇아야 한다. 호읍이란 간해도 듣지 아니하면 부르짖고
울면서라도 따라야 한다.

① 簒奪 : (1) 왕위, 국가 주권 따위를 억지로 빼앗음. (2) 신하가 임금 자
리를 빼앗음.

② 三從=三從之義 : 봉건시대 여자가 지켜야 할 세 가지 도리, 곧, 어려
서는 아버지를 좇고, 시집가서는 남편을 좇고, 남편이 죽은 뒤에는
아들을 좇음.

③ 專制 : (1) 전제정치, 전제 정체(政體)의 준말. (2) 혼자서 결정함. (3) 마
음대로 처리함.

④ 號泣 : 소리를 내어 부르짖으며 욺. 또는, 그 울음.

⑤ 怨謗 : 원망을 하고 헐뜯는 것.

⑥ 强壓 : 강한 힘으로 내리누름.

⑦ 毁辱 : 헐뜯고 욕함.

⑧ 適人 : 여자가 남에게 출가를 함.

133

| 원문 |

婦者는 濟家之主요 爲孝之源이니 若有不善이면
부 자   제 가 지 주   위 효 지 원   약 유 불 선

從容敎授하야 不知拘心이니 君子는 有婦之不善이면
종 용 교 수   부 지 구 심   군 자   유 부 지 불 선

反求諸其身이니라.
반 구 제 기 신

齊景公① 見晏嬰②之妻老且醜 謂曰 "寡人③ 有女 年少而
제 경 공   견 안 영 지 처 노 차 추 위 왈 과 인   유 녀 연 소 이

美 願納之於卿."晏子曰 "以少妭事人者 以年老相託也 臣
미 원납지어경   안자왈   이소문사인자 이연노상탁야 신

妻雖醜 安忍倍之?"景公歎曰 "卿 不倍其妻 況君父乎?"
처수추 안인배지   경공탄왈   경 불배기처   황군부호

於是 深信晏子之忠. 其妻雖惡 安能不化也.
어시 심신안자지충   기처수오 안능불화야

| 해역 |

지어미는 집안을 건져내는 주인이요 효도를 하는 근원이니, 만일 착하지 못함이 있으면 조용히 가르쳐주어서 마음이 잡힘을 알지 못하게 할지니, 군자는 지어미의 착하지 못함이 있으면 그 몸에 돌려서 구하나니라.

제나라 경공이 안영의 아내가 늙고 또한 추함을 보고 일러 말하기를 '과인에게 여아가 있는데 나이가 젊고 아름다우니 원한다면 경에게 헌납하고자 한다.' 하였다. 안자가 말하기를 '젊어서 아이 낳고 가사를 하는 사람은 연로함에 서로 의탁하려는 것이니 신의 아내가 비록 추하지만 어찌 차마 배반하겠습니까?' 하였다. 경공이 감탄하여 말하기를 '경은 그 아내를 배반하지 않으니 하물며 임금과 부모이겠는가?' 이에 깊이 안자의 충성을 믿었다. 그 아내가 비록 추하지만 어찌 능히 교화가 되지 아니 하리오.

| 주석 |

① 齊景公(미상-B.C. 490년) : 춘추 시대 제나라의 국군(國君). 이름은 저구
(杵臼)다. 제장공(齊莊公)의 이복동생이다. 대부 최저(崔杼)가 장공을
살해하고 그를 세워 군주로 삼았다. 즉위한 뒤 최저를 우상(右相), 경
봉(慶封)을 좌상(左相)으로 삼았다. 재위하면서 대신들이 서로 죽이는

등 조정이 극히 혼란했다. 궁실 짓기를 좋아했고, 사냥개와 말을 모아 길렀으며, 세금을 무겁게 매기고 혹형을 가하는 등 사치가 끝이 없어 백성들의 고통이 심했다. 나중에 안영(晏嬰)을 정경(正卿)에 임명하면서 조금씩 나아졌다. 일찍이 노정공(魯定公)과 협곡(夾谷)에서 만났다. 재위 기간은 58년이고, 시호는 경(景)이다.

② 晏嬰(?-B.C. 500) : 중국 춘추시대 제(齊)나라의 정치가로 관중(管仲)과 함께 훌륭한 재상(宰相)으로 이름을 떨쳤다. 이름 휘(諱)는 영(嬰), 자(字)는 중(仲)이다. 시호(諡號)는 평(平)으로 보통 평중(平仲)이라고도 불리며, 안자(晏子)라고 존칭(尊稱) 되기도 한다. 내주(萊州)의 이유(夷維, 지금의 山東省 萊州市 平里店) 출신이다. 제(齊)나라 영공(靈公)과 장공(莊公), 경공(景公) 3대에 걸쳐 몸소 검소하게 생활하며 나라를 바르게 이끌어 관중(管仲)과 더불어 훌륭한 재상(宰相)으로 후대(後代)에까지 존경을 받았다. 재상이 된 뒤에도 한 벌의 옷을 30년이나 계속해서 입을 정도로 검소하게 생활하여 백성의 존경을 받았다고 한다. 여기에서 '안영호구(晏嬰狐裘)'라는 말이 비롯되었는데, 이는 고관(高官)이 매우 검소하게 생활하는 것을 나타낸다. 그리고 벼슬에 있으면서 어떤 상황에서도 충간(忠諫)과 직언(直言)을 하는데 머뭇거리지 않았으며 의롭게 행동하여 이름을 떨쳤다. 장공(莊公)이 신하인 최저(崔杼)에게 살해당했을 때에도 두려워하지 않고 신하로서 도리를 다해 곡(哭)을 하며 문상(問喪)을 하는 용기를 보였다. 때문에 사마천은《사기》에서 안영에 대해 "만일 안자가 아직 살아있어 내가 그를 위해 말채찍을 잡고 그의 수레를 몰 수 있다면 정말로 영광스러운 일이다." 하고 칭송하였다.

③ 寡人 : 임금 자신이 자기를 낮추어 일컫는 말.

134

| 원문 |

婦之善惡이 在於御之以禮니 牛馬도 教能役이어
부지선악   재어어지이례   우마   교능역

든 豈有爲人而不化之理也리요.
   기유위인이불화지리야

易①曰 "言出乎身 加乎民 行發乎邇 見乎遠. 言行② 君子
역왈   언출호신 가호민 행발호이 현호원   언행   군자

之樞機③ 樞機之發 榮辱④之主也." 言行 君子之所以動 天
지추기   추기지발 영욕 지주야   언행   군자지소이동 천

地也 豈不能化一婦也.
지야 기불능화일부야

| 해역 |

　지어미의 선과 악, 어거를 예로써 하는데 있나니, 소나 말도 가르치면 능히 부리거든 어찌 사람이 되어 교화되지 못할 이유가 있겠는가.

　주역에 말하기를 '말은 몸(입)에서 나가 백성에게 더해지며, 행위는 가까운 데서 발하여 멀리 나타난다. 말과 행위는 군자의 추기이니, 추기가 발함에 영예와 치욕의 주체가 된다.' 고 하였다. 언행은 군자의 움직이는 바이니 하늘과 땅이라 어찌 능히 한 지어미를 교화시키지 못하리요.

| 주석 |

　① 易=周易 : 《역경(易經)》이라고도 한다. 〈경(經)〉·〈전(傳)〉의 두 부분을 포함하며 대략 2만 4,000자이다. 주(周)의 문왕이 지었다고 전해진다. 괘(卦)·효(爻)의 2가지 부호를 중첩하여 이루어진 64괘·384효, 괘

사, 효사(爻辭)로 구성되어 있는데, 괘상에 따라 길흉화복을 점쳤다. 주나라 사람이 간단하게 8괘로 점을 치는 책이었으므로 〈주역〉이라고 했다. 정이(程頤)의 주석서 〈역전(易傳)〉은 경전의 해석을 통해 철학적인 관점을 나타내고 있을 뿐만 아니라 세계관, 윤리학설 및 풍부하고 소박한 변증법을 담고 있어, 중국 철학사상 중요한 위치를 차지하고 있다. 〈역전〉 계사편 등에서는 음·양 세력의 교감작용을 철학범주로 격상시켜 세계 만사만물(萬事萬物)을 통일된 체계로 조성했다. 이로써 진대(秦代)·한대(漢代) 이후의 사상계에 많은 영향을 끼쳤으며 서양 학자들의 관심을 끌었다. 주석본은 매우 많으나, 일반적으로 알려진 것은 〈주역정의(周易正義)〉(위나라 王弼 및 진나라 韓康伯의 注, 당나라 孔穎達의 疏)·〈주역집해(周易集解)〉(당나라 李鼎祚의 輯), 현대 가오헝[高亨]의 〈주역고경금주(周易古經今注)〉·〈주역대전금주(周易大傳今注)〉가 있다.

② 言行 : 입으로 말하는 것과 몸으로 행하는 것.

③ 樞機 : (1) 문지도리와 쇠뇌의 발사 장치. (2) 사물의 관건. (3) 주요 직위.

④ 榮辱 : 영예와 치욕을 아울러 이르는 말.

135

| 원문 |

行媒議婚하며 納幣①親迎②을 謂之聘③이요, 因於
행 매 의 혼   납 폐 친 영   위 지 빙   인 어

淫慾④하야 與之私通⑤을 謂之奔⑥이니 聘則爲妻요
음 욕   여 지 사 통   위 지 분   빙 즉 위 처

奔則爲妾이니라.
분 즉 위 첩

妻尊妾卑 爲女者 不可不謹耳.
처 존 첩 비 위 녀 자 불 가 불 근 이

| 해역 |

　중매가 행해지면 혼인을 의논하며 폐백을 바치고 친히 맞이함을 일러서 빙이라 하는 것이요, 음욕으로 인하여 그로 더불어 사사롭게 통함을 일러서 분이라 하는 것이니, 빙하면 아내가 되는 것이요 분하면 첩이 되나니라.

　아내는 높고 첩은 낮은 것이니 여자가 된 사람은 가히 삼가지 않을 수 없으리라.

| 주석 |

① 納幣 : 전통 혼례(婚禮)에서, 신랑 집에서 신부집으로 혼서지와 폐백(幣帛)을 함에 담아 보내는 일.

② 親迎 : (1) 친히 맞이함. (2) 육례(六禮)의 하나. 신랑이 신부네 집에 가서 신부를 직접 맞음, 또는 그 의식.

③ 聘 : 예를 갖추어서 장가드는 것.

④ 淫慾 : (1) 음탕(淫蕩)한 욕심. (2) 남녀 간의 정욕(情慾). (3) 호색(好色)하는 마음.

⑤ 私通 : 부부가 아닌 남녀가 남몰래 서로 정을 통함.

⑥ 奔 : 예를 갖추지 않고 혼인하다. 야합(野合)하다. 공서(共棲)하다.

| 원문 |

男不娶美貌요, 女不嫁有妻니 嫁有妻而心安者-
남불취미모   여불가유처   가유처이심안자

小하고 娶美貌而無禍者-鮮矣니라.
소   취미모이무화자 선의

宋元帥孔父嘉①之繼室②魏氏貌甚美 大夫華督③ 見之驚
송원수공보가 지계실 위씨모심미 대부화독   견지경

曰"誠爲天下一人也"除非殺其夫 方可以奪其妻 稱以害民
왈 성위천하일인야   제비살기부 방가이탈기처 칭이해민

賊殺之. 父嘉 止有一子不金 父奪 魯爲孔氏 後來孔聖仲尼④
적살지 보가 지유일자불금 부탈 노위공씨 후래공성중니

卽其六世孫也. 李浣⑤之繼室 安州貌醜不顧矣. 李浣夜命將
즉기육세손야 이완 지계실 안주모추불고의 이완야명장

入 安州持甲曹⑥出迎曰 "若非厄難 不至夜命 然 亦非軍召
입 안주지갑조 출영왈   약비액난 부지야명 연 역비군소

內穿甲曹 外加冠服"浣聽之 有理也 如其言入闕 試才弓弩⑦
내천갑조 외가관복 완청지 유리야 여기언입궐 시재궁노

齊發 晏然⑧入闕. 孝宗⑨知其能 卽賜珊瑚⑩筆. 浣感其再生.
제발 안연 입궐 효종 지기능 즉사산호 필 완감기재생

直入安州室 安州 見筆擊破 瀋陽⑪行地圖在中. 驚問其故 對
직입안주실 안주 견필격파 심양 행지도재중 경문기고 대

曰"將軍者 筆無所用而御賜⑫之 豈無理由也?"次曰 "入朝
왈 장군자 필무소용이어사 지 기무이유야   차왈 입조

對以如言"卽拜⑬大將.
대이여언 즉배 대장

| 해역 |

남자는 아름다운 얼굴에 장가들지 아니할 것이요 여자는 아내가 있
는데 시집가지 아니할지니 아내가 있는데 시집가서 마음이 편안한 사

람 적고, 아름다운 얼굴에 장가들어 재앙이 없는 사람 드무나니라.

송나라의 원수 공보가의 계실인 위씨는 얼굴이 매우 아름다웠는데 대부인 화독이 보고 놀라며 말하기를 '진실로 천하에 한 사람이 될 만하구나.' 하고 잘못을 제거한다며 그 지아비를 죽이고 바야흐로 가히써 그 아내를 빼앗고는 백성을 해롭게 함으로 죽인 것이라 일컬었다. 보가는 한 아들인 불금에 그쳤는데 아버지가 빼앗김으로 노나라로 가서 공씨가 되었으니 뒤에 공씨의 성인인 중니는 바로 그의 6대 손자이다. 이완의 계실인 안주는 얼굴이 추하여 돌아보지 않았다. 이완이 밤에 명령으로 장차 들어가려는데 안주가 갑조를 가지고 나와 맞으며 말하기를 '만일 액난이 아니라면 밤에 명령이 이르지 않을 것이지만 그러나 또한 군대를 부른 것도 아니니, 안에다가 갑조를 입고 밖에는 관복을 더하십시오.' 하니, 이완이 듣고 일리가 있다며 그 같이 말하고 입궐하는데 재능을 시험하려고 궁노를 일제히 발하였지만 안연이 입궐하였다. 효종이 그의 능력을 알아보고 바로 산호의 붓을 주었다. 이완은 그렇게 다시 살았음에 감격하였다. 곧장 안주의 방으로 들어가니 안주가 붓을 보고 쳐서 부수니 심양으로 가라는 지도가 가운데 있었다. 놀라서 그 연고를 물으니 대하여 말하기를 '장군이란 사람은 붓은 쓸 바가 없는 것인데, 임금이 그것을 주셨으니 어찌 이유가 없겠습니까?' 하고 다음으로 말하기를 '조정에 들어가 대하여 말한 것같이 하십시오' 하니 바로 대장군의 임명을 받았다.

| 주석 |

① 孔父嘉 : 춘추 시대 송나라 사람. 자는 공보(孔父)고, 이름이 가(嘉)이다. 공자(孔子)의 6대조(祖)다. 목공(穆公) 때 대사마(大司馬)가 되었는

데, 목공이 죽자 목공의 유촉(遺囑)을 받아 상공(殤公)을 세웠다. 상공
이 재위하는 10년 동안 11번이나 전쟁을 일으켜 백성들을 고통 속으
로 몰아넣었다. 태재(太宰) 화보독(華父督)이 그의 아내를 빼앗으려고
민생을 안정시킨다는 명분으로 공보가를 살해하고 그 아내를 차지
했다. 공보가의 아들은 노(魯)나라로 달아났다.

② 繼室=後室=再娶 : (1)아내를 여읜 뒤에 두 번째 장가듦. (2)두 번째
장가들어 맞이한 아내.

③ 華督=華父督(미상-B.C. 682년) : 춘추 시대 송나라 사람. 송대공(宋戴
公)의 손자다. 태재(太宰)를 맡았다. 송상공(宋殤公) 10년 대부(大夫) 공
보가(孔父嘉)를 살해한 뒤 그 아내를 취했다. 다시 상공(殤公)을 시해
한 뒤 정(鄭)나라에 있던 공자풍(公子馮)을 데려다 송장공(宋莊公)으로
세우고, 자신은 재상이 되었다. 민공(閔公) 때 대부 남궁만(南宮萬)에
게 살해당했다.

④ 孔聖仲尼 : 공성은 공자(孔子)를 성인(聖人)으로서 일컫는 말이요, 중
니는 공자이니 제자백가 중 유가(儒家)의 시조. 이름은 구(丘), 자는
중니(仲尼), 노(魯)나라에서 태어나 처음에는 그곳에서 자리 잡고 정
치를 담당하였지만, 실권자와 충돌한 후 여러 나라를 돌아다니며 제
후들에게 자기의 사상을 설파하였다. 그러나 뜻을 얻지 못하자 만년
에는 노나라에서 제자 교육과 고전 편찬에 종사하였다. 공자가 중국
철학사에서 차지하는 위치와 공헌은 최초의 민간사상가로서 주대(周
代)의 관학(官學)으로부터 학문을 해방하고 처음으로 사학(私學)을 창
시하여 중국사상사의 기초를 이룬 점과 동시에 그 후 오랫동안 중국
의 지배사상이 된 유교의 골격을 쌓은 점에 있다. 공자가 태어난 춘
추 말기는 정권이 밑으로 옮겨가 농민, 수공업자, 상인 등의 신흥계
급이 출현하여 힘을 내세우고 씨족적 혈연사회와 그 예제(禮制)가 붕
괴하는 과정이었기 때문에, 씨족귀족이 그 지위를 지키기가 곤란하
였다. 공자는 이러한 새로운 요소를 어느 정도 인정하면서, 예(禮)의

질서, 씨족귀족 중심의 질서의 붕괴를 막으려고 하였다. 그 해답은 '덕'에 기초한 정치, '인'에 바탕을 둔 위정자의 자기 개조였다. 이러한 변동기에 종래의 지배자인 군주가 법률과 형벌만으로 백성을 다스리려고 한다면, 백성은 그것을 빠져나가 부끄러움(恥)을 모르게 되고 점점 종래의 질서를 혼란시키기 때문에 군주는 '덕'을 바탕으로 정치를 하고 백성을 이끌지 않으면 안 된다. 그 덕이란 '인'으로서 '인'이란 사람을 사랑하고, '자신이 원하지 않는 바를 남에게 베풀지 않는다.'는 것이고, 그러기 위해서는 자기를 이겨 예(禮)로 돌아가지 않으면 안 된다고 설명한다. 이 '인'의 수양법으로 주목되는 것은 예(禮)가 '극기'의 규범이 되고 '예가 아니면 보지 말고, 듣지 말고, 말하지 말고, 움직이지 말라.'고 하는 점이다. '예'는 주대의 씨족귀족 지배하의 혈연적 신분적 질서를 확립하고 유지하는 제도였지만, 그것이 형식화되고 붕괴된 춘추 말기에 공자는 '예'를 '인'과 관련시켜 규범화하고 군주에게 내재화시켜 예를 국가사회 질서의 계속적인 기본원리로 존속하게 하였다. 이리하여 '인'은 '예'에 의해 깊이 규정되어 그 밑에 놓이게 되었다. 이러한 '인'의 성격은 '군자소인론(君子小人論)'에서 보다 명확히 밝혀졌다. 즉 공자는 '인'을 체득하여 실천할 수 있는 사람은 노동하지 않는 '군자' 뿐이고, 직접 생산에 종사하고 그것에 관심을 가지는 '소인'은 '인'과 무관하다고 설명한다. 이것은 '인'이 '예'의 질서를 규범으로 하기 때문에 필연적으로 생기는 논리였다. 그렇다고 공자가 농민과 수공업자들의 '소인' 계급을 완전히 무시한 것은 아니었다. 공자의 제자 대부분은 바로 이 계급 출신자로서, 공자는 이들을 열심히 가르쳤지만, 그는 생산기술의 습득은 '소인'의 일이라 하여 거부하고 과거의 지식 및 주대의 '시서예악(詩書禮樂)'에 대한 학습만을 강조하였다. 공자의 입장은 결국 씨족귀족 계급과 농·공·상 신흥계급의 대립이 격화되는 시대에 있어서, 전자에게는 인에 의한 자기 개조를 요구하고 후자에게서는 유능한 인재를 양성하면서 씨족귀족의 입장에서 모순을 조화시키고자 하는 개량주의였다. '애(愛)'는 보편적인 덕목으로 발전할 가능성을 지니면서 '예'에 규정되어 '군자'의 속성으로 여겨지는 '인'의 사상적 모순은 이러한 입장에서 필연적으로 나올 수밖에 없었다. 현재의 『논어』 20편은 제자들이 편찬한 공자의 언행록이다.

⑤ 李浣(1602-1674) : 조선 중기 효종 때의 무신. 무장으로서 정치에도 핵심적 역할을 했다. 효종의 북벌정책을 보필, 국방체계·군비·병력 정비에 기여하였다. 한성부판윤·공조판서·형조판서, 수어사를 거쳐 우의정을 지냈다. 소설 《허생전》에 등장한다. 본관은 경주이고, 자는 징지(澄之), 호는 매죽헌(梅竹軒), 시호 정익(貞翼)이다. 인조반정의 공신인 무신 이수일(李守一)의 아들로 1602년에 출생하였다. 이후 그의 부친은 이괄의 난을 평정하는 데도 공을 세워 형조판서까지 올랐다. 이완은 1624년(인조 2) 무과에 급제한 뒤 만포첨사와 각지의 수령을 거쳐 1631년 평안도 병마절도사가 되었다. 1636년(인조 14) 수안군수로 있을 때 병자호란(丙子胡亂)이 일어났고, 황해도 정방산성(正方山城)에 주둔하면서 동선령(東仙嶺)에 매복하였다가 남하하는 적을 기습하여 크게 무찔렀다. 이후에도 남하하는 청나라군을 추격하여 산발적인 전투를 벌였고 적의 공격을 받아 부상을 입었다. 병자호란이 끝나고 함경남도·황해도 등 여러 곳의 병사를 주로 역임하였다. 최명길(崔鳴吉)의 천거로 당시에는 드물게 무관 출신으로 동부승지가 되기도 하였다. 1640년 임경업(林慶業) 장군의 부장으로 청나라 연합군에 합류하였으며 명나라와 전투를 벌이면서 상호 부상자가 발생하지 않도록 하였다. 명나라와 이런 협력관계가 청군에 알려져 한때 관직에 나가지 못했다. 1649년 효종 즉위 후 북벌정책에 핵심 무관으로 역할 하였으며 포도대장을 거쳐 1650년에는 어영대장에 올랐다. 김자점(金自點)의 아들 김익이 일으킨 모역을 다스리기 위해 포도대장을 거듭 맡았다. 이즈음 어영청 병제와 군비의 정비에 노력

하였다. 1653년(효종 4) 정태화(鄭太和)의 천거로 최고 정예부대인 훈
련도감의 대장에 종래 공신이나 국왕 외척만이 임명되던 관례를 깨
고 특별히 임명되어, 현종대에 걸치도록 16년 동안 직책을 유지하는
한편, 한성부판윤·공조판서·형조판서·포도대장 등을 겸임하였다.
1669년(현종 10)에 훈련대장에서 물러난 이래 관직을 계속 사양하였
으나 1674년에는 수어사를 거쳐 우의정이 내려졌다. 말먹이를 직접
줄 만큼 확고한 자세의 무장으로서 정치에서도 핵심적인 역할을 하
였다. 효종의 북벌정책을 보필하여 국방체계·군비·병력을 정비하
는 데 많이 기여하였다. 무신으로서 현달하였고 야심찬 북벌 정책을
추진했다는 특이한 성격으로 인하여 야사와 설화의 소재로 많이 채
택되었으며 박지원(朴趾源)도 소설《허생전》에서 실명으로 등장시킨
바 있다.

⑥ 甲胄=甲冑 : 갑옷과 투구를 아울러 이르는 말.

⑦ 弓弩 : 활과 쇠뇌를 아울러 이르는 말.

⑧ 晏然 : 마음이 편안하고 침착한 모양.

⑨ 孝宗(1619~1659) : 조선 제17대 왕(재위 1649~1659), 휘(諱)는 호(淏), 자
는 정연(靜淵), 호는 죽오(竹梧), 인조의 둘째 아들. 어머니는 이열왕후
(仁烈王后) 한씨(韓氏). 비는 우의정 장유(張維)의 딸 인선왕후(仁宣王
后), 병자호란 후 소현세자(昭顯世子) 조와 봉림대군(鳳林大君) 호(淏-孝
宗)는 심양(瀋陽)에 인질로 8년간이나 머물러 있었다. 45년(인조 23)에
소현세자가 변사한 후 세자에 책봉되어 49년 즉위하였다. 이해 심양
에서의 8년간의 굴욕을 씻고자 북벌계획을 세우고 군비를 정비하고
송시열(宋時烈). 송준길(宋浚吉) 등을 등용시켜 군정(軍政)에 힘썼으나
도중에 청의 힐문(詰問)으로 일시 중지되었다. 그 후 흑룡강으로 침
입하는 러시아군을 물리치고자 하는 청나라의 요청으로 원군을 보
내어 나선(羅禪)을 정벌하기도 하였으나 안으로는 북벌계획을 버리
지 않고 군복 계량, 북벌 준비를 계속하였고 호서(湖西)지방에는 대동

법을 실시하였다. 그러나 북벌을 감행해 보지 못하고 세상을 떠났다. 55년 농가집성(農家集成), 56년 내훈(內訓), 57년 선조수정실록(宣祖修正實錄) 등이 간행되었으며 표류해온 서양인 하멜을 시켜 서양식 무기를 제조하게 했다. 능은 영릉(寧陵)이다.

⑩ 珊瑚 : 팔방산호아강(八放珊瑚亞綱)에 속하는 빨간 산호·연분홍 산호·흰 산호 등을 가리키는데, 넓은 뜻으로는 육방산호아강(六放珊瑚亞綱)에 속하는 석산호류·각산호류·토규류(菟葵類)와 히드로 충류에 속하는 의산호류(擬珊瑚類) 등도 포함된다. 자웅이체이며, 성숙한 알과 정자는 체외로 배출되어 바닷물 속에서 수정한다. 수정란은 얼마 후 표면에 섬모가 난 플라눌라 유생이 되어 얼마 동안 유영생활을 한 다음 앞쪽에서 다른 물체에 정착하여 폴립으로 변한다. 이것이 무성생식에 의해서 점점 폴립을 증식하여 커다란 군체를 만든다. 산호류는 모두 폴립형 뿐이며, 해파리형은 만들지 않는다. 세대교번을 하는 것은 없으나, 풍기아(Fungia)만은 횡분열을 되풀이하여 평판상(平板狀)의 폴립을 발생시킨다. 빨간 산호·연분홍 산호·흰 산호 등 장식용으로 가공되는 산호는 깊은 바닷속에서 생육하므로 심해산호라고도 한다. 이 세 종류 중에서 흰 산호가 가장 얕은 곳에서 발견되며 가지가 적고, 빨간 산호는 작은 가지가 많다. 연분홍 산호가 가장 대형이며, 해저 수백 m의 암초 위에 착생하고 있다.

⑪ 瀋陽 : 중국 둥베이[東北] 지방 랴오닝 성[遼寧省]의 성도(省都). 당(唐)나라 때는 심주(瀋州)에 속했고 명(明)나라 때에는 심양중위(瀋陽中衛)에 속했다. 청(淸)나라 때에는 성경(盛京)이라고 했으며 승덕현(承德縣)을 설치하여 봉천부(奉天府)에 속하게 하였다. 일본의 통치하에서는 펑텐[奉天]이라고 하였으나 만주국이 붕괴된 후 센양으로 하였다. 양(陽)은 '양지 바른 곳'이라는 뜻으로, 지명은 '심수(瀋水) 북쪽(北岸)에 있다.'는 의미이다. 둥베이 지방 제일의 종합 공업 도시로 정치·경제·문화·교통의 중심지이다. 동쪽의 푸순[撫順]과 남쪽의 안산(鞍

山) 등에 석탄과 철광석 산지가 있어 공업 발전의 입지 조건이 좋다. 특히 이 지역에서는 '동방강' 이라는 이름의 유명한 트랙터를 처음으로 생산했으며, 각종 기계 · 제철 공업 등 중공업이 발달하였다.

⑫ 御賜 : 임금이 아랫사람에게 돈이나 물건을 내리는 일을 이르던 말.

⑬ 拜 : 벼슬을 내리는 것. 벼슬을 임명하는 것.

137

| 원문 |

人有戀愛①則其美先盡故로　必致女怨이니　一婦
인유연애　즉기미선진고　　　　필치여원　　　　일부

含怨이면　五月飛霜②이니라.
함원　　　　오월비상

戀愛者　男女相愛而通淫絶之.　含怨愛之則卜妾③　卜妾
연애자　남녀상애이통음절지　　함원애지즉복첩　　복첩

則妻安得心穩哉.　故鮮克有終　女怨自在④也.
즉처안득심온재　　고선극유종　여원자재　야

| 해역 |

사람이 연애가 있으면 그 아름다움이 먼저 다하기 때문에 반드시 여자의 원망이 이르리니 한 여자가 한을 머금으면 오월에도 서리가 내리나니라.

연애라는 것은 남자와 여자가 서로 사랑하여 음욕을 통하는 것이니 끊어야 한다. 원망을 머금고 사랑하면 복첩이니, 복첩이면 아내가 어찌 마음의 편안을 얻겠는가. 그러므로 능히 마침이 있기가 적으리니 여자는 원망을 자재해야 한다.

| 주석 |

① 戀愛 : 남녀 사이에 서로 애틋하게 그리워하고 사랑함.

② 一婦含怨, 五月飛霜 : 한 여자가 한을 품으면 오월에도 서리가 내린다는 의미.

③ 卜妾 : 여자를 골라 첩으로 들임. 특히, 성(姓)이 다른 여자를 첩으로 고르는 것을 이른다.

④ 自在 : (1) 자유자재의 준말. (2) 제 스스로 존재함. (3) 구속과 방해가 없음.

138

| 원문 |

男女는 主別이니 禮節이 不如不面이니라.
남 녀   주 별   예 절   불 여 불 면

男女有陰陽相通之理故 見面則自然親近 親近則自然無
남 녀 유 음 양 상 통 지 리 고   견 면 즉 자 연 친 근   친 근 즉 자 연 무

禮也. 陳司馬 夏徵舒之母 美而善姣. 陳靈公及大夫孔寧儀
례 야   진 사 마   하 징 서 지 모   미 이 선 교   진 영 공 급 대 부 공 영 의

行父三人① 同淫同樂. 一日 徵舒 設筵待之 在屛後聽之 靈
행 부 삼 인   동 음 동 락   일 일   징 서   설 연 대 지   재 병 후 청 지   영

公謂行父曰 “有些像爾 豈不是爾生?” 行父曰 “極像主公.”
공 위 행 보 왈   유 사 상 이   기 불 시 이 생   행 보 왈   극 상 주 공

孔寧揷嘴曰 “他的爺極多是個雜種” 徵舒不聽. 猶可聽之
공 영 삽 취 왈   타 적 야 극 다 시 개 잡 종   징 서 불 청   유 가 청 지

則怒從心上起 惡向簷邊生. 卽分附隨行軍殺靈公 孔寧行
즉 노 종 심 상 기　악 향 첨 변 생　즉 분 부 수 행 군 살 영 공　공 영 행

出奔楚.
출 분 초

| 해역 |

　남자와 여자는 분별을 주장할지니 예절이 얼굴하지 아니함만 같지
못 하나니라.

　남자와 여자는 음과 양이 서로 통하는 이치가 있기 때문에 얼굴을
보면 자연스럽게 친근하고 친근하면 자연 예의가 없어진다. 진사마인
하징서의 어머니는 아름답고 예쁨이 많았다. 진영공 및 대부 공영과
의행보 세 사람은 음탕함이 같고 즐김이 같았다. 하루는 징서가 자리
를 베풀고 대접하였는데 병풍 뒤에 있으면서 들었다. 영공이 행보에게
일러 말하기를 '조그만 닮음이 너에게 있는데, 어찌 이에 너를 낳음이
아니겠는가?' 행보가 말하기를 '주공을 닮음이 썩 많습니다.' 공영이
참견하여 말하기를 '저들 아비는 이에 잡된 종자가 많았나 봅니다.' 하
였는데 징서는 듣지 못하였다. 오히려 가히 들었다면 노기가 마음 위
에서 일어나고, 악은 처마 가에서 생겼을 것이다. 곧 분부로 행군을 따
르다가 영공을 죽이고 공영과 행보가 초나라로 달아났다.

| 주석 |

　①陳靈公과 孔寧과 儀行父의 세 사람과 아울러 夏徵舒의 母親에 얽힌
　　이야기는 다음과 같다.
　　혜전탈우(蹊田奪牛)라는 고사성어가 있다. 그 내용은 하어숙(夏御叔)
　　과 공영(孔寧)과 의행보(儀行父)는 다 같이 진영공(陳靈公)을 섬기는 대

부(大夫)이다. 하어숙은 정목공(鄭穆公)의 딸을 아내로 맞이하였는데 요염하고 음탕한 여자였다. 하어숙은 아내 하희(夏姬)와의 사이에 하징서(夏徵舒)를 낳았으며 하징서가 12세 되던 해에 하어숙은 병으로 죽었다. 하희는 이때부터 하징서는 스승에게 맡겨놓고 식읍(食邑)인 주림(株林)으로 내려가 살았다. 대부공령은 과부 하희의 미모에 매혹되었던 사람으로, 하희가 주림으로 내려가자 그 시녀인 하화(荷華)를 통하여 하희를 만나 정을 나누었다. 공녕은 이 사실을 자랑삼아 친구 의행보에게 털어놓았다. 의행보도 하화에게 보석을 뇌물로 하여 하희를 만나 정을 나누었다. 공녕은 하희가 의행보를 가까이하면서 자기에게 냉담하여진 데에 질투를 느꼈다. 공녕은 고민 끝에 하희를 진령공에게 소개하기로 하고 역시 하화를 통하여 진영공을 하희에게 붙여주었다. 이렇게 하여 영공·공영·의행보 등 군신(君臣) 3인이 하희를 가운데 놓고 어우러지게 되었으며 3인은 자주 주림으로 나아가 하희와 주색(酒色)을 즐기곤 하였다. 꿈같은 5~6년의 세월이 흘렀다. 하희의 아들 하징서는 18세가 되자 체구가 장대하고 힘이 세었으며 활을 잘 쏘았다. 어미의 행실을 알고 가슴을 찢기는 듯한 아픔을 지녔으나 진영공이 개입되어 있어 어쩌지를 못했다. 진영공은 하희의 환심을 사려고 하징서를 그 아비 하어숙이 맡았던 사마(司馬 : 兵權을 맡은 직책)의 직에 명했다.

어느 날 진영공은 공·하와 주림에서 즐기다가 하씨 집에서 자게 되었다. 사마 하징서는 진영공에게 사은하는 뜻으로 성대한 잔치를 베풀어 접대했다. 술기운이 도도한 군신 3인은 평소와 같이 노래와 춤을 추며 농을 하기 시작했다. 하징서는 그들의 노는 꼴이 보기 싫어 옆방으로 물러났다.

이때 진영공이 의행부에게 "하징서가 너를 많이 닮았는데 네가 낳은 것이 아니냐?"라고 했다. 의행보가 웃으며 "서글서글한 눈이 주공(主公)을 닮았습니다."라고 받았다. 공령이 옆에서 "주공과 의대부의 합작입니다. 하부인은 알 것입니다."하며 세 사람은 손뼉을 치며 웃었다.

하징서가 옆방에 있다가 이들의 추잡한 소리를 듣고 큰 모욕감을 느꼈다. 가슴에서 불덩어리가 목으로 치밀어 올랐다. 앞뒤를 헤아릴 여유가 없었다. 하징서는 밖으로 뛰어나가 수행 군사에게 자기 집을 포위하도록 명령하고 연회석으로 뛰어들어 진영공을 시해하고 말았다. 하징서는 진영공이 술을 마시다가 급사(急死)했다 발표하고 세자를 임금으로 삼았다. 이 사람이 진성공(陳成公)이다.

진의 하징서가 그 임금을 시해했다는 소식이 초장왕(楚莊王)에게 알려졌다. 초장왕은 당시 군소 국가들을 이끌고 있는 왕이었다. 초장왕은 군사를 이끌고 진나라로 쳐들어가 대역부도(大逆不道) 하징서를 붙들어 처형하고 진나라를 차지하여 군현(郡縣)으로 만들고 돌아왔다. 초나라 대신들은 물론 속국들까지도 초장왕의 거사를 축하하였다.

그러나 대부 신숙시(申叔時)만은 이 대열에 끼이지 아니했다. 초장왕은 괘씸하게 생각하고 신숙시를 불러 "하징서가 시역(弑逆)하여 과인이 벌을 주었다. 여러 국가들이 모두 축하하는데 오직 너만이 한마디 말이 없다. 과인이 진을 토죄(討罪)한 사실에 불만이 있는가" 하고 꾸짖었다.

신숙시는 "대왕께서 혜전탈우(蹊田奪牛)란 말을 들으셨습니까?"라고 묻고 "어느 농부가 소를 몰고 길이 아닌 밭을 가로질러 건너가며 한창 자라는 곡식을 밟았습니다. 밭 주인이 대노하여 그 소를 빼앗았습니다. 이 사건이 호소되어 온다면 대왕께서는 어떻게 처단하시겠습니까?" 하고 물었다. 초장왕은 "소를 몰아 농작물을 밟게 한 행위는 나무랄 일이나 그 피해가 크지 않으니 소를 빼앗은 행위는 너무 심하다. 과인이 이 사건을 처단한다면 소를 밭으로 몬 자는 꾸중 정도에 그치고 소를 찾아 돌려주겠다. 그대 생각은 어떤가." 하였다. 신숙시는 이에 "대왕께서 이 사건에 대한 처리는 잘하시면서 진나라

문제는 왜 그렇게 처리하셨습니까? 하징서의 죄는 임금을 시해하는
데 그쳤지 망국을 한 것은 아니지 않습니까? 대왕께서 그 죄를 벌하
셨으면 되었지, 진나라마저 빼앗은 일은 밭을 밟았다고 소를 빼앗는
것과 다를 것이 있습니까? 그러므로 축하하지 않은 것입니다."라고
했다. 초장왕은 신숙시의 말에 크게 깨닫고 즉시 진나라를 원상회복
하도록 조처하였다.

139

| 원문 |

洪氏問曰 "墳墓①之吉凶②이 及於子孫耶아" 敏
공왈 "人有德義③則無與而遠近化하고 墓得吉則無
言而子孫福이니 如日之明溫이 及於萬物하고 如聲
之饗應이 捷於閃電④이니라."

人之德義 不與而自化. 墓之吉凶 無迹而自應. 一日之
程 有惡氣⑤犯人處 況墓之乎. 日行中天 似無其德而照耀萬
物 聲號深山 似無其聽而饗應萬壑. 其照應 如是其敏也.

| 해역 |

홍씨가 물어 말하기를 '분묘의 길과 흉이 자손에게 미칩니까?' 민

공이 말하기를 '사람에게 덕과 의가 있으면 함께 함이 없을지라도 멀고 가까이가 교화되고, 묘지가 길지를 얻으면 말함이 없을지라도 자손이 복되나니 해의 밝고 따뜻함이 만물에 미치는 것과 같고, 소리의 울리고 응하는 것이 번쩍하는 전기가 깃들이는 것과 같나니라.'

사람의 덕과 의는 함께하지 않아도 저절로 교화된다. 묘지의 길과 흉은 자취가 없어도 저절로 응한다. 하루의 길이라도 악기가 사람을 범하는 곳이 있는 것인데 하물며 묘지겠는가. 해가 중천에 행하면 그 덕이 없는 것 같지만 만물에게 비춰지고 소리를 깊은 산에서 부르짖으면 그 들음이 없는 것 같지만 여러 골에 울린다. 그 비추고 응함이 이와 같이 민첩한 것이다.

| 주석 |

① 墳墓 : 무덤.

② 吉凶 : 좋은 일과 언짢은 일.

③ 德義 : 사람으로서 마땅히 지켜야 할 도덕상의 의리(義理). 덕성(德性)과 신의(信義).

④ 閃電 : 순간적으로 번쩍하는 번갯불, 또는 전기의 불꽃.

⑤ 惡氣 : (1) 악한 기운. (2) 나쁜 냄새. (3) 남을 해치려는 마음.

| 원문 |

又曰 "有鬼神①耶아" 敏公曰 "陰氣②獨存則爲
우왈　유귀신　야　　　민공왈　　음기　독존즉위

鬼요, 陰陽③相聚則爲神이니 在物曰 '神'이요, 在歸
귀　음양　상취즉위신　　　재물왈　신　　　　재귀

曰 '鬼'也니라."
왈　귀　야

人生之初 未免一胎塊而神附則成人 神不附則死胎也.
인생지초 미면일태괴이신부즉성인 신불부즉사태야

故附物爲心神 雜物爲鬼神也 鬼神卽一物而在物則鬼陰物
고부물위심신 잡물위귀신야 귀신즉일물이재물즉귀음물

陽故 陰陽相聚也. 離物則鬼獨遊故 陰氣獨存也. 鬼無依歸
양고 음양상취야　 이물즉귀독유고 음기독존야　 귀무의귀

則不散爲厲④故 人之奉祀立后⑤ 使其鬼有所依歸也.
즉불산위려 고 인지봉사입후　 사기귀유소의귀야

| 해역 |

또 말하기를 '귀신이 있는 것입니까?' 민공이 말하기를 '음기가 홀
로 있으면 귀가 되는 것이요, 음과 양이 서로 모이면 신이 되나니 물건
에 있어 말하자면 신이요, 돌아감에 있어 말하자면 귀이니라.'

사람이 낳은 처음에 한 태반 덩어리를 면하지 못하나니 신이 붙으
면 사람을 이루고 신이 붙지 아니하면 죽은 태반이다. 그러므로 물건
에 붙으면 심신이 되고 물건에 섞이면 귀신이 된다. 귀신이 바로 한 물
건이니 물건에 있으면 귀는 음이요, 물건은 양이기 때문에 음과 양이
서로 모인다. 물건을 여의면 귀가 홀로 놀기 때문에 음기만 홀로 있게

된다. 귀가 의지하고 돌아감이 없으면 흩어지지 아니하여 여귀(厲鬼)가
되기 때문에 사람이 제사를 받들고 신령(神靈)을 세워서 그 귀로 하여
금 의지하고 돌아갈 바가 있게 한 것이다.

| 주석 |

① 鬼神 : 죽은 사람의 혼령(넋)이나 자연물 등에 의지하고 있는 영적(靈
的) 존재로 초능력을 지니고 있어서 인간에게 화복(禍福)을 줄 수 있
다고 믿는 민간신앙의 한 대상. 귀신에 대한 관념은 고대로부터 있어
왔다. 정령(精靈 : Animism) · 음(陰) · 기(氣) · 혼령(魂靈) 등으로 표현
되면서 다양한 형태의 민간신앙으로 발전되어 왔다. 자연물 · 유
정 · 무정을 막론하고 모든 사물에는 정령이 깃들어 있다는 에니미
즘[精靈說]은 원시 신앙의 보편적 형태이다. 동양에서는 일찍이 귀신
을 음양설로 보아 왔는데 우리나라에서도 이익(李瀷)은《성호사설(星
湖僿說)》에 '귀야자음지영 신야자양지영(鬼也者陰之靈 神也者陽之靈)'
이라 하여 귀신을 음양으로 규정하고 있다. 신과 귀신의 관계를 음양
에 비유하여 천지지간에는 모든 것에 기(氣)가 있고 기란 정령을 말
한다. 그런데 양기(陽氣)의 정령은 혼(魂), 음기의 정령은 백(魄)이라
한다. 양은 음에서 생하므로 백이 있는 곳에는 어디든지 반드시 혼이
존재하게 된다. 혼과 백이 일치하고 조화를 이루게 되면 비로소 이목
(耳目)과 청명과 호흡과 정신적인 힘이 생겨 생명이 가능하게 된다.
즉 사람의 죽음은 양기의 부산(浮散)을 의미하므로 부산한 혼 가운데
승천(昇天)한 기를 양이라 부르고 이는 신이 되는 것이며 하강한 것은
음귀(陰鬼)가 된다고 했다. 김시습(金時習)도《금오신화(金鰲新話)》에
서 '귀자음지영(鬼者陰之靈)'이라 하여 귀를 음으로 규정하고 있다.
장계(張繼)의《해동잡록(海東雜錄)》에는 '인여사유귀신(人如死有鬼神)'
이라 하여 귀신은 사람이 죽은 후에 생기는 것이라 했다. 민간신앙에

서는 좀 더 구체화되어 사람이 죽으면 그 영은 세 가지로 나누어지게 되는데 혼과 귀와 백이다. 사람이 죽으면 혼은 하늘로 올라가고, 백은 땅에 귀의하고, 귀는 공중에 존재한다. 이 귀가 일반적으로 신주(神主)로서 영접되어 인간에게서 제사를 받는다. 곧 인간은 사후에도 그 생명은 천지인(天地人)으로 분류되어 존재한다는 것이다. 그래서 이 셋 중에 귀와 백이 지상의 살아있는 인간과 끊임없이 관계를 갖는다. 그런데 사자(死者)가 후에 자손이나 인연이 있는 사람들로부터 잘 모셔지면 이들 귀도 백도 만족해서 흩어지게 된다. 백은 묘에서 3년 제사를 받고 귀는 사당에서 자손 4대까지 제사를 받게 된다. 그리고는 흩어져 없어져 버린다(신태웅, 《한국귀신연구》). 일반적으로 사람이 선하게 살다 죽으면 신이 되지마는 잘못 살다 죽은 혼령은 귀신이 된다고 보았다. 신은 공명정대하고 인간에 도움을 주는 선신이나 귀신은 음귀로 인간에게 해악을 끼치는 두려움의 대상이 되어 왔다. 신과 귀는 인간과 같이 성정(性情)을 가지고 있으므로 지각도 사람과 동일하고 선신이나 악신 모두 초자연적인 능력을 가지고 있어서 인간의 길흉화복에 큰 영향을 미친다고 보았다. 이익도 귀는 경원(敬遠)·숭상(崇尙)·외포(畏怖)의 대상이 되기도 한다고 했다. 그래서 일찍부터 귀신을 받들고 숭배하는 의식이 발전 되었다. 《삼국지(三國志)》·《한서(漢書)》·《위서(魏書)》·《후한서(後漢書)》 등의 동이전(東夷傳)에 의하면 우리나라는 이미 삼한과 삼국시대 때 귀신에게 제사했음을 알 수 있다. 삼한에서는 5월 파종 뒤와 10월 추수 뒤에 남녀가 군집하여 제천의식(祭天儀式)을 행함으로써 하늘과 귀신에게 감사하는 제사를 지냈고, 이때는 종일토록 가무음주(歌舞飮酒)함으로써 신들을 즐겁게 했다. 고구려에서도 집 좌우에 오두막집을 짓고 귀신을 제사했다. 이러한 의식은 다양하게 발전하여 하늘에 대한 제사, 조상신에 대한 제사, 산신제, 서낭제, 각종 굿, 푸닥거리 등의 형태가 있다. 이는 모두 화를 쫓고 복을 불러들이는 데에 그 목적이 있었다.

선신에게는 복을 빌고 악신에게는 해악을 막기 위한 것이다. 귀신의 종류도 다양하다. 천신·천체신·산신·수신·화신·암석신·농업신 같은 자연신(自然神), 각종 동물이 죽어 된다는 동물신, 비명에 죽은 사람이나 악하게 살다 죽은 사람이 되는 인신(人神: 악신), 제석·성주·터주·조왕신·측귀(厠神)·수문신 같은 가택신(家宅神), 일자병귀(日子病鬼)·천간일병귀(天干日病鬼)·지지일병귀(地支日病鬼) 같은 질병신(疾病神)·도깨비·잡신 등이 있다. 소태산대종사는 과거 음시대에는 이매망량(魑魅魍魎)의 무리들이 사람들에게 해악을 끼친 경우도 있었으나 양시대에는 이런 귀신의 무리는 발붙일 곳을 잃게 된다고 했다.

② 陰氣 : 음(陰)의 속성을 가진 기를 말한다. 양기(陽氣)에 상대되는 말이다. 예를 들면 기능과 형태에서는 형태가 음기에 속하고, 장(臟)과 부(腑)의 기에서는 오장의 기가 음기에 속하며, 영위(營衛)의 기에서는 영기(營氣)가 음기에 속하고, 운동 방향에서는 안쪽으로 들어가는 것, 아래로 향하는 것 등이 음기에 속하고, 바깥쪽으로 나가는 것, 위로 향하는 것 등이 양기에 속하며, 맑고 흐린 것 가운데에서는 흐린 것이 음기에 속한다.

③ 陰陽 : 만물의 생성 변화의 원리로서의 기(氣)를 뜻한다. 원래의 뜻은 햇빛과 그늘을 의미하였지만 은(殷)시대에 성립한 빈모(牝牡: 암수라는 뜻)의 관념과 결합하여 전국(戰國) 말에 만물생성의 원리로 되었다. 역(易)의 두 원리, -, --가 양효(陽爻), 음효(陰爻)로 불리게 되면서, 남녀, 군신, 동정(動靜) 등의 상반되는 속성이나 적극적인 것과 소극적인 것을 상징하는 범주로 되었다. 그러나 음양은 어디까지나 기(氣)의 두 측면, 두 계기인 것인데, 음양은 서로 대립하고 의존하면서 사물을 만들고 성립시키는 생성과 존립의 원리, 서로 순환하고 전화하는 변화의 원리라는 두 개의 원리로서 작용하여 왔다. 그러나 음양 원리의 상호 의존적, 조화적인 성격이라는 해석은 음양이 모순 원리

로서 성장·발전하고 있다고 해석하는 것과는 상치하게 된다. 후에 음양설은 오행설과 결합하여 음양오행설로 발전하고, 이것은 한(漢)대에 대단히 유행하였다.

④ 厲=厲鬼 : 제사를 받지 못하는 귀신.

⑤ 后=神靈 : (1) 풍습으로 섬기는 모든 신. (2) 신통(神通)하고 영묘(靈妙)함.

| 원문 |

動物①之心은 神②也요, 靜物③之心은 人也니 靜物
동물 지심 신 야 정물 지심 인 야 정물

이 非人不移하며 動物이 非神不知니 體與神이 相依
비 인 불 이 동물 비 신 부 지 체 여 신 상 의

則百骸④理하고 相離則神爲氣而體爲魄⑤이니라.
즉 백 해 리 상 리 즉 신 위 기 이 체 위 백

鬼神者 散爲烟而合成形. 人依於神時則經天緯地⑥ 揮動
귀 신 자 산 위 연 이 합 성 형 인 의 어 신 시 즉 경 천 위 지 휘 동

山河 神棄之則不過一屍體. 猶天下國家 人治之則萬物變態⑦
산 하 신 기 지 즉 불 과 일 시 체 유 천 하 국 가 인 치 지 즉 만 물 변 태

然人棄之則不免一空虛耳. 列國晉獻公⑧ 欲建宮室斫樹 刀
연 인 기 지 즉 불 면 일 공 허 이 열 국 진 헌 공 욕 건 궁 실 작 수 도

不入鋸不斷 樹聲如雷 驚懼而還. 其夜農夫 宿於山下 諸鬼
불 입 거 부 단 수 성 여 뢰 경 구 이 환 기 야 농 부 숙 어 산 하 제 귀

來賀曰 "其人 若披髮赤綠⑨繞樹 奈何." 樹神默然⑩ 翌日 如
내 하 왈 기 인 약 피 발 적 록 요 수 내 하 수 신 묵 연 익 일 여

其言斫之樹斷. 此鬼懼赤綠 離樹之致也.
기 언 작 지 수 단 차 귀 구 적 록 이 수 지 치 야

제4편 관과 혼과 상과 제 313

움직이는 물의 마음은 신이요, 고요한 물의 마음은 인이니 정물이 사람이 아니면 옮기지 못하며, 동물이 신이 아니면 알지 못하나니 체와 신이 서로 의지하면 일 백 뼈가 다스려지고, 서로 떠나면 신은 기가 되고 체는 백이 되나니라.

귀신이란 흩어지면 연기가 되고 모이면 형상을 이룬다. 사람이 신에 의지할 때에는 온 세상이 다스려지고 산하를 지휘하여 움직이지만 신을 버리면 하나의 시체에 지나지 않는다. 오히려 천하나 국가도 사람이 다스리면 만물이 변태하나, 그러나 사람이 버리면 하나의 비고 허망함을 면하지 못한다. 열국에 진나라 헌공이 궁실을 짓고자 하여 나무를 베는데 칼도 들이지 아니하고 톱으로도 끊지 않았는데 나무에서 나는 소리가 우레와 같으므로 놀라고 두려워서 돌아왔다. 그날 밤 농부가 산 아래서 잠자는데 모든 귀신이 와서 치하고 말하기를 '그 사람들은 머리를 풀어헤친 적록으로 나무를 두를 것 같으면 어찌 하리요.' 하고는 나무 신이 묵연하였다. 다음 날 그가 말한 것처럼 하고 베니 나무가 끊어졌다. 이는 귀신이 적록을 두려워서 나무를 떠났으므로 이루어졌다.

| 주석 |

① 動物 : 생물계(生物界)를 식물과 함께 둘로 구분한 생물의 하나. 길짐승 · 날짐승 · 물고기 · 벌레 · 사람 따위를 통틀어 이르는 말.

② 神 : 신은 성스러운 존재, 초자연적인 능력을 가진 존재, 인간 생존이나 길흉화복에 영향을 미치는 존재, 인간과 우주의 본질적인 정신세계 등을 의미하며, 숭배하고 외경하는 대상 또는 특정 종교에서는 신

앙의 대상이 되기도 한다. 이처럼 다양한 의미를 담고 있는 신에 관한 용어는 다음과 같다. (1) 귀신: 크게 나누어 인신과 자연신이 있다. 인신은 사람이 죽은 뒤에 육체와 분리된 상태의 혼백·혼령. 자연신은 태양신·산신·수신 등 자연물에 의부해 존재한다는 각종신. (2) 천신: 하늘에 계시는 상제(上帝), 하느님을 비롯한 각종 신. (3) 불(佛)·선인: 인간의 육체를 가지고 있으면서 초능력을 겸비한 존재 또는 그 경지를 지칭. (4) 정기(精氣)·정수(精髓)한 기운: 인간과 우주에 편만된 맑은 기운 등으로 구별하여 볼 수 있다. 이와 같은 신의 본질과 특성은 여러 가지로 설명할 수 있으나 종교적 전통과 신화적 해석에 따라 다양한 의미를 지닌다.

③ 靜物: 정지(靜止)하여 움직이지 아니하는 물건. 생명이 없는 물건.

④ 百骸: 온몸을 이루고 있는 모든 뼈.

⑤ 魄: 오신(五神), 또는 칠신(七神)의 하나. 정신 의식 활동에서 정력, 패기, 넋을 표현한 말이다. 또한 본능적인 감각기능과 몸동작을 하는 기능을 표현한 말로도 쓰인다. 옛 의학서에는 백(魄)을 폐(肺)에 소속시키고 폐기(肺氣)와 관련이 있다고 보았다.

⑥ 經天緯地: (1) 온 세상(世上)을 다스림. (2) 일을 계획적(計劃的)으로 준비(準備)하고 다스림.

⑦ 變態: 탈바꿈. 변(變)하여 달라진 상태.

⑧ 晉獻公: 춘추 때 당진국(唐晉國)의 군주로 진무공의 아들에 이름은 궤제(詭諸)다. 기원전 676년에 즉위하여 651년에 죽었다. 진나라는 오랜 봉국인데 헌공(獻公) 때에 와서 점차 강성해졌다. 진헌공의 야심이 점차 커져 주변의 소국을 강점하여 자기 영력을 넓히려 하였다. 초기에 여융(驪戎)을 정벌하여 나라의 영역을 확장해서 서쪽으로는 진(秦)과 북으로는 적(狄)과 접하였으며, 동쪽으로는 하내(河內)까지 진출하였다. 재위 5년인 기원전 672년 여융을 정벌하여 여융주의 두 딸을 얻어 후비로 삼았다. 진헌공은 여희(驪姬)의 미모가 탐이 나서

점을 치니 口의 형상이 나타났는데, 춘추시대 진헌공의 두 아들 신생과 중이는 자신의 아들을 태자로 세우려는 헌공의 애첩 여희로부터 극심한 모함을 받았다. 진나라의 주변엔 괵나라, 우나라, 박나라 등 세 나라가 있었는데 우나라의 대부 궁지기가 매우 현명하여 진헌공은 감히 맹동할 수 없었다. 잘못 건드렸다가 세 나라가 합력하는 경우에는 진나라가 매우 위태로웠다. 그런데 괵나라의 임금 괵후는 매우 오만하여 늘 진나라를 먼저 공격하였다. 분노한 진헌공은 기회를 타서 괵나라를 공략하기로 하였다. 괵후는 진나라를 여러 번 모욕하고도 성차지 않아 서쪽의 견융 부족을 공격하여 지역을 넓혔지만 국고가 비고 백성의 원성이 높았다. 헌공 19년에 진나라는 드디어 괵나라를 치기로 결심하였다. 진헌공은 순식을 사자로 우나라에 파견하여 천리마와 벽옥을 선물하고 길을 빌려 줄 것을 제의하였다. 우공이 이 제의를 수락하려 하자 중신 궁지기(宮之奇)가 눈짓과 손짓으로 극구 만류하였다. 그러자 순식이 전리품까지 준다 하니 우후는 대뜸 승낙하였다. 대부 순식은 진나라 군사를 이끌고 괵나라의 하양을 공격하여 전리품을 우후에게 모두 준 후 회군하였다. 진헌공 22년 진나라 대부 순식은 다시 길을 빌리려 하였다. 우후는 별 고려 없이 인차 허락 하였다. 그러나 재보에 눈이 먼 우공은 결국 진나라에 길을 내주고 말았다. 그러자 궁지기는 화가 미칠 것을 두려워하여 일가권속을 이끌고 우나라를 떠났다. 그 해 12월, 괵나라를 멸하고 돌아가던 진나라 군사는 궁지기의 예언대로 단숨에 우나라를 공략하고 우공을 포로로 잡아갔다. 대부 순식이 벽옥과 천리마를 진헌공의 앞에 끌어오니 진헌공은 천리마가 늙은 것을 탄식했다. 그가 재위하던 기간에 "여러 공자(公子)를 모조리 죽여 버렸다." 그리하여 진나라에는 공족(公族)이 몇 남지 않았다. 진문공의 이름은 중이(重耳)이다. 중이는 춘추시대 진헌공(晉獻公)의 아들이다. 중이는 역사상 아주 유명한

데, 그의 일생이 기구하고도 전설적이기 때문이다.

⑨ 赤綠 : 붉은빛을 많이 띤 녹색.

⑩ 默然 : 입을 다문 채 말없이 잠잠한 꼴.

제5편

정성을
다해
덕을 닦자

盡誠修德

진성수덕盡誠修德

142

|원문|

鬼神^①者는 屬陰故로 若非異兆^②면 不形於人이니
라.

鬼神者 天地之功用而造化^③之迹. 有異兆則見形於人
也. 余六月望夜 與女神同行 四月下弦^④夜雨 甚憂泥濘^⑤矣.
忽有魑魅^⑥人 行十里路 如白晝. 人有困境則鬼自佑之. 易
曰 "神而知來 知而藏往 知變化之道者 其知神之所爲乎^⑦"

|해역|

귀신이란 음에 속하기 때문에 만일 기이한 조짐이 아니면 사람에게
나타나지 않나니라.

귀신이란 천지의 공용이요 조화의 자취이다. 기이한 조짐이 있으면

사람에게 보이고 나타난다. 내가 6월의 보름밤에 여자 귀신과 동행하였다. 4월 하현의 밤에 비가 왔는데 매우 진흙의 진창이 걱정되었다. 홀연히 이매의 사람이 있어서 십 리의 길을 걸었는데 한낮과 같았다. 사람이 곤경이 있으면 귀신이 저절로 돕는다. 주역에 말하기를 '신령함으로써 미래를 알고 영지함으로 지난 일을 수장하나니 변화의 도를 아는 자는 그 신이 하는 바를 알게 된다.' 고 하였다.

| 주석 |

① 鬼神 : 귀신이란 원시 신앙이나 종교의 대상의 하나인 범신론적인 존재를 말하며, 사람이 죽은 뒤에 남는다고 하는 혼령 또는 눈에 보이지 않으면서 사람에게 화복(禍福)을 내려 주는 정령(精靈)을 가리키는 것이 동양의 일반적인 관념이다. 그러나 서양에서는 '악마' 또는 '악령(惡靈)'으로 번역되는 'demon' 이라는 말이 일반 술어상으로 '귀신'에 해당되며, 그 어원은 라틴어 'daemon' 즉 '악령'에서, 그리스어 'daimon' 즉 '신', '천재', '영혼' 등을 뜻하는 말에서 찾을 수 있다. 본디 'demon'은 신과 인간의 사이에 개재하는 영적인 존재였으나 점차 유해한 의미를 지니게 되어 악의에 가득 찬, 눈에 보이지 않는 존재를 뜻하게 되었다. 중국, 한국에서 쓰이는 '귀신'이라는 어휘에는 각각 특수한 의미가 있다. 중국의 경우, '귀(鬼)'는 죽은 사람의 영혼이며, 제(祭)를 받지 못하면 사람의 주변에 방황하며, 화를 일으킨다고 믿어 왔다. 동북방을 '귀문(鬼門)'이라고 하여 귀신의 화가 이 방향에서 들어오므로 이를 방지하기 위해 복숭아나무를 심으면 좋다는 관습을 낳았다. 한국의 민간신앙에 있어서의 '귀신'의 발생을 보면, (1) 사람의 몸에는 혼(魂)·백(魄)·귀의 셋이 있는데, 사람이 죽으면 혼은 하늘에 오르고, 백은 땅에 들어가고, 귀는 그 중간에서 떠돌아다닌다. 귀는 산 사람으로부터 충분히 제를 받으면 원이

풀려서 자연히 없어지지만, 그렇지 못할 때에는 산 사람에게 지핀다. '인귀(人鬼)'의 발생이 바로 이것이다. (2) 귀의 거처하는 곳인 금수나 목석 등 그 자체가 하나의 귀가 된다. 무당들의 신기는 대체로 귀의 힘을 지녀 병자에게 접촉시키면 병을 없애는 마력을 지니고 있다. (3) 기(氣)의 응집에 의해서 되는 것으로 이해하는 데, 이 경우 중국의 귀신론과 깊이 관련되며, 동양철학적인 관념, 즉 '천지 간에 있는 만물이 모두 생기(生氣)에서 나왔다'는데 뿌리를 두고 있다. 기가 응집한 것이 정(精)이고, 정의 작용이 바로 영(靈)이다. 정은 체(體)이고, 영은 용(用)이라고 보며, 정이 되어서도 작용하지 않는다면 '신명(神明)', '귀'가 아닌 것이다. 이 때문에 후사가 없는 사람의 귀는 제사를 받지 못하므로 '원귀(怨鬼)'가 되고, '기'의 사고방식에서 사람 이외에 산, 강, 나무, 돌 등 모든 것에 '귀'가 숨어들어 있다고 생각한다. 귀신은 원체(原體)로부터 떨어진 변생체(變生體)이고, 자기보다 강한 힘에 진압되나 바람을 일으키며, 닫힌 문을 열고 장애 없이 어디에든 나다닐 수 있는 능력을 갖는다. 귀신은 자신의 뜻을 채우지 못하면 심술을 부리고, 사람에게 해를 끼친다. 백주에 대접을 받지 못한 집 또는 원한이 있는 집에 돌을 던지거나, 난데없는 불을 지르기도 한다고 해석되었다. 특히 농촌이나 산촌의 밤길은 귀신들의 출몰로 위험하며 행인을 까무러치게 한다는 기록도 있다. 하지만 귀신은 그 자체 성격 때문에 쫓기고 살해되는 존재이다. 영리하지 못하므로 인간의 재간에 농락당한다고 이해되었다. 예를 들면, 문첩(門帖), 부적(符籍) 등에 쫓기고, 용사나 무당의 칼에 위협받는 존재이다. 박달나무·복숭아나무의 방망이에 매를 맞는 존재이며, 일반 대중의 양귀(禳鬼) 방법, 즉 귀신 쫓는 방식에 의하여 그 난동이 진압되는데, 특히 굿거리는 귀신을 쫓고 신령님의 도움을 얻는다는 점에 중점이 두어진 양귀의례(禳鬼儀禮)로서 한국의 민간신앙을 형성함에 크게 이바지하였다.

② 異兆 : 기이한 조짐.

③ 造化 : (1) 천지자연 우주 만물이 생성 · 소멸 · 변화되는 이치. 천지만물을 창조 · 화육시키는 조물주의 작용을 의미하기도 한다. (2) 사람의 힘으로 어찌할 수 없는 신통하게 된 사물.

④ 下弦 : 음력 매달 스무이틀, 사흘 무렵에 뜨는 반달. 보름달에서 그믐에 이르는 중간에, 달이 지름의 왼편 아래쪽으로 향하여 이루어짐.

⑤ 泥濘 : 진창. 땅이 질어서 질퍽질퍽하게 된 곳.

⑥ 魑魅 : (1) 도깨비. 산림(山林)의 괴이한 기운(異氣)에 의해서 생긴 괴물로서 사람을 해친다고 함. (2) 사람을 잘 홀리거나 해치는 악한 자의 비유.

⑦ 神而知來 知而藏往 知變化之道者 其知神之所爲乎 : 계사상전 제십일장(繫辭上傳 第十一章)에 있는 글이다.

143

| 원문 |

又曰 "道與學이 有異乎아" 敏公曰 "道者는 揚
우 왈   도 여 학   유 이 호   민 공 왈   도 자   양
名①也요, 學者는 修身②也니 君子는 爲學이요 不言
명 야   학 자   수 신 야   군 자   위 학   불 언
道니라."
도

學者 日用事物當然之事也. 道者 布其德而求自尊③ 君
학 자 일 용 사 물 당 연 지 사 야   도 자 포 기 덕 이 구 자 존   군
子胡不慥④爾.
자 호 부 조 이

| 해역 |

또 말하기를 '도와 학문이 다름이 있습니까?' 민공이 말하기를 '도라는 것은 이름을 드날리는 것이요, 학문이라는 것은 몸을 닦는 것이니 군자는 학문을 하는 것이요 도를 말하는 것이 아니니라.

학문이라는 것은 날마다 쓰는 사물의 당연한 일이다. 도라는 것은 그 덕을 펼쳐서 스스로 높음을 구하는 것이니 군자가 어찌 착실하지 아니하리오.

| 주석 |

① 揚名 : 이름을 드날림.

② 修身 : (1) 악을 물리치고 선을 북돋아서 마음과 행실을 바르게 닦아 수양함. (2) 마음을 착하게 하며 행실을 바르게 함.

③ 自尊 : (1) 스스로 자기를 높임. 제 스스로 높은 사람인 체함. (2) 자기의 품위(品位)를 높임.

④ 慥 : 착실할 조. 착실하다. 착실한 모양. 성급한 모양. 성급히 서두는 모양.

144

| 원문 |

又曰 "壽夭^①-在於夫婦合宮^②耶아" 敏公曰 "夫
우왈　　수요　　재어부부합궁　야　　　　　민공왈　부

屬于天하고 婦屬于地하니 婦隨夫運이 猶地從天命^③
속우천　　　부속우지　　　부수부운　　유지종천명

이니 **合宮**이 **何爲哉**리요.”
　　　합궁　　하위재

合宮者 欲辭其婚而編成者 君子 不取也.
합 궁 자 욕 사 기 혼 이 편 성 자 군 자 불 취 야

| 해역 |

또 말하기를 '장수와 일찍 죽음이 지아비와 지어미의 합궁에 있습니까?' 민공이 말하기를 '지아비는 하늘에 속하고, 지어미는 땅에 속하나니 지어미는 지아비의 운수를 따르는 것이 땅이 천명을 좇는 것과 같나니 합궁이 어떻다고 하리요.'

합궁이라는 것은 그 혼인을 말하여 엮어 이룬 것이니 군자는 취하지 않는다.

| 주석 |

① 壽夭 : 오래 삶과 일찍 죽음. 장수(長壽)와 단명(短命).
② 合宮 : 남녀가 성교함, 또는 그런 일. 특히 부부 사이의 성교를 이른다.
③ 天命 : (1) 타고난 수명. (2) 하늘의 명령.

145

| 원문 |

金成曰 “忠與孝－孰賢고” 敏公曰 “五刑①之屬
김 성 왈　　충 여 효　숙 현　　　　민 공 왈　　오 형 지 속

三千^②에 而罪-莫大於不孝^③요, 不孝之中에 無後^④-
삼 천　　　이 죄　막 대 어 불 효　　　불 효 지 중　　무 후

爲大하니라."
위 대

貴賤毁譽 一身之事. 有子傳孫 祖先^⑤香火^⑥故 人事之最
귀 천 훼 예　일 신 지 사　유 자 전 손　조 선　향 화 고　인 사 지 최

大也.
대 야

| 해역 |

　김성이 말하기를 '충성과 효도에 무엇이 낫습니까?' 민공이 말하기
를 '오형에 속한 삼천 가지에 죄는 효도하지 않음보다 더 큰 것이 없는
것이요 불효의 가운데는 뒤가 없음이 큼이 되나니라.

　귀하고 천하고 헐고 기림은 함 몸의 일이다. 자식이 있어 손자로 전
해짐은 조선의 향화이기 때문에 사람 일의 가장 큰 것이다.

| 주석 |

　① 五刑 : (1) 다섯 가지 형벌. 태형(笞刑), 장형(杖刑), 도형(徒刑), 유형(流
　　刑), 사형(死刑). (2) 옛날 중국의 다섯 가지 형벌. 살갗에 먹물 넣기, 코
　　베기, 발뒤꿈치 베기, 불알 까기, 죽이기.
　② 三千 : (1) 천의 세 갑절. (2) 많은 수를 비유하여 일컫는 말.
　③ 不孝 : (1) 부모를 학대함. (2) 부모에게 자식 된 도리를 못함. (3) 고려
　　때의 죄의 하나. 부모를 꾸짖음으로써 성립되는 죄.
　④ 無後 : 계통(系統)을 이어갈 대(代)가 끊어짐. 뒷자손이 없음.
　⑤ 祖先=祖上 : 한 집안이나 한 민족의 옛 어른들.
　⑥ 香火 : 향을 태우는 불. 향을 피운다는 뜻에서 '제사(祭祀)'를 일컫는
　　말.

146

| 원문 |

根深而木長하고 木長而實生之는 情也요, 義同
근 심 이 목 장　　　목 장 이 실 생 지　　정 야　　　의 동

而親合하고 親合而子生之는 情也니 情之所在면 忠
이 친 합　　　친 합 이 자 생 지　　정 야　　정 지 소 재　　충

孝①-生焉이니라.
효　　　생 언

木有實而無窮長. 人有子而昭穆②傳. 故 君臣有義③而忠
목 유 실 이 무 궁 장　　인 유 자 이 소 목 전　 고　군 신 유 의　이 충

生 父子有親④而孝生.
생　부 자 유 친　이 효 생

| 해역 |

　뿌리가 깊으면 나무가 자라나고, 나무가 자라나면 열매가 생기는 것
은 정이요, 의가 같으면 친하여 합하고, 친하여 합하면 자식이 생기는
것은 정이니 정이 있는 데라면 충성과 효도가 생기나니라.

　나무에 열매가 있으면 다함이 없이 자라난다. 사람에 자식이 있으
면 소목이 전해진다. 그러므로 임금과 신하가 의가 있으면 충성이 생
기고 부모와 자식이 친함이 있으면 효도가 생긴다.

| 주석 |

　① 忠孝 : 충, 효 모두 본질적으로는 각각 국토와 백성에 대한, 부모에 대
　　한 인간의 자연적 애정의 표현이며, 목적의식으로 발전시켜야 하는
　　것인데, 중국 고대의 유교에서 신분 도덕으로 확립된 이래 봉건질서
　　유지의 이데올로기([독일어] Ideologie)로서 백성을 국가 지배자 및 가

146

| 원문 |

根深而木長하고 木長而實生之는 情也요, 義同
而親合하고 親合而子生之는 情也니 情之所在면 忠
孝①-生焉이니라.

木有實而無窮長. 人有子而昭穆②傳. 故 君臣有義③而忠
生 父子有親④而孝生.

| 해역 |

뿌리가 깊으면 나무가 자라나고, 나무가 자라나면 열매가 생기는 것은 정이요, 의가 같으면 친하여 합하고, 친하여 합하면 자식이 생기는 것은 정이니 정이 있는 데라면 충성과 효도가 생기나니라.

나무에 열매가 있으면 다함이 없이 자라난다. 사람에 자식이 있으면 소목이 전해진다. 그러므로 임금과 신하가 의가 있으면 충성이 생기고 부모와 자식이 친함이 있으면 효도가 생긴다.

| 주석 |

① 忠孝 : 충, 효 모두 본질적으로는 각각 국토와 백성에 대한, 부모에 대한 인간의 자연적 애정의 표현이며, 목적의식으로 발전시켜야 하는 것인데, 중국 고대의 유교에서 신분 도덕으로 확립된 이래 봉건질서 유지의 이데올로기([독일어] Ideologie)로서 백성을 국가 지배자 및 가

부장에게 일방적, 절대적으로 복종시키는 도구로 되어 왔다. 특히 '충효(忠孝)'로서의 이데올로기는 국가 질서와 가족질서, 즉 국가 도덕과 가족 도덕을 합쳐 동계열로 모으는 관념을 단적으로 나타내며, 가부장적 가족제도를 기초로 한 전제 지배를 대변하고 있다고 해도 좋다. 또한 이러한 이데올로기는 국가나 민중에 대한 애정, 부모에 대한 존경스러운 생각들의 건전한 발전을 저해시킬 수 있다.

② 昭穆 : 사당(祠堂)에서 신주(神主)를 모시는 차례로 왼쪽 줄의 소(昭), 오른쪽 줄의 목(穆)을 통틀어 일컫는 말이다. 이 소목의 제도는 중국 상고 시대부터 유래된 것인데 주대(周代)에 들어와 주공(周公)이 예(禮)와 악(樂)을 정비하면서 비로소 구체화되었다. 『주례』에 의하면 제1세를 중앙에 모시는데 천자는 소에 2·4·6세, 목에 3·5·7세를 각각 봉안하여 삼소삼목(三昭三穆)의 칠묘(七廟)가 되고, 제후는 소에 2·4세, 목에 3·5세를 각각 봉안하여 이소이목(二昭二穆)의 오묘(五廟)가 되며, 대부(大夫)는 일소일목의 삼묘(三廟)가 된다. 문헌에 의하면 원래 소는 '존경한다' 또는 '밝다'는 뜻으로 북쪽에서 남쪽을 향한 위치를 일컫고, 목은 '순종한다' 또는 '어둡다'는 뜻으로 남쪽에서 북쪽을 향한 위치를 일컫는 것으로 해석된다. 또 묘차(廟次)는 변해도 소목의 차서(次序)는 바뀔 수 없다고 하였다. 원래 주나라 소목의 제도는 천자국(天子國)만이 칠묘를 두게 되어 있었으나, 그 뒤 중국의 역대 왕조가 거의 모두 칠묘를 두었다. 우리나라에서 처음 이 제도가 시행될 때는 5대가 넘으면 위패를 거두어 태조실에 두었다가 5년이 지난 뒤 은제(殷祭 : 성대한 제사)를 지내고 매주(埋主)하였는데 뒤에 이 제도가 흐지부지되어 종묘에서는 역대 왕의 신주를 그대로 봉안하였다. 현재 종묘의 정전에는 태조로부터 순종에 이르기까지 49위의 신주가 19실(室)에 봉안되어 있고, 별묘인 영녕전(永寧殿)에는 추존 4대 왕 및 왕비를 비롯, 세실(世室)로 정하지 못한 33위의 신주가 16실에 봉안되어 있다. 한편 일반 사대부의 가정에서는 주자의

『가례』에 따라 사당에 4대의 신주만을 봉안하고 그 윗대의 조상의 신주는 매안(埋安 : 신주를 무덤 앞에 묻음)하는 풍습을 지켰다.

③ 君臣有義 : 군주와 신하의 관계는 의리를 바탕에 두어야 한다는 유교의 원리이다. 오륜(五倫)의 부자유친(父子有親) 다음에 내세운 두 번째 덕목인데, 동양 고대사회의 기본적 인간관계를 제시한 삼강(三綱)에서는 그 첫째 덕목으로 군위신강(君爲臣綱)이라 하여 '임금은 그 신하의 벼리가 되어야 한다.' 고 그 의무를 명시하고 있어 부자 관계를 첫째로 내세운 오륜과는 차이가 있다. 군신유의는 부자유친과 같은 혈연적 관계가 아니라, 후천적인 인위적 결합에 기초하여 제시된 윤리 규범이라 할 수 있다. 군신의 관계는 곧 국가와 사회를 다스리기 위한 목적 아래 결합된 관계이며, 군주는 통치의 주체이고 신하는 그 군주를 보필하는 관계인 것이다. 따라서 군주와 신하의 관계를 결속하는 의리를 실현하기 위한 군신 쌍방 간의 윤리 덕목은, 임금은 의(義)로워야 하고 신하는 충성스러워야 한다는 것이다. 그러나 임금의 권위가 절대시(絶對視)된 봉건국가에 있어서는 임금의 '의' 보다는 신하의 '충' 이 강조되었다. 이리하여 군신 간의 윤리는 '충' 으로써 대표하게 되었다. 오늘날의 '군신유의' 는 임금이 아니라 국가에 대한 것으로 대치(代置)한다면 타당할 것이다.

④ 父子有親 : 오륜의 한 조목. 오륜은 기본적인 인간관계를 다섯 가지, 곧 부자(父子) · 군신(君臣) · 부부(夫婦) · 장유(長幼) · 붕우(朋友) 관계로 규정하고 도덕적 규범을 제시한 유교의 기본 윤리이다. 부자유친은 부모와 자녀는 천륜 관계로 맺어져 있으므로 서로 친(親)해야 함을 기초로 제시된 윤리 규범이다. 친함이란 부모와 자녀의 끊을 수 없는 관계를 잇고 있는 본능적이며 천성적인 사랑을 말한다. 부모와 자녀 사이의 친함의 관계는 구체적으로 '부모는 자녀를 사랑하고 자녀는 부모에게 효도를 다 하는 것〔父慈子孝〕' 을 의미한다. 부모의 자녀 사랑은 본능적으로 실행되나 자식이 부모에게 효도를 다하는

것은 그에 미치지 못하는 경우가 일반적이다. 부자간의 윤리에 있어서는 부모의 사랑보다는 자녀의 효도를 더욱 강조하여 효가 부자간의 윤리를 대표하게 되었다. 유가의 윤리는 인간의 자연스런 본성의 발현에 근원한다. 사람의 관계는 기본적으로 부모형제라는 가족적 관계에서 비롯된다. 부모와 자녀의 관계가 인간관계의 가장 근본이며, 부자의 관계는 형제와의 관계로 이어지고, 사회적 관계로 확대된다고 생각한다. 그러므로 유가의 윤리는 가정윤리에서 시작되며, 효(孝)를 모든 윤리적 행위의 근본으로 삼는 이유가 여기에 있다. 유가에 있어서 사회, 국가 윤리는 결국 가정 윤리의 확대라고 할 수 있다. 국가는 가정이 확대된 것이라고 보기 때문이다. 부자유친이 본래 부자간의 천륜을 중시하고, 천륜을 자연스럽게 발전시키는 것임에도 불구하고, 효의 강조는 자칫 자녀의 의무만을 부각시키게 되어 종속적 윤리의 성격을 띠는 것으로 생각되기도 한다. 이와 같이 종속적 윤리의 성격을 띠게 된 것은 한대(漢代) 이래 중앙집권적·가부장적(家父長的) 통치 체제가 구축되면서부터였다. 본래 오륜은 천륜을 지속시키고 바르게 하며, 이를 완성케 하는 것이라고 할 수 있다.

147

| 원문 |

無搏虎①之力者는 不近虎하고 無安民②之智者는
무 박 호 지 력 자　　　불 근 호　　　　무 안 민 지 지 자
不參政③이니라.
불 참 정

量其力而行之 酌其智而謀之.
양 기 력 이 행 지　작 기 지 이 모 지

호랑이를 때려잡을 힘이 없는 자는 호랑이를 가까이 아니하고, 백성을 편안하게 할 지혜가 없는 자는 정치에 참여하지 않을지니라.

그 힘을 헤아려서 행해야 하고 그 지혜를 짐작하여 계획해야 한다.

| 주석 |

① 搏虎 : 호랑이를 맨손으로 잡는 것.
② 安民 : 백성을 평안하게 함.
③ 參政 : 정치에 참여함.

148

| 원문 |

無力而逼虎則禍及其身하고 無智而參政則辱及
무 력 이 핍 호 즉 화 급 기 신　　　무 지 이 참 정 즉 욕 급
父母하나니 是非不忠①而已라 還爲不孝②也니라.
부 모　　시 비 불 충　 이 이　 환 위 불 효　 야

縱毛于炭爐③之上而幸其不焦 投卵於千鈞④之下而望其
종 모 우 탄 로　지 상 이 행 기 불 초　투 란 어 천 균　지 하 이 망 기
必全 實愚也.
필 전　실 우 야

| 해역 |

힘이 없는데 호랑이를 핍박하면 재앙이 그 몸에 미치고, 지혜가 없

는데 정치에 참여하면 욕됨이 부모에 미치나니, 이는 불충일 뿐만 아니라 도리어 불효가 되나니라.

털이 숯불 화로 위에 늘어졌는데 그 타지 않음을 다행으로 여기고, 계란을 천균의 아래에 던졌는데 그것이 반드시 온전하기를 바라는 것은 진실로 어리석음이다.

| 주석 |

① 不忠 : 충성스럽지 아니함.
② 不孝 : 어버이를 효성스럽게 잘 섬기지 아니하여 자식 된 도리를 하지 못함.
③ 炭爐 : 대장간 따위에서, 탄불이나 숯불을 피우는 화로.
④ 千鈞 : 매우 무거운 무게, 또는 그런 물건을 비유적으로 이르는 말. '균' 은 예전에 쓰던 무게의 단위로, 1균은 30근이다.

149

| 원문 |

君臣은 主敬이니 死難①이 不如保國이요, 保國②이
군 신   주 경   사 난   불 여 보 국   보 국

不如化民③이니라.
불 여 화 민

死難者 殺身成仁.④ 保國者 與君周旋.⑤ 化民者 德化⑥萬
사 난 자 살 신 성 인   보 국 자 여 군 주 선   화 민 자 덕 화 만

方也. 高柴⑦子路⑧ 孔子弟子而爲孔悝⑨家臣⑩ 蒯聵⑪之亂 孔
방 야 고 시 자 로 공 자 제 자 이 위 공 리 가 신   괴 외 지 란 공

子謂弟子曰 "高柴 知大義 必能自全 子路 昧於取裁 其死
자 위 제 자 왈　 고 시　 지 대 의　 필 능 자 전　 자 로　 매 어 취 재　 기 사

必矣" 少頃⑫ 高柴獨歸.
필 의　 소 경　 고 시 독 귀

| 해역 |

　임금과 신하는 공경을 주로 하나니 어려움에 죽음이 나라를 보존하
는 것만 같지 못한 것이요, 나라를 보존하는 것이 백성을 교화하는 것
만 같지 못 하나니라.

　어려움에 죽는다는 것은 몸을 죽여서 인을 이룸이다. 나라를 보전
한다는 것은 임금으로 더불어 주선함이다. 백성을 교화한다는 것은 덕
화가 여러 곳이 미침이다. 고시와 자로는 공자의 제자로 공리의 가신
이 되었는데 괴외의 난리에 공자가 제자에게 일러 말씀하기를 '고시
는 대의를 앎으로 반드시 능히 스스로 온전하려니와 자로는 절재를 취
함이 어두움으로 그의 죽음이 필연이다.' 고 하였는데 잠깐 동안에 고
시만 홀로 돌아왔다.

| 주석 |

① 死難 : 국가의 위난(危難)에 죽음.

② 保國 : 나라를 보호하여 지킴.

③ 化民 : 백성을 교화(敎化)함.

④ 殺身成仁 : 자신의 몸을 죽여 인을 이룬다는 뜻으로, 자기의 몸을 희
　생하여 옳은 도리를 행함.

⑤ 周旋 : (1) 일이 잘되도록 이리저리 힘을 써서 변통해 주는 일. (2) 제3
　국이 외부에서 분쟁 당사국 간의 교섭을 원조하는 일.

⑥ 德化 : 덕행(德行)으로써 교화(敎化)함. 또는 그 교화.

⑦ 高柴(B.C. 521-?) : 춘추 시대 때 사람. 자는 자고(子羔) 또는 자고(子高),
자고(子皐), 계고(季皐)며, 공문(孔門) 72현(賢) 중 한 사람이다. 공자(孔
子)보다 30살 연하다. 송나라 진종(眞宗) 대중상부(大中祥符) 2년(1009)
공성후(共城侯)에 추봉(追封)되었다. 키가 작고 못생겼지만 우직(愚直)
하고 효성이 지극했으며, 옥관(獄官)이 되어 옥사를 공정히 처리했다
고 한다. 신장이 5척(尺)에도 미치지 못했는데, 공자는 그를 우직한
사람으로 보았다. 자로(子路)와 친분이 깊어 자로가 그를 비읍(費邑)
의 원으로 삼았다. 효성이 지극하여 부모의 그림자를 밟지 않았으
며, 부모의 상을 당했을 때 3년 동안을 슬프게 울며 웃지 않았다고
한다.

⑧ 子路(B.C. 543년-B.C. 480년) : 춘추 시대 노(魯)나라 변(卞) 사람. 이름
은 중유(仲由)고, 계로(季路)로도 불렸다. 공자(孔子)의 제자다. 성격이
강직하고 용맹했다. 공자보다 9년 연하여서 제자 가운데는 가장 연
장자로 중심적인 인물이었다. 본디 무뢰한으로 공자의 훈계로 입문
했는데, 사람됨이 곧고 순진하여 헌신적으로 공자를 섬겼다. 공자가
노나라의 사구(司寇)가 되었을 때 그를 계손씨(季孫氏)의 가신(家臣)으
로 보냈다. 뒷날 위(衛)나라의 출공(出公) 아래에서 벼슬을 했는데, 출
공이 괴외(蒯聵, 출공의 아버지)에 의해 쫓겨나고 그가 장공(莊公)으로
들어서는 정변이 일어났다. 이때 자로는 소식을 듣고 달려갔는데, 친
구 자고(子羔)가 이미 끝난 상황이니 자리를 피하라고 충고했지만, 그
는 "출공의 녹을 먹었다면 그가 어려움에 처했을 때 피해서는 안 된
다."고 하면서 성안으로 들어가 장공에게 역적 공회(孔悝)를 내달라
고 요구했다. 장공이 거절하자 그들이 있던 데를 불태우려고 했는데,
그때 장공의 부하에 의해 죽임을 당하고 말았다. 적군의 칼에 갓끈이
끊어지자 "군자(君子)는 죽더라도 관은 벗지 않는다." 면서 갓끈을 다
시 매고는 죽었다.

⑨ 孔悝 : 위(衛)나라의 대부이다. 공어(孔圉=孔文子)의 아들이요, 위나라

장공(莊公)인 괴외(蒯聵)의 생질이다.

⑩ 家臣: 높은 벼슬아치의 집에 딸려 있으면서 그 벼슬아치를 받드는 사람.

⑪ 蒯聵(미상-B.C. 478년): 또는 괴외(蒯聵). 춘추 시대 위나라의 국군(國君). 위령공(衛靈公)의 아들이다. 태자로 있을 때 영공의 부인 남자(南子)를 죽이려고 하다가 실패하고 진(晉)나라로 달아났다. 영공이 죽자 그의 아들 첩(輒)을 세우니 그가 출공(出公)이다. 진나라에서 괴외를 보냈지만 위나라에서 받아들이지 않았다. 출공 13년 괴외가 누이 공백희(孔伯姬)의 도움을 얻어 위나라에 들어와 출공을 핍박해 노(魯)나라로 내쫓고는 국군이 되었다. 국군이 된 뒤 진나라를 배반했다. 진나라가 위나라를 포위하자 괴외는 나라 사람들에게 쫓겨났다. 나중에 융주(戎州)에 있으면서 공장(工匠)을 학대했는데, 위경(衛卿) 석포(石圃)가 공장을 이끌고 공격하자 달아나 기씨(己氏)의 집에 들어갔는데, 기씨에 의해 살해되었다. 3년 동안 재위했다.

⑫ 少頃: 잠깐 동안. 잠시 지나간 동안.

150

| 원문 |

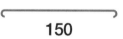

事君者는 同寅恊恭①하야 比②而不黨하고 事親者
사군자   동인협공   비 이부당   사친자
는 就養無方③하야 以悅其志이니라.
  취양무방   이 열 기 지

作黨則爭權. 有方則違志耳. 方者 短也.
작당즉쟁권 유방즉위지이 방자 단야

| 해역 |

　임금을 섬기는 자는 같이 삼가고 함께 공경하여 친하지만 무리를 짓지 아니하고, 어버이를 섬기는 자는 봉양함에 나아가 방법이 없어서 그 뜻(마음)을 기쁘게 해드려야 하나니라.

　무리를 지으면 권력을 다투게 된다. 방법이 있으면 뜻을 어기게 된다. 방이라 단점이다.

| 주석 |

　① 同寅恊共 : 똑같이 삼가고 함께 공경한다는 말이다.
　② 比 : 친하게 지내다.
　③ 就養無方 : 봉양함에 일정한 방법은 없다.

151

| 원문 |

　"枉士는 無正友하고 曲上은 無直下"①하나니 欲知
　　왕 사　　무 정 우　　곡 상　　무 직 하　　　　욕 지
其人인대 先觀其友하고 欲知其君인대 先察其臣이니
기 인　　선 관 기 우　　욕 지 기 군　　　선 찰 기 신
라.

　范蠡②之浮海 張良③之歸山 皆察其君也.
　범 여 지 부 해 장 양 지 귀 산 개 찰 기 군 야

'굽은 선비는 바른 벗이 없고, 굽은 위는 곧은 아래가 없다.' 하였으
니, 그 사람을 알고자 할진대 먼저 그 벗을 보고 그 임금을 알고자 할진
대 먼저 그 신하를 살필지니라.

범여가 바다에 뜸과 장양이 산으로 돌아감이 모두 그 임금을 살폈
던 것이다.

| 주석 |

① 枉士 無正友 曲上 無直下 : '굽은 선비는 바른 벗이 없으며, 굽은 위
는 곧은 아래가 없다.' 는 뜻으로 《황석공소서(黃石公素書)》 안례장(安
禮章)에 있는 말이다.

② 范蠡 : 월나라의 충신이자 천재 전략가이며 이재가(理財家). 천문·역
법·지리·군사·전략·재정 등 모든 방면에 두루 통달했던 박학지
사(博學之士)이자 희대의 경세가(經世家)이다. 월왕 구천(句踐)을 보필
하는 데 견마지로(犬馬之勞)를 다해 마침내 오랜 숙원이었던 오나라
멸망을 실현한 뒤 토사구팽(兎死狗烹)의 세태에 따라 구천이 오나라
멸국 공신들을 탄압할 것을 미리 감지하여 관직을 사퇴하고 처자와
함께 제나라로 떠났다. 이후 치이자피(鴟夷子皮)라고 개명하고 제나
라 도산(陶山)에서 목축업을 하여 천금(千金)을 벌어들이는 탁월한 이
재(理財), 경영 능력을 발휘함으로써 춘추 전국 시대의 손꼽히는 거부
(巨富)요 대 실업가가 되었다. 당대인들이 이로 인해 그를 도주공(陶
朱公)이라고 존칭했으며 후대에도 그 특유의 이재술(理財術)은 전통
경제학의 묘책으로서 널리 회자되었다. 사마천(司馬遷)이 저술한 『사
기(史記)』 중의 1편인 「화식열전(貨殖列傳)」에도 도주공의 이재에 관
해 별도의 지면을 할애하여 소개하고 있다.

③ 張良(B.C. 250년 추정-B.C. 186년 추정) : 영천(潁川) 성부(城父) 사람으로 자는 자방(子房)이다. 서한(西漢) 시기의 개국공신이자 책략가이다. 한신(韓信), 소하(蕭何)와 더불어 한초삼걸(漢初三傑)로 일컬어진다. 탁월한 전략을 짜서 한고조(漢高祖) 유방(劉邦)을 초한전쟁(楚漢戰爭) 중의 승자로 만들고, 뒤에 여후(呂後, 유방의 황후)를 도와 유영(劉盈)을 태자(太子)의 자리에 올려놓았다. 《사기(史記)》〈유후세가(留侯世家)〉에 유방이 "무릇 군 막사에서 군사를 운용하고, 천 리 바깥의 전투를 승리로 이끄는 것은 내가 자방(장량)만 못하다."고 회고했다. 황노〔黃老, 황은 황제(黃帝), 노는 노자(老子)를 의미한다〕의 도(道)에 정통하였고, 권력에 연연하지 않아서 만년에 적송자(赤松子)를 따라 은거했다고 한다. 사후에 시호는 문성후(文成侯)이고, 유후(留侯)로 봉해졌다. 후인들의 그의 책략이 출중한 것을 기리어 그를 '모성(謀聖)'으로 받들었다.

152

| 원문 |

國將興者는 生産精密①하고 邦將衰者는 生産粗惡②이니 君子는 以生産之精粗로 爲己之進退③也니라.

生産之物精密則輪出于外 粗惡則輪入于外 府庫④之虛實⑤ 由此觀之.

나라가 장차 일어나는 것은 생산이 정밀하고 나라가 장차 쇠약하는 것은 생산이 조악하나니, 군자는 생산의 정밀하고 조악한 것으로써 자기의 나아가고 물러감을 삼나니라.

생산되는 물건이 정밀하면 바깥으로 수출을 하고, 조악하면 밖에서 수입을 하게 되나니 창고의 비고 가득함을 이것으로 말미암아 봐야 한다.

| 주석 |

① 情密 : (1)가늘고 촘촘함. (2)아주 잘고 자세함. (3)정세(精細)하고 치밀(緻密)함.

② 粗惡 : (물건이) 거칠고 나쁨.

③ 進退 : (1)나아감과 물러남. (2)(자리나 지위에) 머물러 있음과 물러남.

④ 府庫 : 문서나 재물을 넣어 곳간으로 지은 집.

⑤ 虛實 : 허함과 실함. 거짓과 참.

153

| 원문 |

聖君은 爲務修德하고 不求賢臣而自至하고 賢臣
성군   위무수덕   불구현신이자지   현신

은 爲務其孝하나니 不願聖君而自顧니라.
  위무기효   불원성군이자고

殷湯^① 弔民罰罪 天下歸之. 鄭莊公^②命賜豚肉于潁考叔^③
은탕　조민벌죄 천하귀지　정장공 명사돈육우영고숙

者 叔用紙包裹曰 "臣有老母 未嘗享此厚味^④ 臣不能下咽."
자 숙용지포과왈　신유노모　미상향차후미　신불능하인

莊公曰 "孝子也." 拜^⑤爲大夫.
장공왈　효자야　　배　위대부

| 해역 |

　성스런 임금은 덕을 닦는 데 힘을 쓰나니 어진 신하를 구하지 않아도 저절로 이르고, 어진 신하는 그 효도에 힘을 쓰나니 성스런 임금을 원하지 않아도 저절로 돌아보나니라.

　은나라 탕 임금은 백성을 위로하고 죄를 벌하니 천하가 돌아왔다. 정나라 장공이 명하여 돼지고기를 영고숙에게 주라 하였는데 숙이 종이를 써 싸면서 말하기를 '신에게 늙은 어머니가 있는데 일찍이 이런 두터운 맛을 누리지 못하였으니 신이 능히 목구멍에 내리지 못 하겠나이다.' 하였다. 장공이 말하기를 '효자로다.' 하고 대부에 임명하였다.

| 주석 |

①湯(생몰연대 미상) : 이름 이(履) 또는 천을(天乙)·태을(太乙). 탕은 자이며, 성탕(成湯)이라고도 한다. 《사기(史記)》에 의하면 시조 설(契)의 14세에 해당한다. 당시 하(夏)왕조의 걸왕(桀王)이 학정을 하였으므로, 제후들의 대부분이 유덕(有德)한 성탕에게 복종하게 되었다. 걸왕은 성탕을 하대(夏臺)에 유폐하여 죽이려 하였으나, 재화와 교환하여 용서하였다. 탕왕은 현상(賢相) 이윤(伊尹) 등의 도움을 받아 곧 걸왕을 명조(鳴條)에서 격파하여 패사시켰다. 그리고 박(亳)에 도읍하여 국호를 상(商)이라 정하여 제도와 전례를 정비하고 13년간 재위하였다. 그가 걸왕을 멸한 행위는 유교에서 주(周)나라 무왕(武王)이 상나라

주왕(紂王)을 토벌한 일과 함께, 올바른 '혁명'의 군사행동이라 불리고 있다. 《서경(書經)》의 탕서편(湯誓篇)은 그때의 군령(軍令)이라 전해진다.

② 鄭莊公(B.C. 757년-B.C. 701년): 춘추 시대 정나라의 국군(國君). 이름은 오생(寤生)이고, 무공(武公)의 아들이다. 즉위하여 동생 단(段)을 경(京)에 봉했다. 단이 어머니 무강(武姜)과 함께 반란을 일으키자 진압한 뒤 어머니를 성영(城潁)으로 보내고 "황천에 갈 때까지는 다시 보지 않겠다."고 맹세했다. 곧 후회하고 영고숙(潁考叔)의 권고에 따라 땅을 파고 샘[천(泉)]에 이르러 다시 만나 모자의 정을 되살렸다. 무공을 이어 주평왕(周平王)의 좌경사(左卿士)가 되어 조정을 장악했다. 일찍이 왕명을 빌어 송(宋)나라를 정벌했다. 제(齊)나라, 노(魯)나라와 연합해서 송나라, 위(魏)나라와 전쟁을 치르면서 세력 확장에 주력했다. 나중에 주환왕(周桓王)이 작위를 박탈하자 입조(入朝)하지 않았다. 환왕이 공격하자 왕사(王師)를 대패시켰고, 환왕은 화살에 맞아 부상을 당했다. 재위 기간은 43년이다.

③ 潁考叔: 지금의 하남성 등봉현(登封縣)이었던 영곡(潁谷) 출신으로 정장공(鄭莊公: 재위 기원전 743-701년) 때 사람이다. 장공이 동생 태숙단(太叔段)의 반란 사건에 연루된 그 모친 무강(武姜)을 영고숙이 살던 땅에 유배시키자 장공을 찾아와 그 부당함을 말하고 장공으로 하여금 무강을 다시 모셔가도록 했다. 그 공으로 대부로 봉해져 정나라를 위해 많은 공을 세웠으나 그를 시기한 공족 출신인 공손알(公孫閼)에 의해 허나라와의 싸움 중 살해당했다. 다음은 영고숙이 그 모친을 유배시킨 정장공을 설득할 때 한 말이다. "이새의 이름은 올빼미인데 낮에는 태산도 볼 수 없지만, 밤에는 머리카락도 살핍니다. 작은 것에는 밝지만 큰 것에는 어둡습니다. 어릴 때는 그 어미에게서 먹지만 이미 성장하면 이에 그 어미를 쪼아서 먹어버리는지라 이는 불효의 새입니다. 그러므로 사람들이 잡아먹습니다.〔此鳥名, 晝不見泰山,

夜能察秋豪. 明于細而暗于大也. 小時其母哺之, 旣長, 乃啄食其母, 此
乃不孝之鳥, 故捕而食之.)"라 하였다.

④ 厚味 : ⑴ 진한 맛. ⑵ 훌륭한 음식.

⑤ 拜 : 벼슬을 주다.

154

| 원문 |

博學多聞하면 智謀①將略②이 諫使君聽하고 孝使
박학다문   지모 장략   간사군청   효사
親感이면 是爲大德이니라.
친감   시위대덕

瞽瞍③累欲殺舜而舜④ 克諧以孝 不格姦. 齊威王⑤ 日事
고수 누욕살순이순   극해이효 불격간   제위왕   일사
酒色⑥ 士人騶忌⑦請奏琴不彈曰 "臣撫琴不彈 無以暢大王
주색   사인추기 청주금불탄왈   신무금불탄 무이창대왕
之志 撫國不治 萬民之意也." 威王愕然曰 "聞命矣." 卽拜
지지 무국불치 만민지의야   위왕악연왈   문명의   즉배
相國⑧.
상국

| 해역 |

널리 배우고 많이 듣는다면 지모와 장략으로 간하여 임금이 들어주
고, 효도한다면 어버이가 감응하리니 이것이 큰 덕이 되나니라.

고수가 자주 순을 죽이려 하였지만 순이 능히 화해의 효도로써 하
였음으로 간사함에 이르지 않았다. 제나라 위왕이 날마다 주색을 일삼

았는데 사인인 추기에게 거문고 연주를 청했지만 타지 아니하고 말하기를 '신이 거문고를 어루만지지만 타지 않으니 대왕의 뜻대로 펼칠 수가 없고, 나라를 어루만지지만 다스리지 못한다는 것이 뭇 백성의 뜻입니다.' 하니 위왕이 놀래어 말하기를 '명함을 들으리라.' 하고 상국에 임명하였다.

| 주석 |

① 智謀 : 슬기 있는 꾀.

② 將略 : 장수(將帥)다운 지략(智略).

③ 瞽瞍 : 중국 순임금 아버지의 별명. 어리석고 사리에 어두웠기 때문에 붙여진 이름이라 한다.

④ 舜(생몰미상) : 성 우(虞) 또는 유우(有虞). 이름 중화(重華). 유덕한 성인으로서 선양(禪讓) 설화의 대표적 인물이며 요(堯)·우(禹)와 병칭되고 있다. 《사기(史記)》에 의하면, 순은 전욱(顓頊)의 6세손으로 그의 아버지 고수(瞽瞍)는 장님이었다. 순이 어린 나이에 어머니가 죽자 아버지는 후처를 얻었다. 순은 계모와 이복동생 상(象)의 미움을 사 여러 가지 방법으로 살해당할뻔한 사건들을 슬기롭게 극복하며 효행의 도를 다하였다. 당시 천자(天子) 요는 순의 평판을 듣고 자신의 두 딸인 아황(娥皇)과 여영(女英)을 순에게 출가시켜 등용하였다. 순의 치적이 훌륭하였으므로 섭정(攝政)으로 하였다. 요가 죽자 순은 요의 아들 단주(丹朱)를 즉위시키려 하였으나 천하의 인심이 순에게 기울어졌기 때문에 마침내 순이 제위에 올랐다. 요와 마찬가지로 순이 통치하였던 치세에도 태평성대를 누렸으며 치수사업을 성공시켜 홍수 피해를 막았다. 순에게는 상균(商均)이라는 아들이 있었는데 현명하지 못해 아들에게 제위를 물려주지 않고 치수사업에 공적이 큰 우(禹)에게 이양하였다. 그 후 순은 지방을 순행하다가 병을 얻어 죽

었다고 한다.

⑤ 齊威王(미상-B.C. 320년) : 전인제(田因齊), 또는 전영제(田嬰齊). 전국
시대 제나라의 국군(國君). 환공(桓公)의 아들이다. 9년 정치를 경대부
(卿大夫)에게 맡기고 제후들은 서로 싸우는 등 나라가 제대로 다스려
지지 않았다. 나중에 힘껏 정치를 바로 하고 군대를 정비하면서 추기
(鄒忌)를 재상, 전기(田忌)를 장군, 손빈(孫臏)을 군사(軍師)에 기용했
다. 아버지를 이어 임치(臨淄) 직하(稷下)에 학궁(學宮)을 설치하여 각
국의 학자를 초빙해 정치를 논하게 하고, 인재를 선발해 기용하자 국
력이 나날이 부강해져 갔다. 16년 위(魏)나라 군대를 계릉(桂陵)에서
대패시키고 태자 신(申)을 포로로 잡았으며, 방연(龐涓)을 살해했다.
이어 마릉(馬陵) 전투에서 위(魏)나라를 격파하고, 이때부터 왕이라는
칭호를 썼다. 23년 서주(徐州)에서 위혜왕(魏惠王)을 만나 서로 높여
왕이라 했다. 재위 기간은 37년이고, 시호는 위(威)이다.

⑥ 酒色 : (1) 술과 계집. 음주(飮酒)와 여색. (2) 얼굴에 드러난 술기운.

⑦ 騶忌(생몰미상) : 추기(鄒忌)라고도 쓴다. 전국 시대 제(齊)나라 사람. 제
위왕(齊威王)이 즉위한 뒤 거문고를 뜯으면서 유세해 재상(宰相)에 등
용되었다. 하비(下邳, 강소성 邳縣 서남쪽)에 봉해져서 성후(成侯)로 불
린다. 위왕에게 어진 사람을 등용하고 간언(諫言)을 받아들이며 정치
를 혁신할 것을 충고했다. 또 만민(萬民)을 가깝게 여기고 법률을 정
비하여 간신배를 멀리하라고 건의했다. 아울러 군기(軍紀)를 바로 세
우고 정치적 원칙을 고수할 것도 강조했다. 이때부터 제나라는 차츰
동방(東方)의 강국으로 자리하게 되었다.

⑧ 相國 : 영의정(領議政), 좌의정(左議政), 우의정(右議政)의 총칭.

155

| 원문 |

愛親敬兄과 睦隣悌長이 孝之始也요, 德布四海[①]
애 친 경 형　목 린 제 장　효 지 시 야　　덕 포 사 해

하며 澤及子孫이 孝之終也니라.
　　택 급 자 손　　효 지 종 야

有始無終[②] 非孝也.
유 시 무 종　　비 효 야

| 해역 |

어버이를 사랑하고 형을 공경하는 것과 이웃과 화목하고 어른을 공경하는 것이 효도의 시작이요, 덕을 사해에 펼치며 은택이 자손에게 미치는 것이 효도의 마침이니라.

시작만 있고 끝이 없는 것은 효도가 아니다.

| 주석 |

① 四海 : (1) 사방의 바다. (2) '사해의 안' 이란 뜻에서 온 세상을 일컬음. (3) 수미산(須彌山)을 둘러싼 사방의 바다. 사대해(四大海). (4) 나라에서 봉(封)한 네 곳의 바다. 곧 동해는 양양(襄陽), 남해는 나주(羅州), 서해는 풍천(豊川), 북해는 경성(鏡城)에 있음. 그곳에 단(壇)을 모으거나 사당(祠堂)을 짓고 중춘(仲春)과 중추(仲秋)에 제사를 지냄.
② 有始無終 : 시작한 일의 끝을 맺음이 없음을 이름.

| 원문 |

年長十歲則事之長者하고 九年以內則交之朋友
연장십세즉사지장자　　　구년이내즉교지붕우

하나니 與長者同席則必以拱手^①跪坐^②하고 逢長者
　　　　여장자동석즉필이공수　궤좌　　　　　봉장자

於道路則必下車馬^③而致禮^④니라.
어도로즉필하거마　이치례

承上接下^⑤ 禮之大節^⑥也.
승상접하　　예지대절　야

| 해역 |

나이가 열 살 오래면 어른으로 섬기고, 아홉 살 이내면 벗으로 사귈
지니 어른으로 더불어 자리를 같이 하면 반드시 공수하며, 꿇어앉고 어
른을 길에서 만나면 반드시 수레나 말에서 내려 예를 이를지니라.

위를 잇고 아래를 접하는 것이 예의 대절이다.

| 주석 |

① 拱手 : 왼손을 오른손 위에 놓고 두 손을 마주 잡아 공경(恭敬)의 뜻을
　 나타내는 예(禮).

② 跪坐 : 무릎을 꿇고 앉음.

③ 車馬 : (1) 수레와 말. (2) 수레에 맨 말.

④ 致禮 : 예를 다하여 행함.

⑤ 承上接下 : 윗사람을 받들고 아랫사람을 잘 거느려서 두 사이를 잘
　 주선(周旋)함.

⑥ 大節 : (1) 죽기를 각오하고 지키는 절개. (2) 크게 빛나는 절조(節操).

157

| 원문 |

又曰 "上智①與下愚②는 不移乎아" 敏公曰 "衣
우왈　상지　여하우　　불이호　　민공왈　　의

而知溫하고 食而知飽는 人所同也요. 敎而知之하고
이지온　　식이지포　　인소동야　　　교이지지

德而化之는 人所同也니 豈有不移之理也리요."
덕이화지　　인소동야　　기유불이지리야

雖爲惡人 以義敎之則不恣其惡 雖爲賢人 以惡加之則
수위악인 이의교지즉부자기악 수위현인 이악가지즉

必激其怒. 宋同春③曰 "上施仁義 民不忍欺 上施智謀 民不
필격기노 송동춘왈　상시인의 민불인기 상시지모 민불

能欺 上施威挾④ 民不敢欺."
능기 상시위협　민불감기

| 해역 |

　또 말하기를 '상지와 하우는 옮기지 않는 것입니까?' 민공이 말하
기를 '옷은 따뜻한 것임을 알고 밥은 배부른 것임을 아는 것은 사람의
같은 바이요, 가르치면 지혜롭고 덕으로 하면 교화되는 것은 사람의 같
은 바이니, 어찌 옮기지 못할 이유가 있으리요.'

　비록 악한 사람이라 할지라도 의로써 가르치면 그 악함이 방자하지
않을 것이며, 비록 어진 사람이라 할지라도 악으로써 더하면 반드시 그
성내어 부딪치게 된다. 송동춘이 말하기를 '위에서 인의를 베풀면 백

성이 차마 속이지 않으며, 위에서 지모를 베풀면 백성이 능히 속이지 않으며, 위에서 위협을 베풀면 백성이 감히 속이지 않는다.'고 하였다.

| 주석 |

① 上智 : 보통의 사람보다 지혜가 뛰어난 사람.

② 下愚 : 아주 어리석고 못남. 또는, 그 사람.

③ 宋同春 : 송준길〔宋浚吉(1606년 12월 28일-1672년 12월 2일)〕은 조선시대 후기의 문신·성리학자·정치가로서 유교 주자학의 대가였다. 노론·소론이 분당되기 전에 사망하였으나 사실상 그가 이끌던 문인들은 그의 사후 노론을 형성하였다. 성균관 문묘(文廟)에 배향된 해동 18현(海東 十八賢)의 하나이다. 송시열과 함께 북벌론을 주장하였으며, 제1차 예송 논쟁 당시 송시열과 함께 주자의 성리학과 주자가례에 의거하여 자의대비의 복상 문제 때 기년복 설을 주장하였다. 일찍부터 김장생과 김집(金集)의 문하에서 수학하였으며, 1624년(인조 3) 진사로서 세마(洗馬)에 임명되었으나 사양하였고, 김장생과 김집의 문하에서 학문연구에 전념하였다. 인조 때 학행으로 천거되었으나 소현세자와 민회빈 강씨가 억울하게 죽었다고 보고 그들을 동정하였고, 소현세자 사후에게는 세자의 아들에게 계승권이 돌아가야 된다고 주장하다가 인조의 눈 밖에 났다. 그 뒤 학문 연구에 정진하다 1649년 효종 즉위 직후 스승 김집의 천거로 발탁되어 청요직을 역임했다. 그 뒤 1차 예송 논쟁 당시 송시열, 김수항과 함께 서인논객으로 활동하였으며, 이때 서인 온건파를 이끌며 남인에 대한 강경처벌에 반대하는 입장에 섰다. 윤선도의 상소 이후 한때 윤선도의 구명운동을 펴기도 했다. 당색은 서인(西人)으로, 율곡 이이를 사숙하였고, 김장생, 김집의 문하생이며, 장인이기도 한 남인학자 정경세(鄭經世)의 문하에도 출입하여 그를 사표로 받들었다. 친척인 우암 송

시열과 함께 양송으로도 불렸다. 자는 명보(明甫), 호는 동춘당(同春堂), 본관은 은진. 영천군수를 지낸 송이창(宋爾昌)의 아들이며 딸 송씨는 숙종의 계비 인현왕후 민씨와 민진원, 민진후의 생모이다. 사후 문묘(文廟)에 배향되었다. 우암 송시열의 친척이며 류성룡의 문인인 정경세의 사위이다. 남인의 영수 허적과는 먼 인척 간으로 사위 민유중의 외외 종숙이 된다. 명성황후에게는 7대 외조부가 된다. 송이창, 김장생, 정경세, 김집의 문인이다.

④ 威挾 : 위엄과 믿고 의지함을 말한다.

158

| 원문 |

余閱諸人에 不見善而不喜者하고 又無責而不怒
여 열 제 인   불 견 선 이 불 희 자   우 무 책 이 불 노
者하니 可知其喜怒①-在於己也니라.
자   가 지 기 희 노   재 어 기 야

賞罰②分明 無不移之人也.
상 벌 분 명 무 불 이 지 인 야

| 해역 |

내가 여러 사람을 점검함에 선을 보지 못하면 기뻐하지 않고, 또 꾸짖음이 없으면 성내지 않나니 가히 그 기쁨과 성냄이 자기에게 있음을 알게 되었나니라.

상과 벌이 분명하면 옮겨지지 못할 사람이 없다.

① 喜怒 : 기쁨과 노여움.

② 賞罰 : (1) 상과 벌을 아울러 이르는 말. (2) 잘한 것에 상을 주고 잘못한 것에 벌을 주는 일.

159

| 원문 |

宋仁이 曰 "先天八卦①－變於後天②하니 後天之
송인 왈 선천팔패 변어후천 후천지

變이 今其時也라 天地將變하고 人道將盪③하리니 何
변 금기시야 천지장변 인도장탕 하

不順時而區區④守舊學⑤耶아" 敏公曰 "是何言也오
불순시이구구 수구학 야 민공왈 시하언야

伏羲⑥時에는 但有河圖⑦故로 以八卦數로 定方位하
복희 시에는 단유하도 고 이팔패수 정방위

니 乾坤坎離四陽이 居正하야 中宮이 空虛하고 黃帝⑧
건곤감리사양 거정 중궁 공허 황제

時에는 兼有洛書⑨故로 以方位數로 定八卦하니 五
시 겸유낙서 고 이방위수 정팔패 오

居于中하야 散諸四方而坎離震兌－陰陽이 相錯⑩하
거우중 산제사방이감리진태 음양 상착

니 是先天之謬를 證訂也오 非變也니 故로 易經四
시선천지류 증정야 비변야 고 역경사

聖而成篇하니라."
성이성편

易者 周易也. 伏羲氏 始畫八卦 黃帝氏 作卦辭 文王 作
역자 주역야 복희씨 시획팔패 황제씨 작패사 문왕 작

彖爻辭 孔子 加十翼而成篇 十翼者 大象 小象 繫辭上下篇
단효사 공자 가십익이성편 십익자 대상 소상 계사상하편

乾文言 坤文言 說卦 序卦上下篇 雜卦也. 河圖者 乾一兌二
건문언 곤문언 설괘 서괘상하편 잡괘야 하도자 건일태이

離三震四 巽五坎六 艮七坤八 是八卦次序而定方位故 乾南
이삼진사 손오감육 간칠곤팔 시팔괘차서이정방위고 건남

坤北 離東坎西 四陽 居正而中宮 空虛. 洛書者 戴九履一
곤북 이동감서 사양 거정이중궁 공허 낙서자 대구이일

左三右七 二四爲肩 六八爲足 是方位數而定八卦故 離南坎
좌삼우칠 이사위견 육팔위족 시방위수이정팔괘고 이남감

北 震東兌西 陰陽相錯而五居于中 散諸四方也. 陰陽者 乾
북 진동태서 음양상착이오거우중 산제사방야 음양자 건

坤坎離 淨陽 震巽艮兌 淨陰也.
곤감리 정양 진손간태 정음야

| 해역 |

송인이 말하기를 '선천의 팔괘가 후천에 변하니 후천의 변함이 지금 그때이라 천지가 장차 변하고 인도도 장차 흔들리리니 어찌 때에 순응하지 않고 구구하게 옛 학문을 지켜야 합니까?' 민공이 말하기를 '이 무슨 말인고, 복희 때에는 다만 하도만 있었기 때문에 팔괘의 수로써 방위를 정하였으니 건과 곤과 감과 이의 네 양이 정위(正位)에 거하여서 중궁이 공허하였고, 황제 때에는 낙서와 겸함이 있었기 때문에 방위의 수로써 팔괘를 정하였나니 다섯이 중에 거하여 사방에 흩어지고 감과 이와 진과 태의 음양이 상착하니, 이는 선천의 그릇됨을 증거하여 정정한 것이요 변하는 것이 아니니 그러므로 역경은 네 성인이 편을 이루었나니라.'

역이란 주역이다. 복희씨가 처음 팔괘를 그렸고, 황제씨가 괘사를 지었으며, 문왕이 단사와 효사를 지었고, 공자가 십익을 더하여 편을 이루었다. 십익이란 대상과 소상과 계사의 상하편과 건괘의 문언과 곤괘의 문언과 설괘와 서괘의 상하편과 잡괘이다. 하도란 건은 1이고 태

는 2이며, 이는 3이고 진은 4이며, 손은 5이고 감은 6이며, 간은 7이고 곤은 8이니, 이것이 팔괘를 차서하여 방위를 정한 것이기 때문에 건은 남이고 곤은 북이며, 이는 동이고 감은 서로 네 양이 정위의 중궁에 거함으로 공허하다. 낙서란 9를 이고 1을 밟고 왼쪽은 3이며, 오른쪽은 7이고, 2와 4는 어깨가 되고, 6과 8은 발이 되나니, 이는 방위의 수로 팔괘를 정하였기 때문에 이는 남이고 감은 북이며, 진은 동이고 태는 서로 음양이 상착하여 오가 중에 거해서 사방으로 흩어진다. 음양이란 건과 곤과 감과 이는 정양이요, 진과 손과 간과 태는 정음이다.

| 주석 |

① 先天八卦 : 하(夏)나라가 세워지기 전, 중국은 전설적인 시대인 삼황오제(三皇五帝)시대였다. 삼황의 한 사람인 복희가 하도를 보고서 팔괘(八卦)를 그렸다고 전해진다. 이것을 선천팔괘(先天八卦), 또는 복희팔괘(伏羲八卦)라고 한다. 팔괘는 천지만물의 모습과 변화로부터 그 형상을 뽑아낸 것으로 우주의 법칙을 반영하고 있다. 복희의 선천팔괘는 우주의 기본구조인 體를 표시하고 하늘과 땅 사이의 공간적 위치를 그림으로 나타냈다. 우주가 형성되는 대현상을 나타낸 것이다. 선천복희팔괘도는 음양이 조화를 이루고 있으며 그 순서가 순리대로 되어 있다. 선천도의 숫자는 1건 · 2태 · 3이 · 4진으로 왼쪽으로 회전하고, 또 다른 한쪽은 5손 · 6감 · 7간 · 8곤으로 오른쪽으로 회전한다.

② 後天 : (1) 현재의 천지가 이루어진 이후의 세상. 선천과 상대되는 개념이다. (2) 사람이 태어난 이후에 교육을 통해 형성되는 성격이나 조섭에 의해 만들어지는 체질이다. (3) 천운(天運)에 뒤짐. 돌아오는 운을 감당하지 못하는 상태를 의미한다.

③ 盪 : 흔들리다.

④ 區區 : (1) 제각기 다름. (2) 떳떳하지 못하고 구차(苟且)스러움. (3) 잘고 용렬(庸劣)함.

⑤ 舊學=舊學問 : 한학에 바탕을 둔 재래의 학문.

⑥ 伏羲 : 농서(隴西) 성기(成紀) 사람으로, 성(姓)은 풍(風), 또는 복희(宓義), 포희(包犧), 복희(伏戲), 희황(犧皇), 황희(皇義), 태호(太昊), 청제(青帝)라고 일컫는다. 그가 태어났던 시대는 구석기(舊石器) 시대의 중후기로, 그는 중화민족의 시조로 받들어지고 있다. 전설에 그는 사람 머리에 뱀의 몸을 가졌는데, 누이인 여와(女媧)와 결혼하여 자녀를 낳아 길렀다고 한다. 또 천지만물의 변화에 근거하여 팔괘(八卦)를 발명했고, 결승문자를 창조했다고 전한다. 그리고 수렵과 고기잡이, 거문고, 노래 등을 창작했다고 한다. 인간 세상에서 111년을 살고 승천했다고 전한다.

⑦ 河圖 : 옛날 중국 복희씨(伏羲氏) 때에 황허(黃河)에서 용마(龍馬)를 가지고 나왔다는 쉰다섯 점으로 된 그림으로 낙서(洛書)와 함께《주역(周易)》의 기본 이치가 된다.

⑧ 黃帝 : 중국 고대의 전설적 제왕.《사기(史記)》에 의하면 황제는 이름을 헌원(軒轅)이라고 하며 당시의 천자 신농씨(神農氏)를 대신하여 염제(炎帝)·치우(蚩尤) 등과 싸워 이겨 천자가 되었다고 한다. 전국시대의 각종 신화와 전설을 통하여 구성된 가상의 인물로 오제(五帝)의 한 사람이다. 집·의복·배·수레·활 등을 발명하고, 문자 음률(音律) 도량형 의술 달력 등을 제정하고 도입하여 중국 문명의 개조(開祖)로 일컬어진다.

⑨ 洛書 : 중국 하(夏)나라의 우왕(禹王)이 홍수를 다스릴 때, 낙수(洛水)에서 나온 거북의 등에 씌어있었다는 45개의 점으로 이루어진 아홉 개의 무늬. 팔괘(八卦)와 홍범구주(洪範九疇)의 근원이 된다고 한다.

⑩ 相錯 : 서로 바뀌면서 섞이는 것.

| 원문 |

變有其時하고 學有顯晦^①하니 天地變革^②은 在於
변유기시   학유현회   천지변혁   재어

戌亥하고 修身學明은 在於蔑然^③이니라.
술 해   수신학명   재어멸연

天地窮盡 謂之一元^④ 一元 有十二會 一會 有一萬八百
천지궁진 위지일원   일원 유십이회 일회 유일만팔백

年. 一回開闢^⑤ 總十二萬九千六百年也. 至酉會 人化蛇獸
년   일회개벽   총십이만구천육백년야   지유회 인화사수

而先滅 至戌會天崩而亥會地從滅矣. 至子會 淸浮爲天 丑
이선멸 지술회천붕이해회지종멸의   지자회 청부위천 축

會 濁降爲地 寅會 萬物生育. 人生之娛樂于天地間者 六會
회 탁강위지 인회 만물생육   인생지오락우천지간자 육회

之中也. 自子會初今至丁酉四萬七千零七十四年則將來八
지중야   자자회초금지정유사만칠천영칠십사년즉장래팔

萬二千五百二十六年而變也.
만이천오백이십육년이변야

| 해역 |

　변화는 그때가 있고 현달과 은둔이 있나니, 하늘과 땅의 변혁은 술해에 있고 몸을 닦고 학문을 밝힘은 소멸함에 있나니라.

　천지가 다하는 것을 일러서 일원이라 하나니, 일원은 12회가 있고 일회는 1만 8백 년이 있다. 일회에 개벽을 하는데 총 12만 9천 6백 년이다. 유회에 이르러 사람이 뱀이나 짐승으로 변화하여 먼저 소멸한다. 술회에 이르면 하늘이 무너지고 해회에는 땅이 좇아서 소멸한다. 자회에 이르면 맑은 것은 떠서 하늘이 되고 축회에는 흐린 것이 내려서 땅이 되며, 인회에는 만물이 생육을 한다. 인생의 즐거움이 천지의

사이라는 것은 육회의 가운데이다. 자회초로부터 지금 정유에 이르기까지 4만 7천 영 74년이니 앞으로 올 8만 2천 5백 26년이면 변하게 된다.

| 주석 |

① 顯晦 : 세상에 알려지는 것과 알려지지 않은 것. 현달함과 은둔함.

② 變革 : (1) 급격하게 바뀌어 아주 달라짐. (2) 급격하게 바꾸어 아주 달라지게 함.

③ 蔑然 : 소멸한다는 의미.

④ 一元 : (1) 같은 본원, 사물의 근원이 오직 하나임. (2) 역법(曆法)에서 4560년. (3) 한 개의 미지수(未知數)를 포함하는 일.

⑤ 開闢 : (1) 천지가 처음으로 생김. 하늘이 처음 열리고 땅이 처음으로 만들어짐을 뜻하는 의미〔天地開闢〕로 주로 써왔다. 그래서 현재의 천지가 창조되기 이전을 선천, 그 이후를 후천이라 했다. (2) 어떤 일이나 상황이 획기적으로 변화되어 전혀 새로운 모습으로 나타날 때를 의미하는 말이다. (3) 정신개벽·민족개벽·사회개벽을 말한다. 정신개벽은 낡은 관념에서의 탈피와 개성의 혁명을 뜻한다. 이는 무엇보다도 몰 인간적인 사회제도와 낡은 관습에서 벗어날 것과 편견된 모든 생각과 악덕을 버리고 인간 본연의 자기 위치를 찾아서 만리만사(萬理萬事)를 올바르게 보고 관찰하여 부단한 수양과 더불어 올바른 생활태도와 성실한 행동을 필요로 한다.

| 원문 |

冬寒看書①에 夫人이 問曰 "食在貨殖②이요 不在
동 한 간 서　　夫 인　　문 왈　　식 재 화 식　　　　부 재

書文③이거늘 今不炊數日而恒心④在玆는 何也잇가?"
서 문　　　　금 불 취 수 일 이 항 심　　재 자　　하 야

柴糧⑤ 夫人之急務⑥故 問也.
시 량　　부 인 지 급 무　고 문 야

| 해역 |

　겨울이 차가운데 글을 봄에 부인이 물어 말하기를 '밥이 재물의 늘림에 있는 것이요 책과 글에 있는 것이 아니거늘, 지금 불을 때지 못한 지가 수일인데 항상 마음을 여기에 두는 것은 무엇입니까?'

　나무와 식량이 부인의 급히 힘써야 할 것이기 때문에 물었다.

| 주석 |

　① 看書 : 책을 소리 내어 읽지 아니하고 눈으로 읽음.
　② 貨殖 : 재물(財物)을 늘림.
　③ 書文 : 책과 글.
　④ 恒心 : 항심(恒心)은 《맹자(孟子)》 양혜왕장구상(梁惠王章句上)에서 제선왕(齊宣王)과의 대화에서 나온다. 맹자가 인덕을 베풀어 모든 사람들이 임금을 존경하여 임금의 나라로 모여드는 정치를 실시하라고 말하자, 제선왕이 자신에게 그렇게 할 수 있도록 가르쳐 달라고 한다. 그러자 맹자는 항산과 항심이라는 말을 한다. 즉 선비는 항산이 없더라도 항심을 가질 수 있지만, 일반 백성들은 그렇지 않다. 항산

이 없으면 일반 백성들은 방자하고 편벽되고 사치하여 하지 못하는 일이 없다. 그래서 현명한 임금은 백성들의 재산을 잘 다스려 위로는 부모를 섬기고, 아래로는 처자를 양육하며, 풍년에는 배불리 먹고, 흉년에는 굶어 죽는 것을 면하게 하라고 말한다. 그런 뒤 그들을 독촉하여 착한 길로 나아가게 한다.

⑤ 柴糧 : 땔나무와 식량.

⑥ 急務 : (1) 급히 해야 할 일. (2) 급한 일.

162

| 원문 |

敏公曰 "君子는 隨時而靜하고 見機^①而動이니 今
민공왈 군자 수시이정 견기 이동 금

萬物盡藏之時也라 欲爲非時之事則必用覇道^②니
만물진장지시야 욕위비시지사즉필용패도

此非仁者之行也니라."
차비인자지행야

覇道者 人無不惑於利也. 以利誘人^③ 貨穀^④自在^⑤也.
패도자 인무불혹어이야 이리유인 화곡 자재 야

| 해역 |

민공이 말하기를 '군자는 때를 따라 고요하고 기틀을 보아서 움직이나니, 지금은 만물이 모두 갈무리는 때이라 때가 아닌 일을 하고자 한다면 반드시 패도를 써야 하나니 이는 어진 자의 행이 아니니라.

패도란 사람이 이익에 미혹되지 않음이 없다. 이익으로써 사람을

유혹하면 재물과 곡식이 저절로 있어진다.

| 주석 |

① 見機 : (1) 일의 기틀을 보아 낌새를 알아챔. (2) 기회(機會)를 봄.

② 覇道 : 왕(王) · 패(覇)에 대한 논설은 중국 전국시대(戰國時代)의 맹자 (孟子)에 의해서 주장된 것이며, 고대의 성왕(聖王)의 덕화(德化)에 의 한 정치를 왕도(王道)라 부르는 데 대하여, 천자(天子)의 힘이 쇠미(衰 微)해진 춘추시대 이후부터, 패자와 힘이 있는 제후(諸侯)가 실력주의 로 제후와 백성을 통어(統御)하려고 하는 정치를 패도라 불렀다. 왕 도를 이상정치라고 생각한 맹자가 당시의 제후들의 법가적 실리주 의(法家的實利主義) 정치를 비칭(卑稱)한 것이다. 그 후 유교의 정치론 에서도 패도를 부정하는 논의가 더욱 성해졌다.

③ 誘人 : (1) 사람을 꾀다. (2) 매력적이다.

④ 貨穀 : 재화와 곡식.

⑤ 自在 : (1) 자유자재의 준말. (2) 제 스스로 존재함. (3) 구속과 방해가 없음.

163

| 원문 |

以文恒産^①則物外^②之思－不生하고 物外之思－
이 문 항 산　　칙 물 외　지 사　불 생　　　물 외 지 사

不生則難免其窮이니 君子는 固窮이요, 小人은 窮斯
불 생 즉 난 면 기 궁　　　　군 자　　고 궁　　소 인　　궁 사

濫矣^③니라.
남 의

非君子則不能守窮故悖逆④生.
비군자즉불능수궁고패역 생

| 해역 |

글로써 항산을 삼으면 물건 밖의 생각이 생기지 않고, 물건 밖의 생각이 생기지 않으면 그 곤궁함을 면하기 어렵나니 군자는 진실로 곤궁한 것이요, 소인은 곤궁하면 이에 넘치나니라.

군자가 아니면 능히 곤궁을 지키지 못하기 때문에 패역이 나온다.

| 주석 |

① 恒産 : 생활을 유지할 수 있는 일정한 재산과 생업(生業).《맹자(孟子)》 등문공장(滕文公章)에 나오는 '항산이 있는 자가 항심이 있다.〔有恒産者有恒心.〕'에서 유래한 말. 사람이 살아가기 위해서는 최소한의 항산이 있어야 한다. 그래야만 마음이 흔들리지 않아서 항심(恒心)이 될 수 있다고 보아 '항산이 없으면 항심도 없다.'고 함.

② 物外 : 세상 물정(物情)의 바깥.

③ 子曰 '君子 固窮 小人 窮斯濫矣 :《논어(論語)》위령공(衛靈公)에 나온다.

④ 悖逆 : 도리(道理)에 어그러져 패악(悖惡)하고 불순(不順)함.

164

| 원문 |

巧者는 拙之奴요, 苦者는 樂之母①니 巧何喜苦何
교자 졸지노 고자   낙지모   교하희고하

憂리요.
우

巧役拙使故 拙之奴. 苦盡樂來故 樂之母. 安分吟②曰
교 역 졸 사 고　졸 지 노　고 진 낙 래 고　낙 지 모　안 분 음　왈

"安分身無辱 知機心. 自安 雖居今世上 却是出人間."
안 분 신 무 욕 지 기 심 자 안 수 거 금 세 상 각 시 출 인 간

| 해역 |

공교한 자는 옹졸함의 노예이요, 괴로움이란 즐거움의 어미이니 공
교하다고 어찌 기뻐하며 괴롭다고 어찌 근심하리요.

공교한 것은 옹졸한 자가 심부름으로 부리기 때문에 옹졸함의 노예
이다. 괴로움이 다하면 즐거움이 오기 때문에 즐거움의 어미이다. 안
분음에 말하기를 '분수에 편안하면 몸에 욕됨이 없고, 기미를 알면 마
음이 저절로 편안하다. 비록 지금 세상에 살더라도 도리어 인간을 벗
어남이다.' 고 하였다.

| 주석 |

① 巧者拙之奴 苦者樂之母:《명심보감(明心寶鑑)》성심편(省心篇)에 나오
는 글귀이다.
② 安分吟: 송(宋)나라 때의 안분시(安分詩)를 말하는데 소옹(邵雍, 1011
년-1077년)이 지은 시이다.

| 원문 |

天將降大任於斯人也댄 必先苦其心志하며 勞其
천 장 강 대 임 어 사 인 야　 필 선 고 기 심 지　　 노 기

筋骨①하나니 君子는 雖饑不濫이요 雖勞不倦하야 以
근 골　　　　　 군 자　 수 기 불 람　　 수 로 불 권 하 야　 이

待其時라가 得機而動則能成絶世②之功也니라.
대 기 시　　 득 기 이 동 즉 능 성 절 세　 지 공 야

伊尹③之耕田 姜太公④之釣魚 百里奚⑤之牧馬 皆待時
이 윤　 지 경 전　 강 태 공　 지 조 어　 백 리 해　 지 목 마　 개 대 시

也. 越王句踐 戰敗降吳與范蠡 居石室三年. 吳王夫差⑥ 病
야　 월 왕 구 천　 전 패 항 오 여 범 여　 거 석 실 삼 년　　 오 왕 부 차　　 병

重 范蠡 布卦知病期 敎句踐問病. 句踐 請求問疾 嘗糞而賀
중　 범 여　 포 패 지 병 기　 교 구 천 문 병　　 구 천　 청 구 문 질　 상 분 이 하

曰 "己巳日有瘳 至三月壬申日全愈." 夫差曰 "何以知之?"
왈　 기 사 일 유 추　 지 삼 월 임 신 일 전 유　　 부 차 왈　　 하 이 지 지

句踐曰 "糞者 穀味也. 順時氣生 逆時氣死 今糞味苦且酸
구 천 왈　　 분 자　 곡 미 야　　 순 시 기 생　 역 시 기 사　 금 분 미 고 차 산

正應春夏發生之氣 是以知之." 夫差大悅曰 "仁哉 句踐也!
정 응 춘 하 발 생 지 기　 시 이 지 지　　 부 차 대 열 왈　　 인 재　 구 천 야

臣子之事君父 唯肯嘗糞而決疾者乎" 病愈如期 心念其忠
신 자 지 사 군 부　 유 긍 상 분 이 결 질 자 호　　 병 유 여 기　 심 넘 기 충

親扶登車歸國. 句踐十年養兵而滅吳覇東方.
친 부 등 거 귀 국　　 구 천 십 년 양 병 이 멸 오 패 동 방

| 해역 |

하늘이 장차 큰 책임을 이 사람에게 내리려 할진댄 반드시 먼저 그
마음과 뜻을 괴롭히며 그 힘줄과 뼈마디를 괴롭게 하나니 군자는 비록
배고프지만 넘치지 않는 것이요, 비록 수고롭지만 게으르지 아니하여
서 그때를 기다리다가 기틀을 얻어서 움직이면 능히 절세의 공을 이루

나니라.

　이윤의 밭을 갈음과 강태공의 고기 낚음과 백리해의 말을 기르면서 때를 기다림이다. 월나라 왕인 구천이 싸움에 패하여 오나라에 범여로 더불어 항복하고 돌집에서 3년을 살았다. 오나라 왕인 부차가 병이 위중하니 범여가 베를 걸어 병든 시기임을 알려서 구천으로 하여금 문병을 하게 하였다. 구천이 병의 문안을 청구하여 똥을 맛보고 하례하여 말하기를 '기사인 날에 병 나음이 있고, 3월 임신인 날에 완전히 낫겠습니다.' 하니, 부차가 말하기를 '어떻게 알았는가?' 구천이 말하기를 '똥이란 곡식의 맛입니다. 때를 따르면 기가 살고 때를 거스르면 기가 죽는 것인데, 지금 똥의 맛은 쓰고 또한 신맛이니 바로 봄과 여름에 발생하는 기에 응하였음으로 이로써 아는 것입니다.' 부차가 크게 기뻐하고 말하기를 '어질구나 구천이여! 신하와 자식으로 임금과 부모를 섬기듯이 오직 즐겁게 똥을 맛보아 병을 결정하였구나.' 병이 낫는다는 시기와 같이 그 충성을 마음으로 생각하여 친히 붙들어 수레에 오르도록 해서 나라로 돌아가게 하였다. 구천이 10년을 병사를 길러 오나라를 멸하고 동방에 패자가 되었다.

| 주석 |

① 天將降大任於斯人也 必先苦其心志 勞其筋骨 : 《맹자(孟子)》 고자장(告子章)에 있는 글귀이다.

② 絶世 : (1) 세상과 교제(交際)를 끊음. (2) 세상에 비할 바 없을 만큼 뛰어나게 빼어남.

③ 伊尹 : 이윤이 유신(有莘) 땅에서 밭갈이를 하였다.

④ 太公 : 태공이 위수(渭水)에서 낚시질을 하다가 문왕을 만났다.

⑤ 百里奚 : 춘추 시대 때 사람. 자는 정백(井伯)이고, 우(虞)나라 출신이다. 백리씨(百里氏)로도 불린다. 일설에는 성이 백(百)씨고, 이름은 해

(奚)며, 자가 리(里)라고도 한다. 또는 자가 정백(井伯)이라고도 한다. 우나라의 대부(大夫)로 있다가 진헌공(晉獻公)이 우나라를 멸망시키자 포로가 진나라에 들어왔다. 진나라가 목희(穆姬)를 진(秦)나라에 시집보낼 때 배신(陪臣)으로 따라갔다가 초(楚)나라 완(宛) 땅으로 달아났다는데 초나라 사람에게 잡혔다. 진목공(秦穆公)이 소식을 듣고 오고양피(五羖羊皮, 검은 양 다섯 마리의 가죽)을 주고 사와 국정을 맡겼다. 이로 인해 '오고대부(五羖大夫)'로도 불린다. 이때 그의 나이 일흔이었다. 건숙(蹇叔)을 목공에게 추천하고, 유여(由餘) 등과 함께 목공의 패업 성취를 도왔다. 일설에는 우공(虞公)이 간언을 듣지 않자 진(秦)나라로 갔다고도 하며, 본래 초나라 비인(鄙人)인데 진목공이 현명하다는 말을 듣고 자신을 진나라에 팔아 소를 키우다가 목공의 눈에 띄었다고도 한다.

⑥ 夫差 : 춘추 시대 말기 오(吳)나라의 국군(國君)(재위, 기원전 495-기원전 473). 이름은 장(將)이고, 합려(闔閭)의 아들이다. 아버지가 월왕(越王) 구천(勾踐)과 싸워 전사하자 아버지의 원수를 갚겠다고 맹세했다. 마침내 부초(夫椒, 지금의 강소 吳縣 서남 太湖)에서 월나라 군사에게 대승을 거두고 항복을 받았다. 다시 북쪽으로 제(齊)나라를 공격해 애릉(艾陵)에서 10만 명의 제나라 군대를 궤멸시켰다. 기원전 482년 황지(黃池, 지금의 河南封丘 서남쪽)에서 제후(諸侯)들의 회맹(會盟)을 주도했다. 진(晉)나라와의 전쟁에서 승리를 거두었지만, 오자서(伍子胥)의 말을 듣지 않다가 월나라에 공격할 빌미를 제공했다. 특히 월나라의 미인 서시(西施)의 미인계는 유명하다. 입택(笠澤) 전투와 고소성(姑蘇城)에서의 장기 간의 포위전 끝에 기원전 473년 오나라는 월나라에 의해 멸망당했다. 구천에게 화의를 청했지만 실패하자 자살했다. 자살하기 전에 소매로 얼굴을 가리면서 "(내가 죽어) 오자서를 볼 면목이 없구나!〔吾無面目以見子胥也!〕"라고 한 말은 유명하다. 23년 동안 재위했다.

166

| 원문 |

朝夕之暇에 夫人이 責兒不學習①한대 敏公曰
조석지가   부인   책아불학습   민공왈

"習之有序하고 責之有道니 無序而習則傷腦하고 無
습지유서   책지유도   무서이습즉상뇌   무

道而責則傷氣니 遊時遊習時習이 君子之敎也니라."
도이책즉상기   유시유습시습   군자지교야

人之禀氣② 儲精二三日而生者. 是先天之氣 不足 難得
인지품기   저정이삼일이생자   시선천지기 부족 난득

長成而雖長不免夭. 得十日以上儲精者 圓滿③也. 故 好色④
장성이수장불면요   득십일이상저정자 원만야 고 호색

之人 晩養幼子 實源於此. 或有好色而早子者 因其出他 或
지인 만양유자 실원어차   혹유호색이조자자 인기출타 혹

疾病得十日以上 間色⑤之致也. 智愚健弱 在於先天禀氣也.
질병득십일이상 간색지치야   지우건약 재어선천품기야

故 知子 莫如父也.
고 지자 막여부야

| 해역 |

아침저녁의 겨를에 부인이 아이가 학습을 하지 않는다고 꾸짖는데 민공이 말하기를 '학습하는데 차서가 있고, 꾸짖는데 도가 있으니 차서가 없이 학습하면 뇌를 상하고, 도가 없이 꾸짖으면 기운을 상하나니 놀 때는 놀고 학습할 때는 학습하는 것이 군자의 가르침이니라.'

사람의 풍부한 기운은 정이 2~3일 쌓여서 생기는 것이다. 이것이 선천의 기로 부족하면 장성을 얻기가 어렵고 비록 자라더라도 일찍 죽음을 면하지 못한다. 10일 이상 정이 쌓임을 얻어야 원만하다. 그러므

로 색을 좋아하는 사람은 늦게까지 어린 자식을 기르는 것이 사실 여기에 근원한다. 혹 색을 좋아하여 일찍 자식이 있는 자는 그 출타하는 것으로 인하여, 혹 질병이 10일 이상 얻게 되는 것은 간색으로 이름이다. 지혜와 어리석음, 건강과 허약이 선천의 품부한 기에 있다. 그러므로 자식을 아는 것은 부모만 같음이 없다.

| 주석 |

① 學習 : (1)사물을 배워서 익히는 일. 교육학에서는, 지식의 획득, 인식의 발전, 습관의 형성 따위를 목표로 하는 의식적 행동을 가리킴. (2)심리적 · 행동적 경험을 쌓음으로써 행동의 양태가 변화 · 발전하는 일.

② 稟氣 : 타고난 기운이나 원기.

③ 圓滿 : (1)충분히 가득 참. (2)일이 되어감이 순조로움. (3)조금도 결함이나 부족함이 없음. (4)규각(圭角)이 없이 온화함. (5)성격이나 행동이 모나지 않고 두루 너그러움. (6)서로 의가 좋음. 사이가 구순함. (7)공덕이 그득 차는 일. (8)소원이 충족되는 일.

④ 好色 : 여색을 몹시 좋아함.

⑤ 間色 : 여자의 미모. 여색(女色).

167

| 원문 |

人敎盡知則孰不爲聖이며 木長不已則何不衝
인 교 진 지 즉 숙 불 위 성   목 장 불 이 즉 하 불 충

天^①이리요, 然이나 木長有限하고 人知有數니 不可强
천   연   목 장 유 한   인 지 유 수   불 가 강

之니라.
 지

邵子②曰 "萬事分已定 浮生空自忙."
소 자 왈   만 사 분 이 정 부 생 공 자 망

| 해역 |

   사람이 가르치는 대로 다 안다면 누가 성인이 되지 못할 것이며, 나무가 자라기를 그치지 아니하면 어찌 하늘에 솟지 않으리요, 그러나 나무가 자라는 데 한계가 있고 사람이 아는데 분수가 있으니 가히 억지로 아니할지니라.

   소자가 말하기를 '모든 일은 분수가 이미 정하여졌거늘 세상 사람들은 부질없이 스스로 바쁘다.' 고 하였다.

| 주석 |

   ① 衝天 : (1) 공중에 높이 솟아올라서 하늘을 찌를 듯함. (2) 분(憤)하거나 또 외로운 느낌이 북받쳐 오름. (3) 기세가 높아 하늘을 찌를 듯한 모양.
   ② 邵子(1011~1077) : 소강절(邵康節), 또는 소요부(邵堯夫)라고도 한다. 성리학의 이상주의 학파 형성에 큰 영향을 주었다. 수(數)에 대한 그의 생각은 18세기 유럽의 철학자 라이프니츠의 2진법에도 영향을 주었다. 본래 도가였던 그는 여러 번 관직을 제수받았으나 모두 마다하고 허난 교외의 초라한 은둔처에서 친구들과의 교유와 명상으로 세월을 보냈다. 유교의 경전이며 점치는 데에도 이용되는 〈역경(易經)〉을 공부하다가 유교에 관심을 가지게 되었다. 〈역경〉을 연구하면서 수가 모든 존재의 기본이라는 상수학 이론을 만들었다. 그에 따르면 여러 가지 다른 요소들을 숫자로 분류하는 법을 알면 모든 존재의 밑바

탕에 깔려 있는 정신을 이해할 수 있다고 한다. 그러나 보통 2 또는 5 라는 숫자를 선호하던 이전의 학자들과는 달리 세계의 열쇠는 '4'라는 숫자라고 믿었다. 따라서 우주는 4개 부분(해·달·별·황대), 몸은 4개의 감각기관(눈·코·귀·입), 지구는 4가지 물질(물·불·흙·돌)로 되어 있으며 같은 이치로 모든 생각을 표현하는 방법도 4가지, 행동의 선택 여지도 4가지라고 주장했다. 비록 이런 복잡한 체계가 유교의 근본과는 거리가 있고 중국 철학의 발전에도 별로 기여하지 못했으나, 중요한 점은 그 체계의 기본이 되는 사상, 즉 '모든 존재하는 것의 본원에는 통일성이 존재하며 그것은 소수의 뛰어난 사람만이 파악할 수 있다.'는 것이다. 우주의 통일성 밑바닥에 깔려 있는 원리는 우주뿐만 아니라 인간의 마음에도 똑같이 적용된다는 그의 사상은 성리학파 이상론의 기본이 되었다. 그는 또 역사란 반복되는 주기의 순환으로 이루어진다는 불교사상을 유교철학에 도입했다. 불교에서 겁이라고 하는 주기를 그는 원(元)이라고 부르고, 그 순환주기도 원래의 천문학적 기간을 줄여서 12만 9,600년이라고 했다. 이 사상은 나중에 모든 성리학파에 의해 받아들여졌으며 12세기 송(宋)나라에 들어서는 주희(朱熹)에 의해 관학 이론의 일부가 되었다.

168

| 원문 |

性急^①之人은 兒有不善이면 厲聲喝責하나니 其時
성 급 지 인   아 유 불 선   여 성 갈 책   기 시

如常^②이나 尹到吃一驚하야 追後發病이니라.
여 상   윤 도 흘 일 경   추 후 발 병

幼時捿^③責之甚則長不免愚癡^④之人 此非敎子也 實爲病
유 시 서　책 지 심 즉 장 불 면 우 치　지 인　차 비 교 자 야　실 위 병

子也.
자 야

| 해역 |

성질이 급한 사람은 아이가 착하지 못함이 있으면 사나운 소리로 꾸
짖나니 그때에는 평상과 같으나 다스림에 이르면 말을 더듬다가 한 번
씩 놀라서 추후에 병이 발하나니라.

어릴 때 살면서 꾸짖음이 심하면 자라서 어리석은 사람을 면하기
어렵나니, 이는 자식을 가르치는 것이 아니라 실로 자식을 병들게 하
는 것이다.

| 주석 |

① 性急 : 성질이 급함.
② 如常 : 평소와 같다. 여전하다. 흔히 있다. 한결같다.
③ 捿 : 살다. 거처하다. 깃들이다.
④ 愚癡 : 어리석고 못남. 어리석고 미욱함.

169

| 원문 |

故로 君子는 必下氣怡聲^①하야 解其可否^②諭之而
고　　군 자　　필 하 기 이 성　　　해 기 가 부　유 지 이

使其心覺之하나니라.
사 기 심 각 지

雖爲賢智 怒責心變 雖爲愚癡 笑諭心悅.
수 위 현 지 노 책 심 변 수 위 우 치 소 유 심 열

| 해역 |

그러므로 군자는 반드시 기운을 내리고 소리를 화하게 하여 그 가부를 알아 깨우쳐서 그 마음으로 하여금 깨닫게 하나니라.

비록 어진 지혜라 할지라도 성내어 꾸짖으면 마음이 변하고, 비록 어리석다 할지라도 웃으며 깨우치면 마음이 기뻐진다.

| 주석 |

① 下氣怡聲 :《예기(禮記)》에 나온 말로 '기운을 낮추고 음성을 부드럽게 한다.'는 뜻으로, 자식이 부모를 섬기는 도리를 이름이다.

② 可否 : (1) 하고자 생각하는 일의 옳은가 그른가의 여부. (2) 회의에 있어서 표결의 가(可)와 부(否). 찬성과 반대.

170

| 원문 |

天地萬物이 莫非陰陽二氣而陰主靜陽主動하니
천 지 만 물 　 막 비 음 양 이 기 이 음 주 정 양 주 동
라.

陰 柔也 女也. 陽 剛也 男也. 陰有少陰太陰厥陰① 陽有
음 유야 여야 양 강야 남야 음유소음태음궐음 양유

少陽太陽陽明②也. 天地 以形體言 乾坤③ 以功用④言.
소 양 태 양 양 명 야 천 지 이 형 체 언 건 곤 이 공 용 언

| 해역 |

하늘땅 만물이 음과 양 두 기운 아님이 없나니 음은 고요함을 주체
하고 양은 움직임을 주체하였나니라.

음은 부드러운 것이요, 여자이다. 양은 굳센 것이요, 남자이다. 음에
는 소음과 태음과 궐음이 있고, 양에는 소양과 태양과 양명이 있다. 천
지는 형체로써 말한 것이요, 건곤은 공용으로써 말한 것이다.

| 주석 |

① 厥陰 : (1) 삼음(三陰)의 하나. 음기가 끝나는 마지막 단계에 이르렀다
    는 말이다. 삼음 가운데에서 궐음은 가장 안쪽에 있고 음(陰)이 끝나
    는 부위이므로 합(闔)에 해당된다. (2) 경맥 이름. 궐음경(厥陰經)을 말
    한다. 궐음경에는 수궐음심포경(手厥陰心包經)과 족궐음간경(足厥陰肝
    經)이 속하는데 일반적으로는 간경(肝經)을 말한다. 소양경(少陽經)과
    표리관계를 가진다.
② 陽明 : (1) 삼양(三陽)의 하나. 양기가 가장 왕성하다는 말이다. 태양(太
    陽)과 소양(少陽)이 합쳐져서 양기가 가장 왕성해지고 삼양(三陽)이 끝
    나는 부위이므로 합(闔)에 해당한다. (2) 경맥 이름. 양명경(陽明經)을
    말한다. 양명경에는 족양명위경(足陽明胃經)과 수양명대장경(手陽明大
    腸經)이 속하는데 일반적으로는 위경(胃經)을 말한다. 태음경(太陰經)
    과 표리(表裏) 관계를 가진다.
③ 乾坤 : 주역에 있어서의 2개의 괘, 8괘 시대와 64괘 시대가 다 같이

같은 이름으로 불린다. 3본과 6본의 선은 각각 양효 또는 음효로써 되어 있다. 건은 양의 대표이고, 곤은 음의 대표로 다른 괘에 비하여 중요한 내용이 주어져 있다. 건은 천·부·군, 곤은 지·모·인 등으로 견주어져 적극성과 소극성의 차이가 있다. 역이 철학 면으로 진출하여 소위 10익 등의 해석에 의하여 우주론, 수양론 등에 문제를 던질 때 우선 취하여지는 것이 건곤이다. 우주론으로는 천지의 의미로 쓰이고 인격화하여 남녀의 의미로 쓰인다. 수양론으로서는 곤의 문언 전에 있는 '경을 가지고 안을 바로 하고, 의를 가지고 밖을 바로 한다.' 등에서 취하여 지고 있다.

④ 功用 : (1) 몸과 입과 마음으로 짓는 행위와 말과 생각. (2) 인식 주관의 작용. 분별하고 차별하는 의식 작용. 분별과 망상을 일으키는 마음 작용. (3) 효과.

171

| 원문 |

年有陰陽하고 月有朔望하니 陰陽이 互藏其宅하
연유음양   월유삭망   음양   호장기택

고 朔望①이 互爲其根이니라.
삭망   호위기근

夏至冬至之間曰 "陰" 冬至夏至之間曰 "陽." 陽主生長
하지동지지간왈 음 동지하지지간왈 양 양주생장

陰主收藏. 月之初生明②曰 "朔" 月之初生魄③曰 "望." 朔望
음주수장 월지초생명 왈 삭 월지초생백 왈 망 삭망

之中 爲上弦④ 望朔之中 爲下弦.⑤ 陰氣積於下弦故 女之經
지중 위상현 망삭지중 위하현 음기적어하현고 여지경

度⑥溢於下弦也. 凡人之受胎⑦ 在於經度初止日爲男 二日
도 일 어 하 현 야 범 인 지 수 태 재 어 경 도 초 지 일 위 남 이 일

女 三日男 四日女而過五 五日不受胎耳.
여 삼 일 남 사 일 여 이 과 오 오 일 불 수 태 이

| 해역 |

해에는 음과 양이 있고, 달에는 초하루와 보름이 있으니 음과 양이
서로 그 집에서 갈무리고, 상망이 서로 그 뿌리가 되나니라.

하지와 동지의 사이를 말하자면 '음'이요, 동지와 하지의 사이를 말
하자면 '양'이다. 양은 낳고 기름을 주재하고, 음은 거두고 갈무림을
주재한다. 달이 처음 낳아 밝아지는 것으로 말하자면 '초하루'이요,
달이 처음 낳아 백으로 말하자면 '보름'이다. 상망 가운데가 상현이
되고 망삭 가운데가 하현이 된다. 음기는 하현에 쌓이기 때문에 여자
의 경도가 하현에 넘친다. 무릇 사람의 수태는 경도가 처음 그친 날에
있어서는 남자가 되고 2일은 여자며, 3일은 남자고 4일은 여자이니, 5
일이 지난 5일에는 수태가 안 된다.

| 주석 |

① 朔望 : 삭일과 망일, 곧 음력 초하루와 보름.
② 生明 : 음력으로 매월 2일 또는 3일이다. 이때에 달빛이 생기기 시작
　　하므로 재생명(哉生明)이라 한다.
③ 生魄 : 음력(陰曆) (매월) 열엿샛날, 또는 그달의 달. 백(魄)은 달의 어
　　두운 부분의 뜻.
④ 上弦 : 반달 또는 반월이라고 한다. 달과 태양의 황경은 90° 차이가
　　나며, 달의 크기가 점점 커진다. 태양이 남중할 무렵 동쪽에서 떠서
　　태양이 수평선 아래로 지는 초저녁 무렵 남중하고, 한밤에 서쪽으로

진다. 해가 지기 전까지 때때로 흰색의 낮달로 보이기도 한다.

⑤ 下弦 : 달이 태양의 서쪽에 있게 되어, 태양과 시황경(視黃經)의 차가 90°가 되는 때를 말한다. 만월에서 신월까지의 꼭 중간에 해당한다. 이때 달의 명암계선(明暗界線)은 직선이 되며, 그 동쪽이 빛을 발한다. 월령 20~21에서 볼 수 있다.

⑥ 經度 : 월경(月經). 성숙한 여자의 자궁(子宮)에서 정기적으로 피가 나오는 생리적 현상. 보통 열둘 내지 열일곱 살부터 시작하여 쉰 살 전후까지 계속되는 데, 임신 중이나 수유기를 빼놓고는 평균 28일마다 3일에서 7일 계속된다.

⑦ 受胎 : 수태는 수정과 같은 뜻으로 사용되는 경우가 많다. 즉 성숙한 남자 성세포(정자)와 여자 성세포(난자)가 합체해 새로운 개체를 발생하는 현상을 가리키는 경우가 많은데 그 밖에 수정이 이루어진 성교를 의미하는 경우나 수정란의 자궁 착상을 의미하는 경우도 있다.

172

| 원문 |

日往月來하고 月往日來하야 日月이 相推而明生
일왕월래   월왕일래   일월   상추이명생
焉하며 寒往暑來하고 暑往寒來하야 寒暑ㅣ相推而歲
언   한왕서래   서왕한래   한서   상추이세
成焉하니 往者는 屈也요 來者는 仰①也니 屈伸②이 相
성언   왕자   굴야   내자   앙 야   굴신   상
感而年無窮이니라.
감 이 연 무 궁

二十九日有奇③半也 爲一月. 三百六十五日 二千四百
이 십 구 일 유 기　반 야　위 일 월　삼 백 육 십 오 일　이 천 사 백

二十五抄爲一年. 一萬八百年 爲一會 二會爲一元④ 一元則
이 십 오 초 위 일 년　일 만 팔 백 년　위 일 회　이 회 위 일 원　일 원 즉

天地窮盡而混淪⑤也.
천 지 궁 진 이 혼 륜　야

| 해역 |

해가 가면 달이 오고, 달이 가면 해가 와서 일월이 서로 미뤄서 밝음이 생기며, 차가움이 가면 더위가 오고, 더위가 가면 차가움이 와서 한서가 서로 미루어서 해가 이뤄지나니, 간다는 것은 굽히는 것이요, 온다는 것은 머리를 쳐든다는 것이니 굴신이 서로 감응하여 해가 다함이 없나니라.

29일에 남은 수(반)가 있어서 한 달이 된다. 365일 2425초가 1년이 된다. 1만 8백 년이 1회가 되고 2회가 일원이 되는데 일원에 하늘과 땅이 다하는 혼륜이 된다.

| 주석 |

　① 仰 : 머리를 쳐들다.
　② 屈伸 : 몸의 굽힘이나 폄.
　③ 奇 : 홀수, 기수(奇數). 여수(남은 수).
　④ 一元 : (1)같은 본원, 사물의 근원이 오직 하나임. (2) 역법(曆法)에서
　　 4560년. (3) 한 개의 미지수(未知數)를 포함하는 일.
　⑤ 混淪 : 사물의 형질은 처음 갖추어졌으나, 아직은 분리되지 아니한
　　 상태.

174

| 원문 |

年有四時하고 四時－有二十四節하니 萬物이 隨
연유사시　　　 사시 유이십사절　　　 만물　 수

其節而變態故로 理陰陽順四時①하야 順物之欲者는
기절이변태고　 이음양순사시　　　 순물지욕자

聖人也요, 知溫飽貪逸居하야 從己之欲者는 下愚②
성인야　　 지온포탐일거　　　 종기지욕자　 하우

也니라.
야

四時者 春夏秋冬也. 二十四節 自冬至 至大雪也. 堯舜
사시자 춘하추동야　 이십사절 자동지 지대설야　 요순

之世 不怒而威 不言而信 順帝之則.③
지세 불노이위 불언이신 순제지칙

| 해역 |

해에는 사시가 있고 사시에는 24절기가 있으니, 만물이 그 절기를
따라 변태하기 때문에 음양을 다스리고 사시를 따라 사물의 하고자 함
을 따르는 자는 성인이요, 따뜻하고 배부르고 탐하고 편안히 사는 것만
알아서 자기의 하고자 함을 좇는 자는 하우이니라.

사시란 봄과 여름과 가을과 겨울이다. 24절기는 동지로부터 대설에
이르기까지다. 요순의 세상에는 성내지 않아도 위엄하였고 말하지 않
아도 믿어서 제왕의 법칙을 따랐다.

| 주석 |

① 理陰陽順四時 : 음양을 바르게 하며 사시를 순조롭게 한다.

② 下愚 : 아주 어리석고 못남. 또는, 그 사람.

③ 順帝之則 : 요순시대에 "격양가(擊壤歌)"의 한 대목이다.

174

| 원문 |

禍福이 相替하며 利害-相反하나니 利者는 害之
화복   상체   이해   상반   이자   해지

始也요 禍者는 福之隣也라 與其持利而取害론 不若
시야   화자   복지인야   여기지리이취해   불약

持禍而趨福이니라.
지화이추복

人之一生 興盡悲來① 苦盡甘來.② 許眉叟③ 夜夢銀塊 覺
인지일생 흥진비래   고진감래   허미수   야몽은괴 각

往思之則無故之利 必有殃 衡銀埋歸. 其年登科④ 平生之祿
왕사지즉무고지리 필유앙 형은매귀   기년등과   평생지록

與銀塊相等.
여은괴상등

| 해역 |

　재앙과 복이 서로 바꿔지고 이로움과 해로움이 서로 반대되나니 이
로움은 해로움의 시작이요 재앙은 복의 이웃이라 그 이로움을 가지고
해로움을 취함으론 재앙을 가지고 복으로 나아가는 것만 같지 못 하
니라.

　사람의 일생이 즐거움이 다하면 슬픔이 오고 쓴 것이 다하면 단 것
이 온다. 허미수가 밤에 은괴의 꿈을 꾸고 깨어나 가서 생각하니 연고

가 없는 이익으로 반드시 재앙이 있을 것이라 하고는 달수 있을 만한
은괴를 묻어놓고 돌아왔다. 그해에 등과하였는데 평생의 봉록이 은괴
로 더불어 서로 같았다.

| 주석 |

① 興盡悲來 : '즐거운 일이 지나가면 슬픈 일이 온다.' 는 뜻으로, (1) 세
상일이 순환됨을 가리키는 말. (2) 세상의 온갖 일에 너무 자만하거나
낙담하지 말라는 뜻. (3) 흥망과 성쇠가 엇바뀜을 일컫는 말.

② 苦盡甘來 : '쓴 것이 다하면 단 것이 온다.' 라는 뜻으로, 고생 끝에 낙
이 온다는 말.

③ 許眉叟 : 허목(許穆)은 조선 후기의 문신으로 자는 문보(文甫), 화보(和
甫), 호는 미수(眉叟), 본관은 양천(陽川)이다. 선조 28년 12월 11일 인
시에 서울 청선방에서 아버지 현감 교(喬)와 임제(林悌)의 딸인 어머
니 사이에서 태어났다. 1615년(광해군 7년) 정언웅에게 글을 배우고
1617년 아버지가 거창 현감에 임명되자 아버지를 따라가서 문위(文
緯)를 사사하였으며 그의 소개로 정구(鄭逑)를 찾아가 스승으로 섬겼
다. 30세에 광주(廣州) 쇠내에 은거하며 자봉산(紫峰山)에 들어가서
공부했는데, 어릴 때 배운 전서(篆書)를 이 시절에 서체를 완성했다고
전해진다. 효종이 승하하자 예론으로 우암 등과 대결하였다. 인조(仁
祖)의 장자인 소현세자(昭顯世子)가 인조에게 독살되고, 둘째 아들인
효종(孝宗)이 왕통을 계승했다. 그 후 효종이 승하하자, 인조의 계비
인 조씨가 효종을 위하여 몇 년 복을 입어야 하는가에 대하여 논쟁이
일어났다. 이것을 기해예송(己亥禮頌 1669)이라고 한다. 기해복제(己
亥服制)에 문제가 된 것은 효종이 가통(家統)으로 보면 차자(次子)가 되
고, 왕통(王統)으로 보면 적자(嫡子)가 되므로, 어느 쪽으로 보는가에
따라서 복 입는 기간이 달라지기 때문이다. 송시열과 송준길은 1년

복을 주장했고, 윤휴와 허목은 3년 복을 주장하여 예송이 제기되었
다. 논쟁에서 패하여 삼척 부사로 쫓겨났다. 이때 저 유명한 속칭 퇴
조비(退潮碑)가 세워지게 되었다. 당시 동해의 조수간만이 약간 있었
는데 파도가 매우 심하여 삼척 읍내까지 올라왔으며, 여름철 홍수가
나면 오십천(五十川)이 범람하여 주민의 피해가 매우 심했다. 그래서
미수가 글을 짓고 비를 세워 조수를 진정시켰다고 한다. 한편 그는
이기론(理氣論)에 있어서 기(氣)는 이(理)에서 나오고, 이(理)는 기(氣)
에서 행하므로 이기를 분리시킬 수 없다고 주장하였다. 또 독특한 도
해법(圖解法)으로 해설한 심학도(心學圖)와 요순우전수심법도(堯舜禹
傳授心法圖)를 지어 후학들을 교육하였다. 그리고 미수는 남인에 속하
는 인물로서 서인이던 우암 송시열의 예론(禮論)에 관련된 논쟁이 유
명하다. 그의 사후 1688년 관직이 회복되고, 숙종은 예장(禮葬)의 명
령을 내려 승지를 보내어 치제(致祭)하였으며 자손을 등용하도록 하
고 문집을 간행하게 하였다.
④ 登科 : (옛 중국·조선 등에서) 과거에 급제함.

대인군자 수신의 길

〔原題 : 修身〕

초판 인쇄　2017년 3월 23일
초판 발행　2017년 3월 30일

역　　해 ㅣ 오광익
발행자 ㅣ 김동구
디자인 ㅣ 이명숙 · 양철민
발행처 ㅣ 명문당(1923. 10. 1 창립)
주　　소 ㅣ 서울시 종로구 윤보선길 61(안국동)
　　　　　　우체국 010579-01-000682
전　　화 ㅣ 02)733-3039, 734-4798(영), 733-4748(편)
팩　　스 ㅣ 02)734-9209
Homepage ㅣ www.myungmundang.net
E-mail ㅣ mmdbook1@hanmail.net
등　　록 ㅣ 1977. 11. 19. 제1~148호

ISBN 979-11-88020-01-0 (03150)
15,000원